湖北省培养紧缺技能人才系列教材

电子商务网页设计与制作

周建波　主编

湖北省人才事业发展中心组织编写

中国劳动社会保障出版社

简介

本书为湖北省培养紧缺技能人才系列教材。本书围绕一个完整的电子商务网站案例，全面讲解电子商务网站从策划到建设的全过程。本书主要内容包括网站制作基础知识、html 结构标签的使用、表单标签的使用、CSS 基础知识、盒子模型的使用、页面导航、列表样式控制、页面文字样式控制、表单控制、html5 新增结构元素和属性、html5 新增标签的使用等。

本书由周建波任主编，万丹、胡文静任副主编，成玲、黄振、陈宇波、路伊瑶、李布凡、张广参与编写，郭煜审稿。

图书在版编目（CIP）数据

电子商务网页设计与制作 / 周建波主编 . -- 北京：中国劳动社会保障出版社，2023
湖北省培养紧缺技能人才系列教材
ISBN 978-7-5167-5792-5

Ⅰ. ①电… Ⅱ. ①周… Ⅲ. ①电子商务-网页制作工具-教材 Ⅳ. ①F713.36②TP393.092

中国国家版本馆 CIP 数据核字（2023）第 093370 号

中国劳动社会保障出版社出版发行
（北京市惠新东街 1 号 邮政编码：100029）
*
北京宏伟双华印刷有限公司印刷装订 新华书店经销
787 毫米 ×1092 毫米 16 开本 21.25 印张 461 千字
2023 年 7 月第 1 版 2024 年 7 月第 2 次印刷
定价：55.00 元

营销中心电话：400-606-6496
出版社网址：http://www.class.com.cn
http://jg.class.com.cn

序

技术工人是支撑中国制造、中国创造的重要力量。习近平总书记在2020年全国劳动模范和先进工作者表彰大会上勉励广大劳动群众，“要适应新一轮科技革命和产业变革的需要，密切关注行业、产业前沿知识和技术进展，勤学苦练、深入钻研，不断提高技术技能水平”。

技术技能水平的提高是个系统工程，好的教材对技术技能水平的提高至关重要。多年来，湖北省人力资源和社会保障厅围绕实施国家高技能人才振兴计划和技能人才培养创新项目，面向经济社会发展急需紧缺职业（工种），组织开展品牌专业评审、精品教材开发，致力于服务技工教育和职业技能培训。

2020年，湖北省人力资源和社会保障厅组织全省技工院校骨干教师精心编写了湖北省培养紧缺技能人才系列教材。系列教材涉及新一代信息技术产业、智能制造产业、数字产业等战略性新兴产业领域，并依据实际情况对接了世界技能大赛技术标准，部分教材配有二维码数字资源及多媒体课件。教材编写借鉴学习了一体化课程教学改革理念，并力争将思想政治教育元素、工匠精神培育和安全生产意识等融入技能培养的各个环节。

本系列教材的开发，是湖北省技工院校开展一体化课程教学改革的积极探索和有益尝试，是湖北省技工教育最新成果的集中展示。期望教材既能为技工院校在校学生的学习提供内容先进、论述系统并适于教学的教材或参考书，也能为广大技能人才的知识更新与继续学习提供适合的参考资料。

2022年12月

目　录

项目一　网站制作基础知识

任务 1　创建"hello world"网页

学习目标

- 1. 了解网页的本质和网页中的常见元素。
- 2. 了解 IP 地址、域名和网址等基本概念。

任务导入

谈到网页，大家并不陌生，人们平时使用浏览器阅读新闻、查询信息、查看图片等都是在使用网页。但是，大家知道网页是怎么制作出来的吗？我们可以通过在记事本中使用 html 语言对网页进行标记来完成一个简单网页的制作。例如，要在某一行放置一段文本，就插入一个文本标签；要放置一张图片，就插入一个图片标签；以此类推，可以根据需要插入各种标签。标签插入完毕，将记事本文件另存为以".html"为扩展名的文件，即可制作完成一个简易网页。本任务将针对网页相关概念以及网页文件结构来对网页进行详细介绍，并完成图 1-1-1 所示的网页效果。

hello world

图 1-1-1　"hello world"网页效果

任务实施

步骤一：

新建一个文本文档，在文档中使用 html 语言写出网页文件的结构，如图 1-1-2 所示。

```
<html>
    <head>
        <title></title>
    </head>
```

```
    <body>
    </body>
</html>
```

图 1-1-2　网页文件的结构

步骤二：

在 <title></title> 中输入“这是我的第一个网页”，如图 1-1-3 所示。

```
<html>
    <head>
        <title> 这是我的第一个网页 </title>
    </head>
    <body>
    </body>
</html>
```

图 1-1-3　输入标题内容

步骤三：

保存文档。选择记事本菜单栏中的“文件”→“保存”命令，弹出“另存为”对话框。要特别注意，应首先在“保存类型”下拉列表中选择“所有文件”选项，然后在“文件名”文本框中输入一个文件名，如 h1，然后以“.html”作为文件的扩展名，如图 1-1-4 所示。

图 1-1-4　保存文件

步骤四：

操作完成后单击“保存”按钮，文本文件就已保存为 html 文件，此时可以观察到文本文件的图标变成了网页文件的图标，如图 1-1-5 所示。

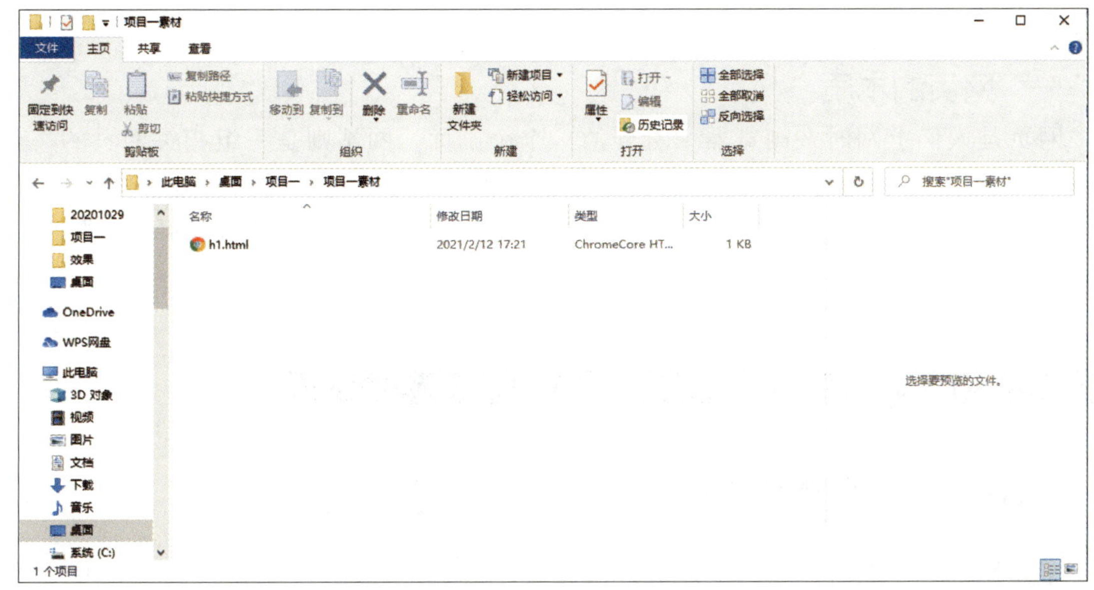

图 1-1-5　保存后的 html 文件

文件保存完成后，可以使用浏览器打开，打开后的效果如图 1-1-6 所示。

图 1-1-6　网页标题

步骤五：

继续向 h1.html 文件中添加内容，定位到 <body></body>，在其中添加“ hello world”，如图 1-1-7 所示。

```
<html>
    <head>
        <title>这是我的第一个网页</title>
    </head>
    <body>
        hello world
    </body>
</html>
```

图 1-1-7　在网页文件中添加内容

步骤六：

保存文件后使用浏览器打开网页文件，网页效果如图 1-1-1 所示。

相关知识

一、网页的本质

网页是人们上网时在浏览器中看到的一个个画面，网站则是一组相关网页的集合。图 1-1-8 所示为京东商城网站主页及其组成文件，从中可以看出，网页由图像、html 文件、CSS 文件、JS 文件等组成。在浏览器中单击鼠标右键选择“另存为”命令，可将网页存入本地计算机的硬盘中。

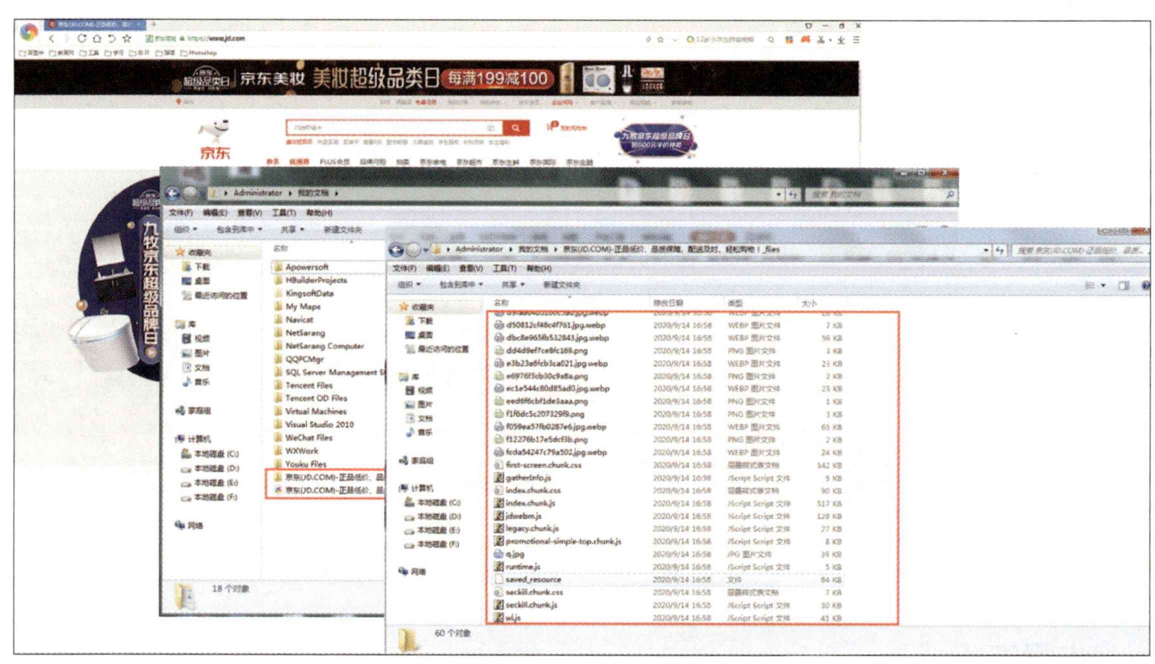

图 1-1-8　京东商城网站主页及其组成文件

二、网页中的常见元素

从浏览者的角度看，网页中好像只有一些文字、图像、动画等。但从专业人员的角度来看，网页中通常包含站标、导航条、广告条、文字链接和按钮等元素，如图 1-1-9 所示。

1. 文本

文本一直是最重要的信息载体与交流工具，网页中的信息一般以文本为主。在网页中可以通过字体、大小、颜色、底纹、边框等设置文本的属性。网页设计者还可以在网页中设计各种各样的文字列表，清晰地表达一系列项目。在图 1-1-9 中，文字链接部分的文本也可看作是文字列表，只不过每个列表项都通过超链接链接到与该列表项相关的网页。

图 1-1-9 构成网页的常用元素

2. 图像

我们现在看到的网页之所以丰富多彩，都是因为有了图像，可见图像在网页中的重要性。在网页中图像既可以表达主题，又可以对网页起到装饰作用。网页中的图片格式一般为 jpg、png 和 gif 等格式，对应的图片文件以“.jpg”(或“.jpeg”)、“.png”和“.gif”为后缀。

3. 超链接

超链接是从一个网页指向另一个目的端的链接。这个目的端通常是另一个网页，但也可以是一幅图片、一个电子邮件地址、一个文件、一个程序，或者是本页中的其他位置。

4. 表单

表单是用来收集站点访问者信息的域集。站点访问者填写表单的方式是输入文本、单击单选框与复选框，以及从下拉菜单中选择选项。在填写好表单之后，站点便送出访问者所输入的数据，该数据就会根据所设置的表单处理程序（以各种不同的方式进行处理）。

5. 表格

使用表格排版是现在网页的主要制作形式。通过表格可以精确地控制网页元素在网页中的位置。表格并非指网页中直观意义的表格，其范围更广一些。严格来说，表格是 html 语言中的一种元素，主要用于网页内容的排列和组织整个网页的外观。通过在表格中放置相应的图片或其他内容，网页中的元素得以方便地固定在设计的位置上，即可有效地组合成符合设计效果的页面。一般表格边线不在网页中显示。

6. 动画

动画是网页上最活跃的元素，通常制作优秀、创意出众的动画是吸引浏览者的最有效方法。网页中的广告条一般都是动画的形式。网页中除了这些最基本的元素外，还包括横幅广告、字幕、悬停按钮、计数器、音频、视频等。

三、IP 地址、域名和网址

1. IP 地址

互联网虽然连接了不计其数的服务器与客户机，但并不是杂乱无章的。每一个主机在互联网上都有唯一的地址，这个地址称为 IP 地址（internet protocol address）。IP 地址由 4 组 0 ～ 255 之间的整数组成，数字之间用点间隔。例如，“61.135.150.126”就是一个 IP 地址。

2. 域名

由于 IP 地址在使用过程中难于记忆和书写，人们又用一种与 IP 地址对应的字符来表示地址，这就是域名。每一个网站都有自己的域名，并且域名是独一无二的。例如，只需在浏览器地址栏中输入“www.sina.com.cn”，就可以访问新浪网站。

3. 网址

网址又称为 URL，英文全称是“ uniform resource locator”，即统一资源定位器。它是一种网络上通用的地址格式，用于标识网页文件在网络中的位置。一个完整的网址由通信协议名称、域名或 IP 地址、网页在服务器中的路径和文件名四部分组成。

四、html 文件的结构

在前面的 html 文件里用到了多个 html 标签，下面依次介绍它们的作用。实际上，它们构成了最简单的完整 html 文件结构。

1. html 标签

html 标签放在 html 文件的开头，并没有实质性的功能，只是一个形式上的标记，但在编写 html 文件时仍要形成一个良好的习惯，在 html 文件开头使用 html 标签开始。

2. head 标签

head 称为头标签，一般放在 html 标签里，其作用是放置关于此 html 文件的信息，如提供索引、定义 CSS 样式等。

3. title 标签

title 称为标题标签，包含在 head 标签内，其作用是设定网页标题，在浏览器左上方的标题栏中将显示这个标题。此外，在 Windows 任务栏中显示的也是这个标题。

4. body 标签

body 称为主体标签，网页上所要显示的内容都放在这个标签内，它是 html 文件的重点所在。在后面的项目中所介绍的 html 标签都将放在这个标签内。然而它并不仅仅是一个形式上的标签，其本身也可以控制网页的背景颜色或背景图像，这将在后续项目中介绍。

另外，在构建 html 结构的时候要注意一个问题：标签是不可以交错的，否则将会造成结构错误。例如，在图 1-1-10 所示的代码中就存在标签交错的情况。

```
<html>
    <head>
        <title>test</title>
        <body>
        </head>
    </body>
</html>
```

图 1-1-10　标签交错

图 1-1-10 所示代码中第四行与第五行位置颠倒了，这样会引起结构错误，导致网页无法正常显示。

一、选择题

1. 下列属于网页构成元素的是（　　）。

A. 音频　　B. 视频　　C. 文字　　D. psd 图像

2. 在 html 中，网页要显示的主体内容应放置在（　　）。

A. <title></title> 之间　　B. <head></head> 之间

C. <body></body> 之间　　D. html 中的任意位置

3. 下列属于网页术语的是（　　）。

A. web　　B. HTTP　　C. DNS　　D. IOS

4. html 文件的扩展名为（　　）。

A. .html　　B. .word　　C. .xsl　　D. .cpp

5. 显示网页标题的标签是（　　）。

A. body 标签　　B. title 标签　　C. head 标签　　D. p 标签

二、判断题

1. 网页中的图片格式一般为 jpg、png 和 gif 等格式。（　　）

2. 网页上所显示的内容都放在 head 标签中。（　　）

3. 在构建 html 结构的时候，标签是不可以交错的。（　　）

三、操作题

利用记事本制作图 1-1-11 所示网页效果。

图 1-1-11　“互联网，我来了！”网页效果

任务 2 制作宋词《清平乐》网页

学习目标

- 1. 了解常用的网站制作工具。
- 2. 熟悉 HBuilder X 软件的安装与启动方法。
- 3. 认识 HBuilder X 软件的界面。
- 4. 掌握在 HBuilder X 软件中新建 web 项目和运行 web 项目的方法。
- 5. 掌握 html 基础标签的用法。

任务导入

html 作为超文本标记语言，主要用来描述网页中的文字和图像等信息。但是使用什么编译器软件来编写 html，又该如何编写呢？本任务计划使用现在流行的网页编辑工具 HBuilder X 和 html 基础标签来完成图 1-2-1 所示《清平乐》网页效果。本任务主要利用 HBuilder X 新建 web 项目，打开及保存 html 文件，使用 p 段落标签、hr 分隔线标签等功能，将《清平乐》诗词展示在网页上。

清平乐

年年雪里，常插梅花醉。挼尽梅花无好意，赢得满衣清泪。
今年海角天涯，萧萧两鬓生华。
看取晚来风势，故应难看梅花。

图 1-2-1 《清平乐》网页效果

任务实施

步骤一：

在 HBuilder X 中新建一个 web 项目，在项目下新建一个 html 文件，在 body 标签中加入 <h2></h2>，在 h2 标题标签中加入文字信息“清平乐”，网页效果如图 1-2-2 所示。

```
<!DOCTYPE html>
<html>
    <head>
```

```
        <meta charset="utf-8"/>
        <title></title>
    </head>
    <body>
        <h2> 清平乐 </h2>
    </body>
</html>
```

清平乐

图 1-2-2　加入标题标签

步骤二：

在 h2 标题标签下方加入 hr 水平线标签。大多数的标签属于双标签，即有一个开始标签，还有一个结束标签。但 hr 水平线标签是一个单标签。加入 hr 标签后的效果如图 1-2-3 所示。

```
<!DOCTYPE html>
<html>
    <head>
        <meta charset="utf-8"/>
        <title></title>
    </head>
    <body>
        <h2> 清平乐 </h2>
        <hr>
    </body>
</html>
```

清平乐

图 1-2-3　加入水平线标签

步骤三：

在 hr 水平线标签的下方加入 p 段落标签，并在 p 段落标签中间加入宋词《清平乐》的内容，网页效果如图 1-2-4 所示。

```
<!DOCTYPE html>
<html>
    <head>
        <meta charset="utf-8"/>
```

```
        <title></title>
    </head>
    <body>
        <h2>清平乐</h2>
        <hr>
        <p>
            年年雪里，常插梅花醉。挼尽梅花无好意，赢得满衣清泪。
            今年海角天涯，萧萧两鬓生华。
            看取晚来风势，故应难看梅花。
        </p>
    </body>
</html>
```

清平乐

年年雪里，常插梅花醉。挼尽梅花无好意，赢得满衣清泪。 今年海角天涯，萧萧两鬓生华。 看取晚来风势，故应难看梅花。

图 1-2-4　加入段落标签

步骤四：

此时，诗词文字在 html 代码中是换行的，但是在网页的效果中是不换行的。为了让其在网页效果中达到换行的效果，需要添加若干个 br 换行标签，如图 1-2-5 所示。

```
<!DOCTYPE html>
<html>
    <head>
        <meta charset="utf-8"/>
        <title></title>
    </head>
    <body>
        <h2>清平乐</h2>
        <hr>
        <p>
            年年雪里，常插梅花醉。挼尽梅花无好意，赢得满衣清泪。<br/>
            今年海角天涯，萧萧两鬓生华。<br/>
            看取晚来风势，故应难看梅花。
        </p>
    </body>
</html>
```

图 1-2-5　加入换行标签

步骤五：

保存文件后使用浏览器打开网页文件，网页效果如图 1-2-1 所示。

相关知识

一、网站制作工具

1. Adobe Dreamweaver

图 1-2-6 所示为 Adobe Dreamweaver 软件的界面，Adobe Dreamweaver 简称“DW”，中文名称为“梦想编织者”，最初为美国 Macromedia 公司开发，2005 年被 Adobe 公司收购。DW 是集网页制作和管理网站于一身的所见即所得网页代码编辑器。利用其对 html、CSS、JavaScript 等内容的支持，设计师和程序员可以在几乎任何地方快速制作网站和进行网站建设。

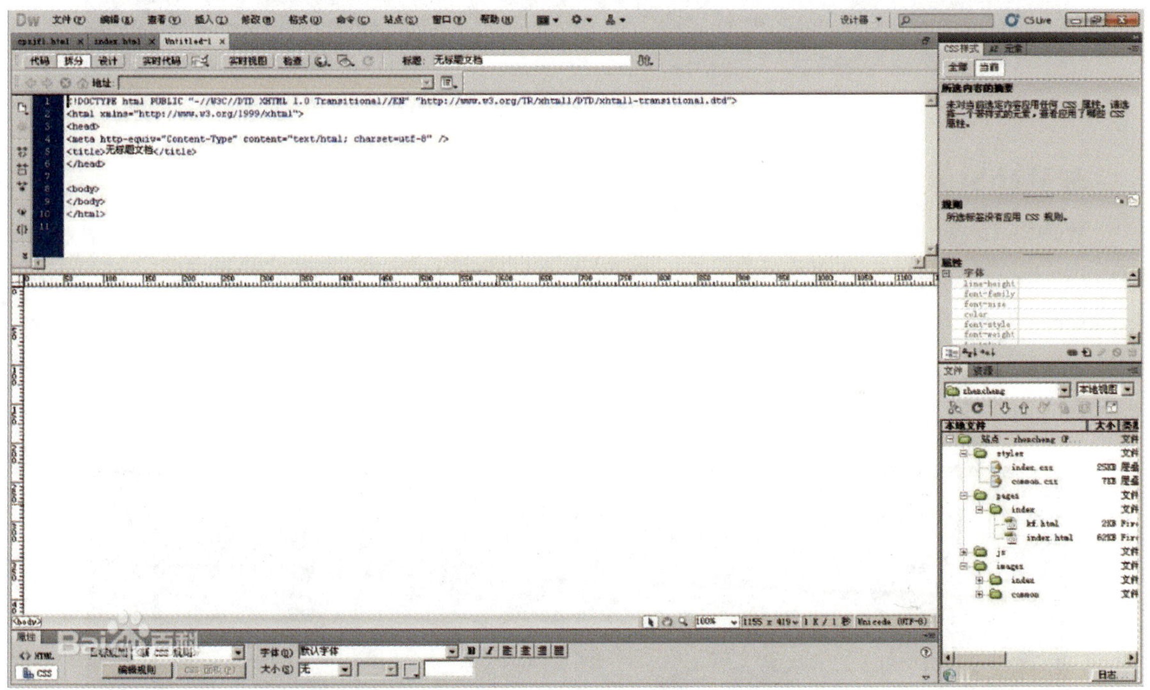

图 1-2-6　Adobe Dreamweaver 软件的界面

由于其他前端工具的兴起，近几年 DW 开发工具逐步被网站开发者所放弃。

2. Visual Studio Code

美国 Microsoft 公司在 2015 年 4 月 30 日 Build 开发者大会上正式宣布了 Visual Studio Code 项目，这是一个运行于 Mac OS X、Windows 和 Linux 中，针对编写现代 web 和云应用的跨平台源代码编辑器。其优点是智能提示功能强大，可以很方便地进行插件安装，具有强大的调试功能，可以跨平台支持源代码编辑，现在已经成为很多前端开发者的必备工具。图 1-2-7 所示为 Visual Studio Code 软件界面。

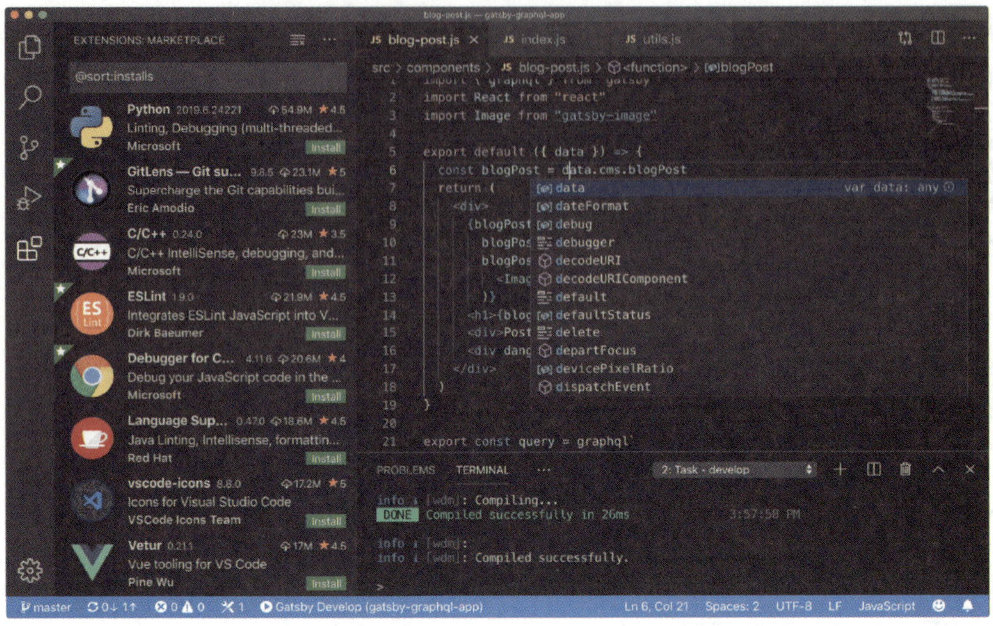

图 1-2-7　Visual Studio Code 软件界面

3. WebStorm

WebStorm 是捷克 JetBrains 公司推出的一款 JavaScript 开发工具，被广大中国 JS（JavaScript，简称 JS）开发者誉为 web 前端开发神器、最强大的 html5 编辑器、最智能的 JavaScript IDE 等。它与 IntelliJ IDEA 同源，继承了 IntelliJ IDEA 强大的 JS 部分的功能。图 1-2-8 所示为 WebStorm 软件界面。其优点是能进行智能代码补全、代码格式化、代码检查和快速修复等。

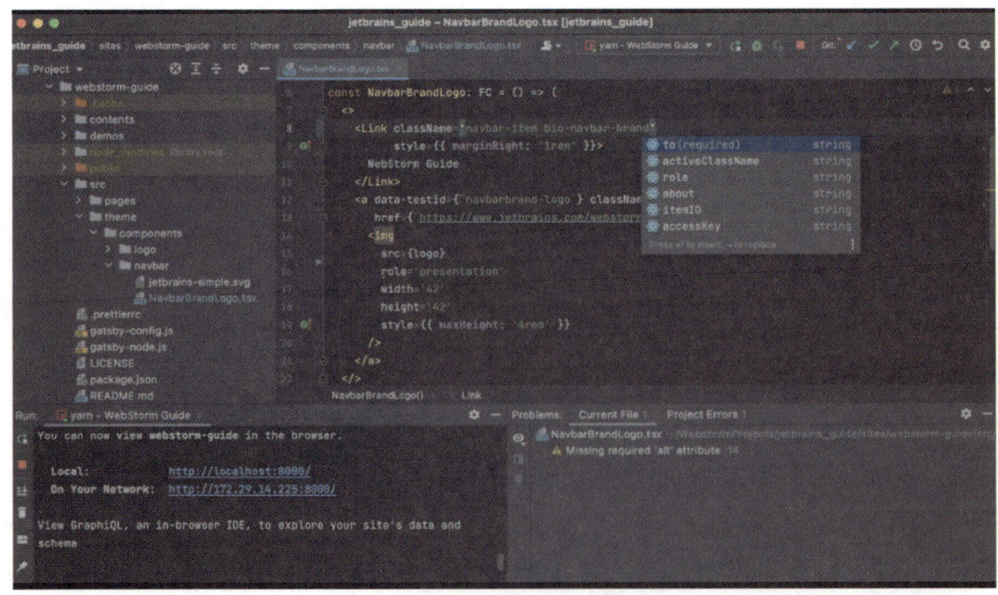

图 1-2-8　WebStorm 软件界面

4. HBuilder X

HBuilder X 是 DCloud 公司 [数字天堂（北京）网络技术有限公司] 推出的一款支持 html5 的 web 开发 IDE。HBuilder X 的编写用到了 Java、C、Web 和 Ruby。HBuilder X 本身主体由 Java 编写。它基于 Eclipse，所以顺其自然地兼容了 Eclipse 的插件。快是 HBuilder X 的最大优势，通过完整的语法提示和代码输入法、代码块等，大幅提升了 html、JS、CSS 的开发效率。

二、HBuilder X 的安装与启动

Windows 操作系统和 Mac 操作系统上都可以安装 HBuilder X。其安装步骤如下。

1. 直接从 DCloud-HBuilder 官方网站上下载最新版本的安装文件。图 1-2-9 所示为 DCloud-HBuilder 官方网站。

图 1-2-9　DCloud-HBuilder 官方网站

单击左上角的“HBuilder X 极客开发工具”，进入图 1-2-10 所示 HBuilder X 下载页。

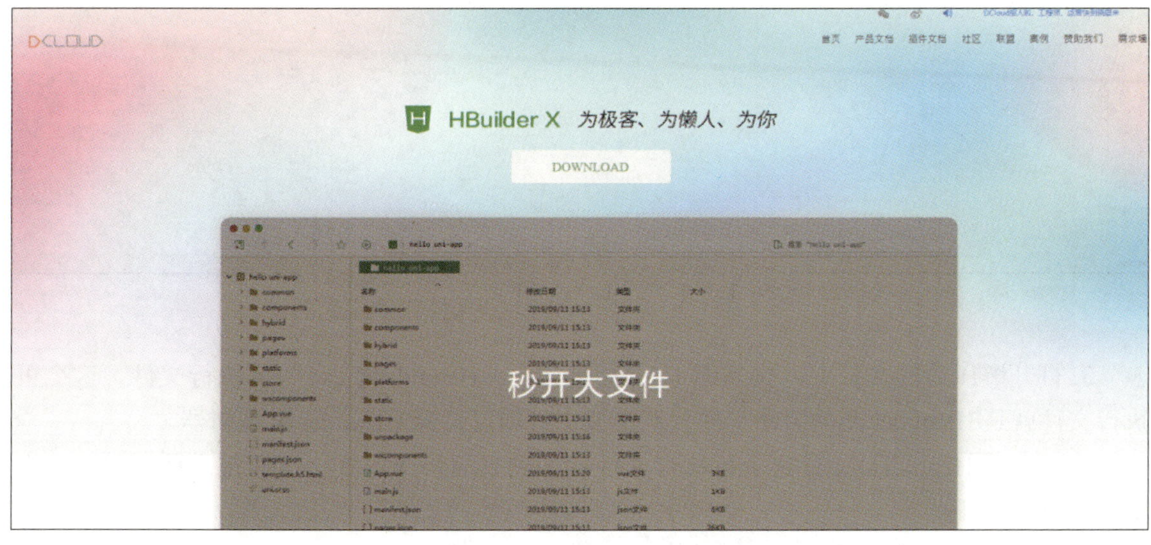

图 1-2-10　HBuilder X 下载页

单击“DOWNLOAD”按钮进入下载页面。图 1-2-11 所示为 HBuilder X 下载页面。

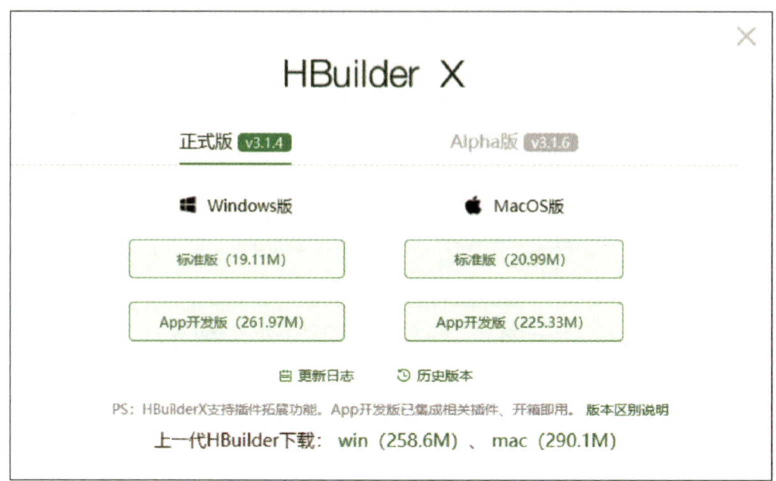

图 1-2-11　HBuilder X 下载页面

2. 对下载的文件夹进行解压缩，HBuilder X 不用安装，解压完成后即可使用。图 1-2-12 所示为 HBuilder X 压缩包。

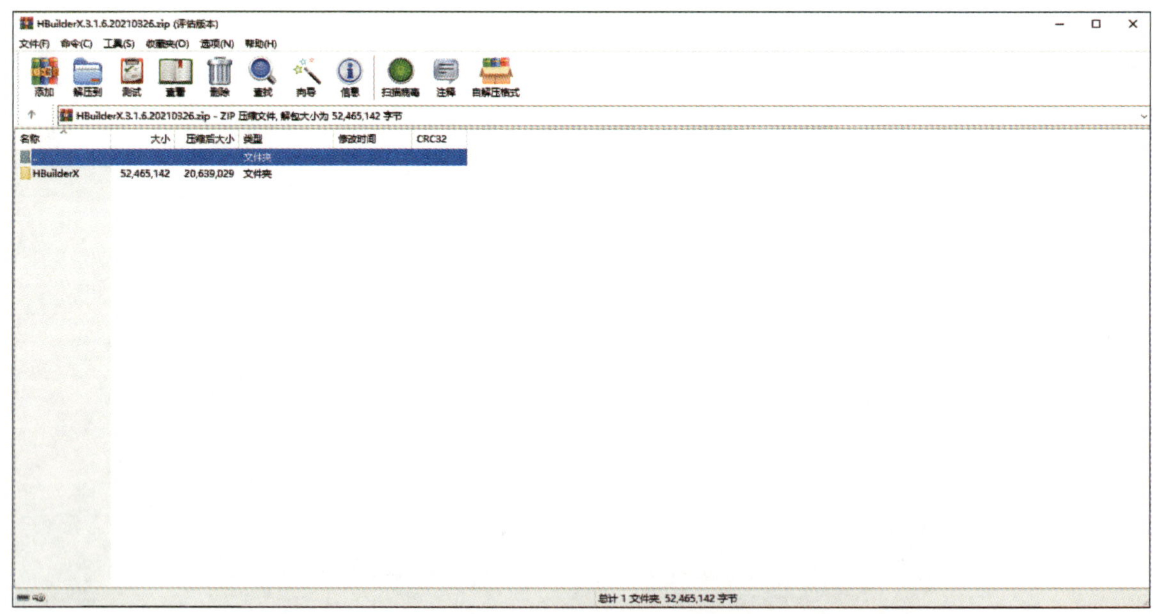

图 1-2-12　HBuilder X 压缩包

3. 打开解压后的文件夹，找到图 1-2-13 所示的“HBuilderX.exe”可执行文件，这个可执行文件就是 HBuilder X 的启动文件，双击该文件即可打开 HBuilder X 编辑器。

4. 可以将 HBuilderX.exe 这个可执行文件发送到桌面快捷方式，这样每次使用时直接在桌面就可以打开。

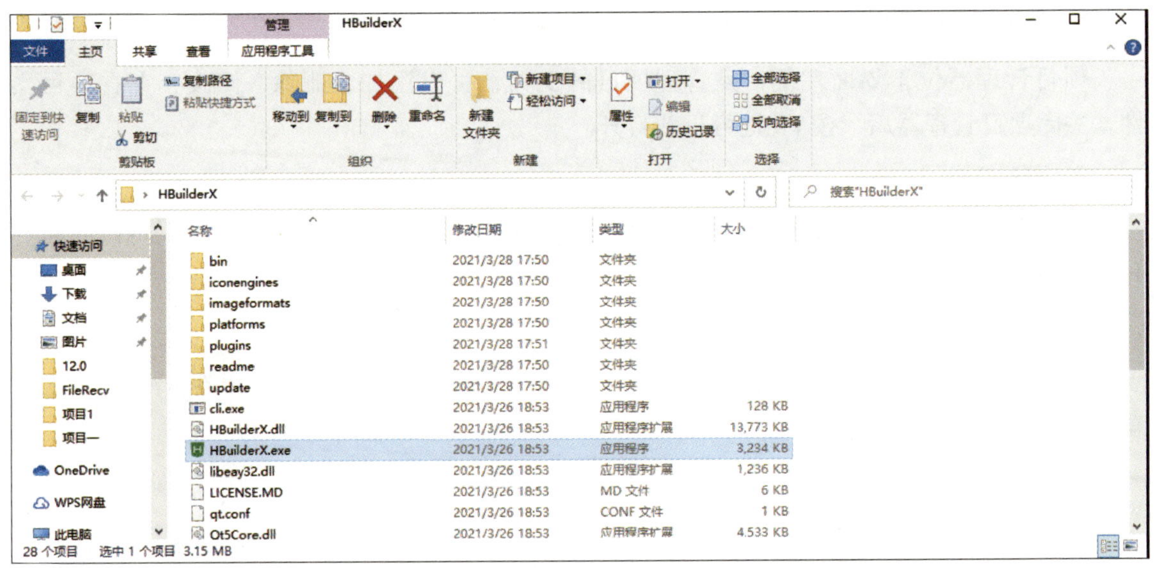

图 1-2-13 HBuilder X 文件目录

三、HBuilder X 界面

图 1-2-14 所示为 HBuilder X 界面布局，HBuilder X 的开发界面主要由菜单栏、项目管理器、编辑窗口、视图模式和控制台五部分构成。

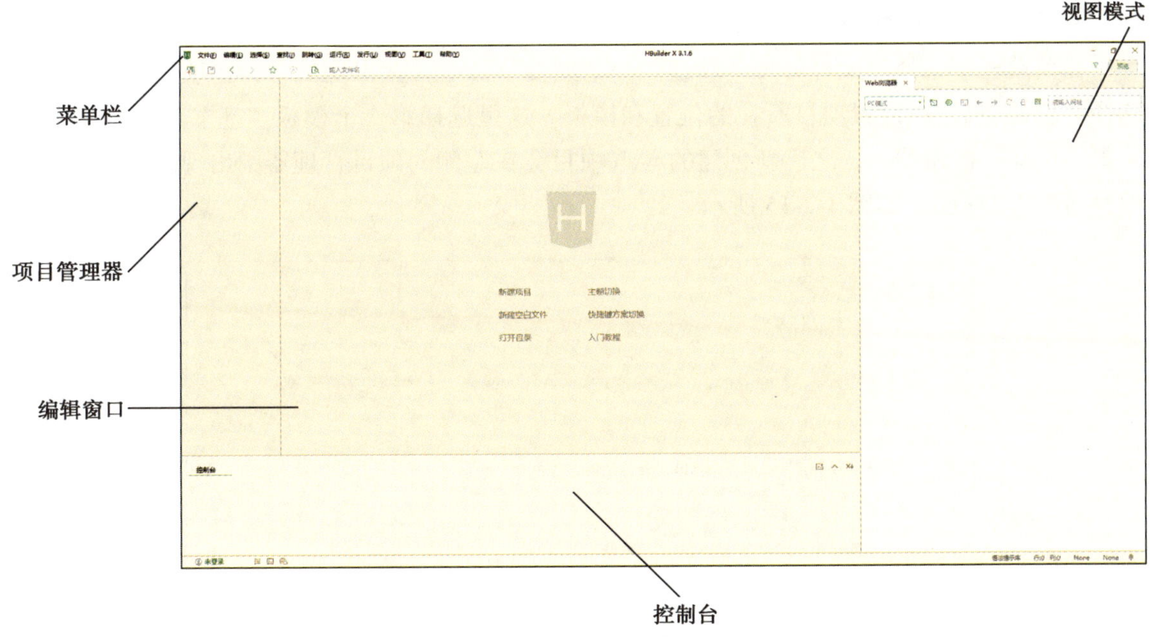

图 1-2-14 HBuilder X 界面布局

1. 菜单栏

菜单栏位于界面的左上方，是所有界面功能的集合和导航。其中常用的选项有“文件”和“运行”。

2. 项目管理器

项目管理器位于界面左侧，是管理项目的工具，可以添加、删除、修改、查看项目文件。关闭项目管理器后，按 F9 键可重新打开。

3. 编辑窗口

在项目管理器中双击某个文件，该文件可在编辑窗口中打开。在编辑窗口中可以同时打开并编辑多个文件。

4. 视图模式

视图模式位于界面右侧，单击“预览”按钮将出现 web 浏览器，可以在 web 浏览器中看到代码生成的网页效果。

5. 控制台

调试代码时，控制台显示代码运行状态和报告信息。运行代码时，控制台会自动弹出。当控制台被关闭后，可以通过菜单栏中的“视图”找到控制台并打开控制台。

四、新建项目和运行项目

HBuilder X 可以创建两种项目，即 web 项目和移动 App 项目。web 项目开发主要指传统的 PC 端网页开发，页面主要运行在 PC 端浏览器中；移动 App 项目开发主要指针对移动设备的页面开发，页面主要在移动设备上运行。

1. 新建 web 项目

在菜单栏中选择“文件”→“新建”→“项目”命令，在出现的“新建项目”对话框中选择“普通项目”，设置项目所在的位置和模板，这里选择第二个模板“基本 HTML 项目”，单击“创建”按钮即可，之后新创建的 web 项目会在左侧的项目管理器中出现。这里创建的项目名称为 Demo，如图 1-2-15 所示。

图 1-2-15　创建 web 项目

在项目管理器中展开项目 Demo 目录，会看到里面有 index.html、js、css、img，这就是自动生成的项目结构，如图 1-2-16 所示。其中 index.html 是 web 项目的主页，js 目录用于存放 JavaScript 文件，css 目录用来存放 css 文件，img 目录用来存放图片资源。

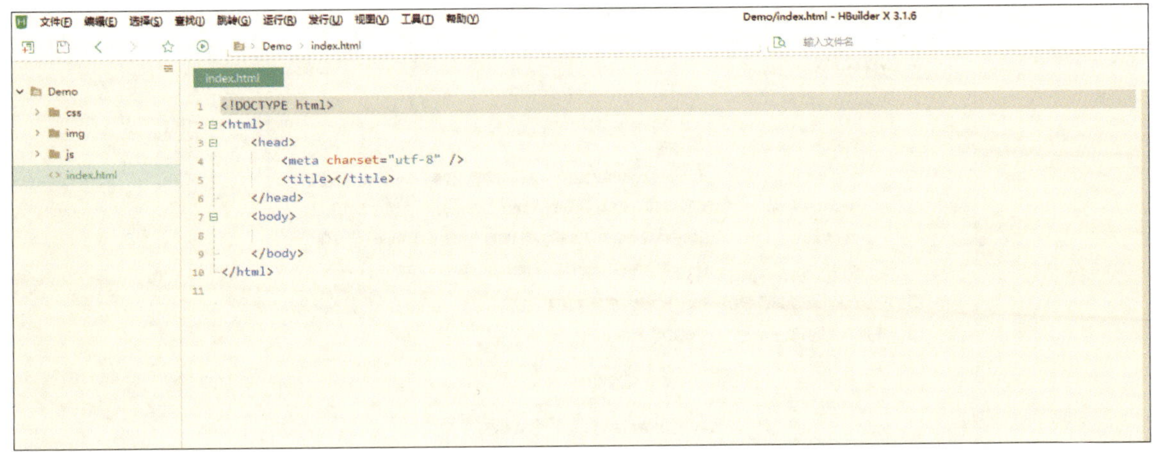

图 1-2-16 项目结构

到这一步之后，便可以编写代码了。双击 index.html 文件，在第八行输入“<h1> 这是一个网页 </h1>”，按下“Ctrl+S”组合键，保存 index.html 文件。此时按下 F12 键即可运行项目。注意，一定要先保存、后运行。此时代码和网页效果如图 1-2-17 所示。

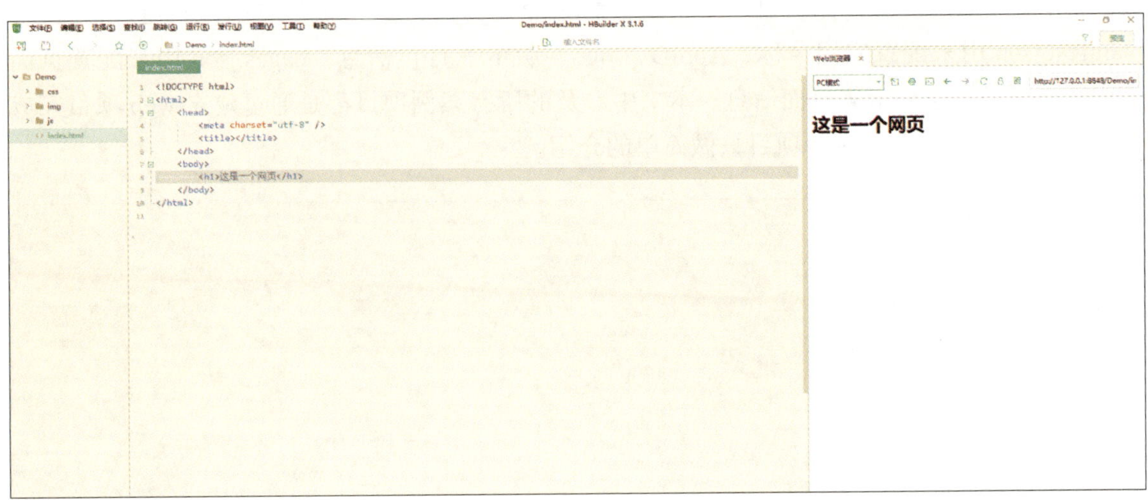

图 1-2-17 代码和网页效果

2. 新建 App 项目

在菜单栏中选择“文件”→“新建”→“项目”命令，在出现的“新建项目”对话框中选择 uni-app，设置项目所在的位置和模板，这里选择第一个默认模板，单击“创建”按钮即可，之后新创建的 App 项目会在左侧的项目管理器中出现。这里创建的项目名称为 Demo，如图 1-2-18 所示。

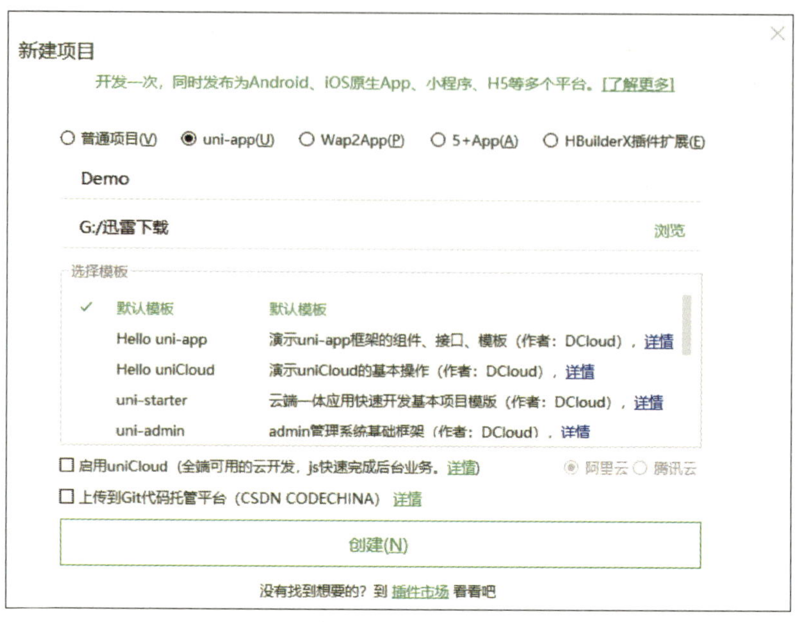

图 1-2-18　创建 App 项目

在项目管理器中展开项目 Demo 目录，会看到里面有 pages、static、App.vue、main.js、manifest.json、pages.json 等，这些都是自动生成的项目结构，如图 1-2-19 所示。其中，pages 是存放页面文件的目录；static 是存放应用引用的静态资源（如图片、视频等）的目录；App.vue 是存放应用配置文件的目录，用来配置 App 全局参数；main.js 是应用初始化入口文件；manifest.json 用来配置应用名称、AppID、logo、版本等打包信息；pages.json 用来配置页面路由、导航条、选项卡等页面信息。本书中涉及的所有案例项目都是通过建立 web 项目完成的，所以在这里对移动 App 项目只做简单的介绍。

图 1-2-19　项目结构

到这一步之后，便可以在 index.vue 里编写代码了。双击 index.vue 文件，在第十四行 title 中写入内容“Hello，APP”，如图 1-2-20 所示，效果如图 1-2-21 所示。按下“Ctrl+S”组合键，保存 index.vue 文件。此时按下 F12 键即可运行项目。注意，一定要先保存、后运行。

```
<template>
	<view class="content">
		<image class="logo" src="/static/logo.png"></image>
		<view class="text-area">
			<text class="title">{{title}}</text>
		</view>
	</view>
</template>

<script>
	export default {
		data() {
			return {
				title: 'Hello, APP'
			}
		},
		onLoad() {

		},
		methods: {

		}
	}
</script>

<style>
	.content {
		display: flex;
		flex-direction: column;
		align-items: center;
		justify-content: center;
	}
```

图 1-2-20　代码

图 1-2-21　效果图

五、html 基础标签

1. 标题标签

html 提供了 6 个等级的标题标签，即 h1、h2、h3、h4、h5 和 h6，从 h1 至 h6，标题的重要性递减。标题标签的基本语法格式如下。

```
<hn align=" 对齐方式 "> 标题文本 </hn>
```

该语法中 *n* 的取值为 1 至 6，align 属性为可选属性，用于指定标题的对齐方式。下面通过图 1-2-22 所示案例来演示标题标签的应用。

```
<!DOCTYPE html>
<html>
    <head>
        <meta charset="utf-8"/>
        <title></title>
    </head>
    <body>
        <h1>一级标题</h1>
        <h2>二级标题</h2>
        <h3>三级标题</h3>
        <h4>四级标题</h4>
        <h5>五级标题</h5>
        <h6>六级标题</h6>
    </body>
</html>
```

图 1-2-22　标题标签的应用

在图 1-2-22 中，使用 h1 至 h6 标题标签设置 6 种级别的标题。

运行图 1-2-22 中的代码，效果如图 1-2-23 所示。

一级标题

二级标题

三级标题

四级标题

五级标题

六级标题

图 1-2-23　标题标签效果

从图 1-2-23 可以看出，默认情况下标题文字是加粗左对齐的，并且从 h1 到 h6，标题标签的字号递减。如果想让标题文字右对齐或者是居中对齐，可以使用 align 属性对齐方式，其中 left 为设置标题文字左对齐（默认值），center 为设置标题文字居中对齐，right 为设置标题文字右对齐。

2. 段落标签

在 html 中通过 p 段落标签来定义段落，其基本语法格式如下。

```
<p align=" 对齐方式 "> 段落文本 </p>
```

该语法中 align 属性为 p 段落标签的可选属性，和标题标签 h1 至 h6 一样，同样可以使用 align 属性设置段落文本的对齐方式。

p 段落标签是 html 文档中最常见的标签，默认情况下，文本在一个段落中会根据浏览器窗口的大小自动换行。下面通过一个图 1-2-24 所示案例来演示 p 段落标签的应用。

```
<!DOCTYPE html>
<html>
    <head>
        <meta charset="utf-8">
        <title> 段落标签的应用 </title>
    </head>
    <body>
        <h1> 北京欢迎你 </h1>
        </p> 北京欢迎你，有梦想谁都了不起！ </p>
        </p> 有勇气就会有奇迹。</p>
    </body>
</html>
```

图 1-2-24　段落标签的应用

在图 1-2-24 中，通过 h1 标题标签和 p 段落标签定义了一个标题和两个段落。

运行图 1-2-24 所示代码，效果如图 1-2-25 所示。

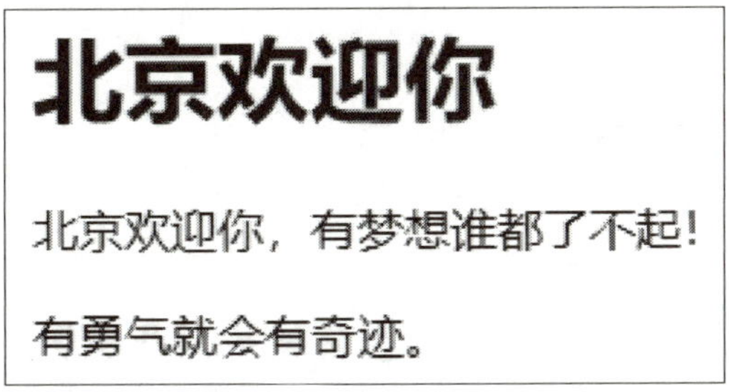

北京欢迎你

北京欢迎你，有梦想谁都了不起！

有勇气就会有奇迹。

图 1-2-25　段落标签效果

从图 1-2-25 中可以看出，通过使用 p 段落标签，每个段落都会单独显示，并且段落与段落之间有一定的间隔距离。

3. 水平线标签

在网页中，常常会看到一些水平线将段落与段落之间隔开，使得文档层次分明。这些水平线可以通过插入图片实现，也可以通过标签来定义。hr 就是创建水平线的标签，其基本语法格式如下。

```
<hr 属性 =" 属性值 ">
```

hr 是单标签，在网页中输入一个 <hr>，就添加了一条默认样式的水平线。

hr 水平线标签的属性、含义及属性值见表 1-2-1。

表 1-2-1　　hr 水平线标签的属性、含义及属性值

属性	含义	属性值
align	设置水平线的对齐方式	可选择 left、right、center 三个值，默认为 center（居中对齐）
size	设置水平线的粗细	以像素为单位，默认为 2 像素
color	设置水平线的颜色	可用颜色名称、十六进制 #RGB、rgb（r, g, b）表示，其中十六进制 #RGB 可简写，如红色的 #FF0000 十六进制可简写为 #F00
width	设置水平线的宽度	既可以是确定的像素值，也可以是浏览器窗口的百分比，默认为 100%

4. 换行标签

在 html 中，一个段落中的文字会从左到右依次排列，直到浏览器窗口的右端，然后自动换行。如果希望某些文本片段强制换行显示，就需要使用换行标签 br，这时如果还像在 Word 中那样，直接敲回车键换行就不起作用了。下面通过图 1-2-26 所示案例来演示换行标签的应用。

```
<html>
    <head>
        <title> 换行标签的应用 </title>
    </head>
    <body>
        <h1> 北京欢迎你 </h1>
        <p>
        北京欢迎你，有梦想谁都了不起！ <br>
        有勇气就会有奇迹。<br>
        北京欢迎你，为你开天辟地。<br/>
        流动中的魅力充满着朝气。<br/>
        北京欢迎你，在太阳下分享呼吸。<br/>
        在黄土地刷新成绩。<br>
        北京欢迎你，像音乐感动你。<br/>
        让我们都加油去超越自己。<br/>
        </p>
    </body>
</html>
```

图 1-2-26　换行标签的应用

在图 1-2-26 中使用了 br 换行标签。运行图 1-2-26 所示代码，效果如图 1-2-27 所示。

北京欢迎你

北京欢迎你，有梦想谁都了不起！
有勇气就会有奇迹。
北京欢迎你，为你开天辟地。
流动中的魅力充满着朝气。
北京欢迎你，在太阳下分享呼吸。
在黄土地刷新成绩。
北京欢迎你，像音乐感动你。
让我们都加油去超越自己。

图 1-2-27　换行标签效果

5. 文本格式化标签

在网页中，有时需要为文字设置粗体、斜体或下画线效果，为此，html 准备了专门的文本格式化标签，使文字以特殊的方式显示。常用的文本格式化标签及显示效果见表 1-2-2。

表 1-2-2　　常用的文本格式化标签及显示效果

常用的文本格式化标签	显示效果
<b></b> 和 <strong></strong>	文字以粗体方式显示
<i></i> 和 <em></em>	文字以斜体方式显示
<s></s> 和 <del></del>	文字以加删除线方式显示
<u></u> 和 <ins></ins>	文字以加下画线方式显示

下面通过图 1-2-28 所示案例来演示文本格式化标签的应用。

```
<!DOCTYPE html>
<html>
    <head>
        <meta charset="utf-8"/>
        <title></title>
    </head>
    <body>
        <h1> 北京欢迎你 </h1>
        <p>
        <b> 北京欢迎你 </b>，有 <strong> 梦想 </strong> 谁都了不起！ <br/>
        <i> 有勇气 </i> 就会有 <em> 奇迹 </em>。<br/>
        <s> 北京 </s> 欢迎你，为你 <del> 开天辟地 </del>。<br/>
```

```
        <u> 流动 </u> 中的魅力充满 <ins> 朝气 </ins>。<br/>
        北京欢迎你，在太阳下分享呼吸。<br/>
        在黄土地刷新成绩。<br/>
        北京欢迎你，像音乐感动你。<br/>
        让我们都加油去超越自己。<br/>
        </p>
    </body>
</html>
```

图 1-2-28　文本格式化标签的应用

运行图 1-2-28 所示代码，效果如图 1-2-29 所示。

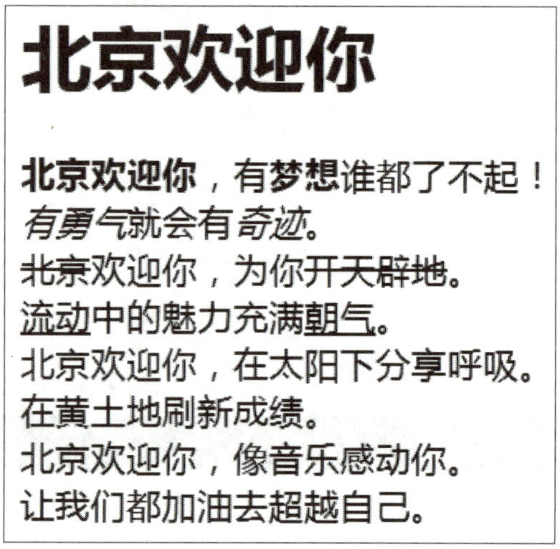

北京欢迎你

北京欢迎你，有**梦想**谁都了不起！
*有勇气*就会有*奇迹*。
~~北京~~欢迎你，为你~~开天辟地~~。
流动中的魅力充满朝气。
北京欢迎你，在太阳下分享呼吸。
在黄土地刷新成绩。
北京欢迎你，像音乐感动你。
让我们都加油去超越自己。

图 1-2-29　文本格式化标签效果

6. 特殊字符标签

浏览网页时，常常会看到一些包含特殊字符的文本，如数学公式、版权信息等。那么如何在网页上显示这些包含特殊字符的文本呢？由于“<”和“>”在 html 中已经作为标签的定界符，当作为尖括号、小于号或大于号使用时将被浏览器解析为标记符号而出现错误。于是 html 为这些特殊字符准备了专门的替代代码，见表 1-2-3。

表 1-2-3　　**常用特殊字符的表示**

特殊字符	描述	字符的代码
	空格符	& nbsp;
<	小于号	& lt;
>	大于号	& gt;
&	和号	& amp;
¥	人民币	& yen;

续表

特殊字符	描述	字符的代码
©	版权	& copy;
®	注册商标	& reg;
°	度	& deg;
±	正负号	& plusmn;
×	乘号	& times;
÷	除号	& divide;
²	平方 2	& sup2;
³	立方 3	& sup3;

从表 1-2-3 中不难看出，特殊字符的代码通常由前缀“&”、字符名称和后缀为英文状态下的分号“;”组成。在网页中使用这些特殊字符时只需输入相应的代码替代即可。

下面通过图 1-2-30 所示案例来演示常用特殊字符的应用。

```
<!DOCTYPE html>
<html>
   <head>
      <meta charset="utf-8">
      <title></title>
   </head>
   <body>
         <p>空格符： </p>
         <p>< 小于号：1&lt;2</p>
         <p>> 大于号：2&gt;1</p>
         <p>& 和号：3&amp;4</p>
         <p>¥ 人民币：恭喜您获得 100&yen;</p>
         <p>© 版权：&copy;</p>
         <p>® 注册商标：&reg;</p>
         <p>45°: 角度是 45&deg;</p>
         <p>± 正负号：&plusmn;3</p>
         <p>× 乘号：3&times;2</p>
         <p>÷ 除号：4&divide;2</p>
         <p>2 平方 2:2&sup2;</p>
         <p>3 立方 3:3&sup3;</p>
   </body>
</html>
```

图 1-2-30　常用特殊字符的应用

运行图 1-2-30 所示代码，效果如图 1-2-31 所示。

空格符:

<小于号:1<2

>大于号:2>1

&和号:3&4

¥人民币:恭喜您获得100¥

©版权:©

®注册商标:®

45°:角度是45°

±正负号:±3

×乘号:3×2

÷除号:4÷2

2平方2:2^2

3立方3:3^3

图 1-2-31　特殊字符效果

思考与练习

一、选择题

1. 下列标签中用于定义 html 文档所要显示内容的是（　　）。

A. <head></head>　　B. <body></body>

C. <html></html>　　D. <title></title>

2. 下列选项中说法正确的是（　　）。

A. 在 html 中有一种特殊的标签——注释标签

B. 标签分为单标签和双标签两种

C. h2 二级标题标签是一个单标签

D. p 段落标签是一个双标签

3. 位于 html 文档的最前面，用于向浏览器说明当前文档使用哪种 html 标准规范的标记是（　　）。

A. <!DOCTYPE>　　B. <head></head>

C. <title></title>　　D. <html></html>

4. 下列标签中用来设置文本为粗体的是（　　）。

A. <u></u>　　B. <del></del>

C. <strong></strong>　　D. <b></b>

二、判断题

1. 一个 html 文档只能含有一对 body 标签，且 body 标签必须在 html 标签内。 （ ）
2. 一个 html 文档可以含有多对 head 标签。 （ ）
3. hr 为单标签，用于定义一条水平线。 （ ）

三、操作题

新建文本文档，输入南宋文天祥的《过零丁洋》，要求如下：①使用粗体标签写诗句的名字；②使用斜体标签写诗句的作者；③在浏览器中居中显示诗句。设置完成后的效果如图 1-2-32 所示。

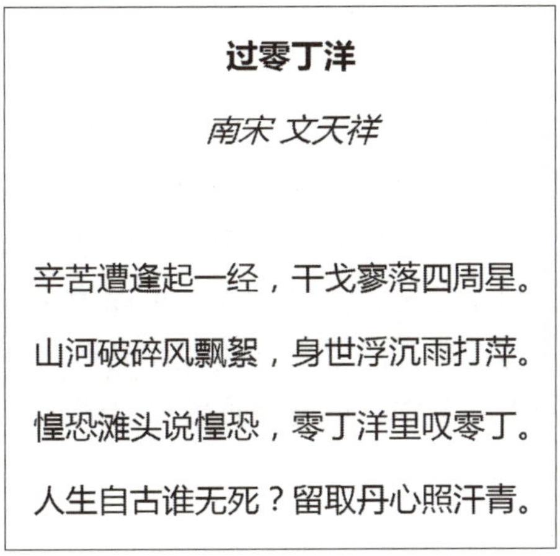

过零丁洋

南宋 文天祥

辛苦遭逢起一经，干戈寥落四周星。

山河破碎风飘絮，身世浮沉雨打萍。

惶恐滩头说惶恐，零丁洋里叹零丁。

人生自古谁无死？留取丹心照汗青。

图 1-2-32　诗句效果

任务 3　制作家用电器排行榜网页

学习目标

- 1. 掌握超链接标签的用法。
- 2. 掌握图像标签的用法。

任务导入

一个网站通常由多个网页组成，如果想从其中一个网页跳转至其他网页，可以通过在该网页添加超链接标签来跳转到其他网页。例如，当打开淘宝网站时，首先浏览到的是其网站首页，通常淘宝网站首页包含有多张图片，当单击其中某一张图片时，就会跳转到图片所链接的网页，这是因为图片设置了超链接跳转功能。可以为大多数网页中的元素添加超链接标签，使其具备超链接跳转功能。本任务主要通过使用超链接标签去嵌套文字标签和图像标签，来完成家用电器排行榜网页的制作，最终网页效果如图 1-3-1 所示。

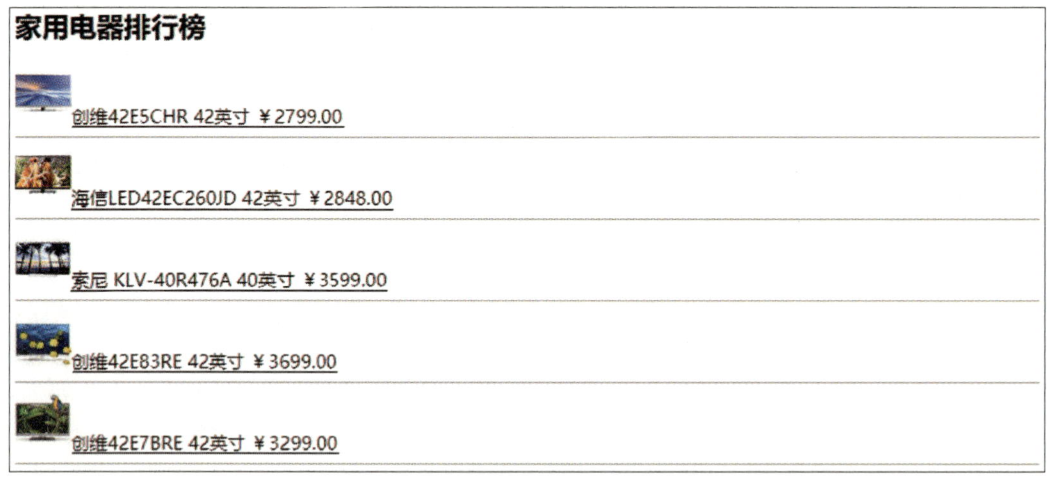

图 1-3-1　家用电器排行榜网页效果

任务实施

步骤一：

使用 HBuilder X 软件创建一个 web 项目，在项目目录下新建一个 html 网页文件，在新建的 html 网页文件中的 body 标签里面分别写入 h2 标签和 a 标签，将 a 标签的 href 属性设置为百度网页地址“https://www.baidu.com”，然后在 a 标签里面插入一些文字信息，代码和网页效果如图 1-3-2 所示。当在浏览器中单击这些文字信息时，网页就会跳转到百度网站。

```
<!DOCTYPE html>
<html>
    <head>
        <meta charset="utf-8">
        <title></title>
    </head>
    <body>
        <h2>家用电器排行榜</h2>
        <a href="https://www.baidu.com">
            创维42E5CHR 42英寸 ¥2799.00
        </a>
    </body>
</html>
```

家用电器排行榜

创维42E5CHR 42英寸 ¥2799.00

图 1-3-2 添加 h2 标签和 a 标签

步骤二：

在 a 标签里面的文字信息的上方插入 img 标签，同时将创维电视机图片复制、粘贴到项目下的 img 目录中去，代码和网页效果如图 1-3-3 所示。电视机图片文件的名称为“tv01.jpg”，此时对于当前 html 文件来说，电视机图片文件的相对路径为“img/tv01.jpg”，使用 img 标签的 src 属性可设置图片的路径，注意图片路径不能设置错误，否则图片将无法正常显示。

```
<!DOCTYPE html>
<html>
    <head>
        <meta charset="utf-8">
        <title></title>
    </head>
    <body>
        <h2>家用电器排行榜</h2>
        <a href="https://www.baidu.com">
            <img src="img/tv01.jpg">
            创维42E5CHR 42英寸 ¥2799.00
```

```
        </a>
    </body>
</html>
```

家用电器排行榜

创维42E5CHR 42英寸 ¥2799.00

图 1-3-3　添加 img 标签

步骤三：

在 a 标签下方加入 hr 水平线标签，代码和网页效果如图 1-3-4 所示。

```
<!DOCTYPE html>
<html>
    <head>
        <meta charset="utf-8">
        <title></title>
    </head>
    <body>
        <h2>家用电器排行榜</h2>
        <a href="https://www.baidu.com">
            <img src="img/tv01.jpg">
            创维42E5CHR 42英寸 ¥2799.00
        </a>
        <hr>
    </body>
</html>
```

家用电器排行榜

创维42E5CHR 42英寸 ¥2799.00

图 1-3-4　添加 hr 水平线标签

步骤四：

将其他四种电视机图片素材也都复制、粘贴到项目目录下的 img 目录中，在 hr 标签的下方依照步骤一至步骤三，分别再写 4 组 a 标签和 hr 标签，设置每组 a 标签中的相关文字信息和其中 img 标签的 src 属性内容，代码如图 1-3-5 所示。

```
<!DOCTYPE html>
<html>
    <head>
        <meta charset="utf-8">
        <title></title>
    </head>
    <body>
        <h2>家用电器排行榜</h2>
        <a href="https://www.baidu.com">
            <img src="img/tv01.jpg">
            创维42E5CHR 42英寸 ¥2799.00
        </a>
        <hr>
        <a href="https://www.baidu.com">
            <img src="img/tv02.jpg">
            海信LED42EC260JD 42英寸 ¥2848.00
        </a>
        <hr>
        <a href="https://www.baidu.com">
            <img src="img/tv03.jpg">
            索尼KLV-40R476A 40英寸 ¥3599.00
        </a>
        <hr>
        <a href="https://www.baidu.com">
            <img src="img/tv04.jpg">
            创维42E83RE 42英寸 ¥3699.00
        </a>
        <hr>
        <a href="https://www.baidu.com">
            <img src="img/tv05.jpg">
            创维42E7BRE 42英寸 ¥3299.00
        </a>
        <hr>
    </body>
</html>
```

图 1-3-5 添加其他四种电视机信息

步骤五：

保存文件后使用浏览器打开网页文件，网页效果如图 1-3-1 所示。

相关知识

一、超链接

在 html 中添加超链接时，只需要将 a 标签环绕到需要添加超链接功能的其他网页标签上即可。a 标签的基本语法格式如下。

```
<a href=" 跳转目标 " target=" 目标窗口的弹出方式 "> 需要添加超链接的对象 </a>
```

在 a 标签的语法中，a 标签是一个行内标签，用于实现超链接。href 和 target 为其常用属性，具体含义如下。

1. href

href 用于指定链接目标的 URL 地址，当为 a 标签应用 href 属性时，它就具有了超链接的功能。通常用 URL 来表示链接地址的意思（形式）。链接地址有绝对地址和相对地址的区别，绝对地址指通过该地址就可以“直达”该页面。相对地址是指相对于当前 a 标签所在的网页所在位置（文件夹）的一个相对位置。

2. target

target 用于指定链接页面的打开方式，其取值有 _self 和 _blank 两种。其中 _self 为默认值，意为在原窗口中打开；_blank 意为在新窗口中打开。

下面通过创建一个带有超链接功能的简单网页，来演示超链接标签的应用，代码如图 1-3-6 所示。

```
<!DOCTYPE html>
<html>
    <head>
        <meta charset="utf-8">
        <title> 创建超链接 </title>
    </head>
    <body>
        <a href="https://www.taobao.com" target="_self"><img src=" 单击 .jpg">
</a><br/><br/>
        <a href="https://www.baidu.com" target="_blank"> 百度一下，你就知道 </a>
    </body>
</html>
```

图 1-3-6　超链接标签的应用

在图 1-3-6 中，创建了两个超链接，通过 href 属性将它们的链接目标分别指定为淘宝网站和百度网站，同时通过 target 属性定义第一个链接网站在原窗口打开，第二个链接网站在新窗口打开。运行图 1-3-6 所示代码，效果如图 1-3-7 所示。

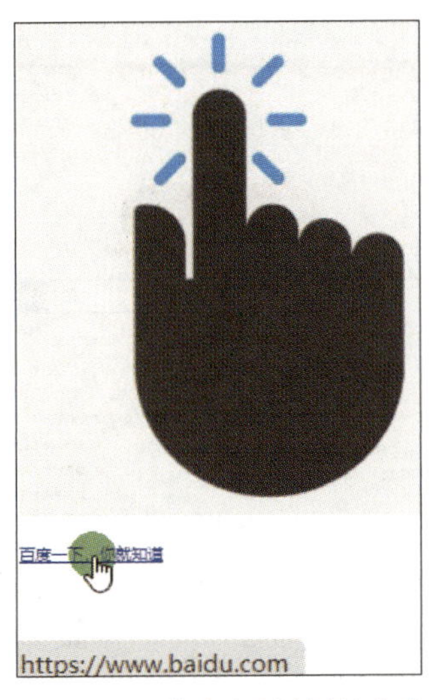

图 1-3-7 带有超链接的网页

在图 1-3-7 中，被超链接 a 标签包裹的文本“百度一下，你就知道”，其颜色变为蓝色且带有下画线效果，这是因为超链接标签本身有默认的显示样式。当将光标移动至链接图像或文本时，光标会变成“ ”形状，同时网页的左下方状态栏会显示链接网页的网址。当用鼠标单击图像时，将会在原窗口中打开链接网页，如图 1-3-8 所示。当用鼠标单击文本时，将会在新窗口中打开链接网页，如图 1-3-9 所示。

图 1-3-8 在原窗口中打开链接网页

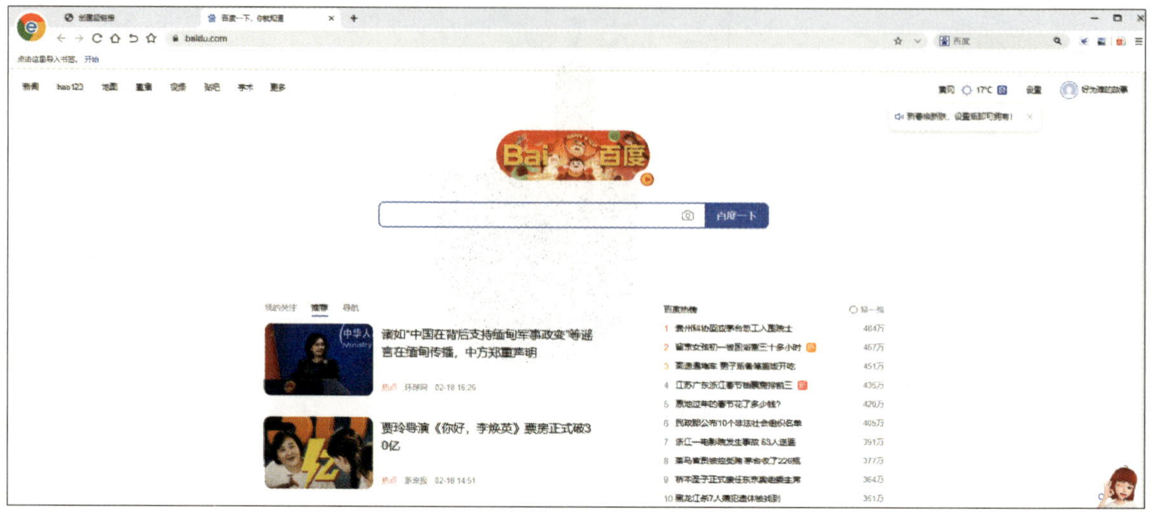

图 1-3-9　在新窗口中打开链接网页

二、锚点链接

浏览网页时，为了提高信息的检索效率，常需要用到 html 语言中一种特殊的链接——锚点链接，它属于超链接的一种。通过创建锚点链接，用户能够快速定位到目标内容。

下面通过一个案例对创建锚点链接的方法做具体演示，如图 1-3-10 所示。

```
<!DOCTYPE html>
<html>
    <head>
        <meta charset="utf-8">
        <title></title>
    </head>
    <body>
        <p>
            <img src="image/logo.jpg" width="305" height="104" alt="logo"/>
            [<a href="#register">新用户注册</a>]
            [<a href="#login">登录</a>]
        </p>
        <h1>新手指南 - 新用户注册或登录</h1>
        <h2>
            <a id="register">新用户注册</a>
        </h2>
        <h4>Step 1 点击页面右上方的“注册”按钮注册聚美优品账号。</h4>
        <img src="image/login_step1.jpg" width="550" height="132"/>
        <h4>Step 2 注册前请仔细阅读《聚美优品用户协议》，如无异议请点击“同意以下协议并注册”。
        请根据相应提示在信息栏内填入您的注册信息。
        </h4>
        <img src="image/signup_step2.jpg" width="716" height="588"/>
```

```
        <p> 注册成功后系统将自动登录您的账号，并转至聚美优品首页。</p>
        <h2>
            <a id="login"> 登录 </a>
        </h2>
        <h4>Step 1 如您已经拥有聚美账号，请点击页面右上方的“登录”按钮 </h4>
        <img src="image/login_step1.jpg" width="550" height="132"/>
        <h4>Step 2 在登录页面的信息栏内填入对应信息，点击“登录”按钮进行登录，或通过选择
登录框下方的合作账号进行快速登录。
        登录成功后，系统将自动跳转至聚美优品首页。
        </h4>
        <img src="image/login_step2.jpg" width="716" height="528"/>
    </body>
</html>
```

图 1-3-10　创建锚点链接

在图 1-3-10 中，首先使用超链接 a 标签创建链接文本，形式如 <a href="#id 名 "> 链接文本 </a>，其中“ href=#id 名”用于指定链接目标的 id 名称，先使用 id 名标注目标的位置，然后通过 href 属性链接到对应的 a 标签的 id 名。

运行图 1-3-10 中的代码，效果如图 1-3-11 所示。

图 1-3-11　使用锚点链接的网页

如图 1-3-11 所示，当用鼠标单击新用户注册或登录的链接时，页面会自动跳转到本网页的目标位置。

通过图 1-3-10 可以总结出，创建锚点链接分为定义锚点和链接到锚点两步，具体如下。

1. 使用 id 名标注目标的位置。

2. 使用 <a href="#id 名 "> 链接文本 </a> 创建能链接到目标的文本。

三、图像标签

在 html 中使用 img 图像标签来定义图像，其基本语法格式如图 1-3-12 所示。

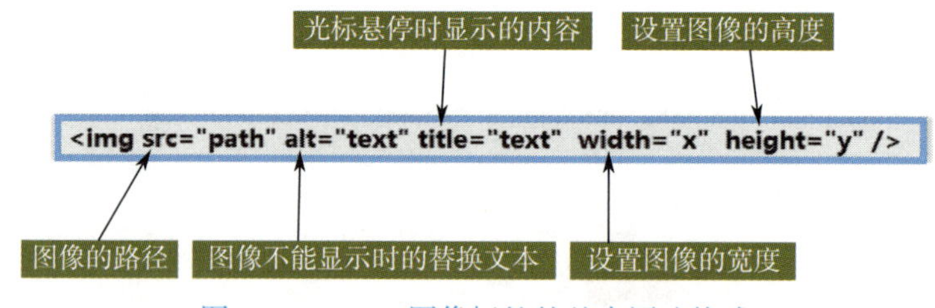

图 1-3-12　img 图像标签的基本语法格式

其中，src 属性用于指定图像文件的路径和文件名，它是 img 图像标签能正常显示图像的必需属性。

要想在网页中灵活应用图像，仅仅靠 src 属性是不够的。html 还为 img 图像标签设计了很多其他属性，具体见表 1-3-1。

表 1-3-1　　img 图像标签的属性、属性值及描述

属性	属性值	描述
src	URL	图像的路径地址，路径地址分为绝对地址和相对地址，绝对地址是相对于磁盘的根目录去定位的文件地址，相对地址是相对于引用文件本身去定位的文件地址
alt	文本	图像不能显示时的替换文本
title	文本	光标悬停时显示的内容
width	像素	设置图像的宽度
height	像素	设置图像的高度
border	数字	设置图像边框的宽度
vspace	像素	设置图像顶部和底部的空白（垂直边距）
hspace	像素	设置图像左侧和右侧的空白（水平边距）
align	left	将图像对齐到左边
	right	将图像对齐到右边
	top	将图像的顶部和文本的第一行文字对齐，其他文字居于图像下方
	middle	将图像的水平中线和文本的第一行文字对齐，其他文字居于图像下方
	bottom	将图像的底部和文本的第一行文字对齐，其他文字居于图像下方

由于某些原因，图像可能无法正常显示。因此，为页面上的图像加上文本是一个很好的编程习惯，当图像无法正常显示时，可以通过文本告知用户该图像的内容。

alt 属性用于定义图像无法显示时的文本，下面通过一个案例来演示 alt 属性的应用，如图 1-3-13 所示。

```
<!DOCTYPE html>
<html>
    <head>
        <meta charset="utf-8">
        <title>img 图片标签的 alt 属性 </title>
    </head>
    <body>
        <img src="img/ 海边风景 .jpg" alt=" 海边风景 ">
    </body>
</html>
```

图 1-3-13　img 图像标签 alt 属性的应用

在当前 web 项目目录下的 img 目录中放入文件名为海边风景 .jpg 的图像，然后通过 src 属性设置图像的路径，通过 alt 属性设置图像的文字内容，当图像不能正常显示时，会显示 alt 属性中的文字内容。

运行图 1-3-13 中的代码，正常情况下效果如图 1-3-14 所示。如果图像不能正常显示，则出现图 1-3-15 所示效果。

在过去网速比较慢的年代，alt 属性主要用于使看不到图像的用户能够了解图像的内容。

图 1-3-14　图片正常显示

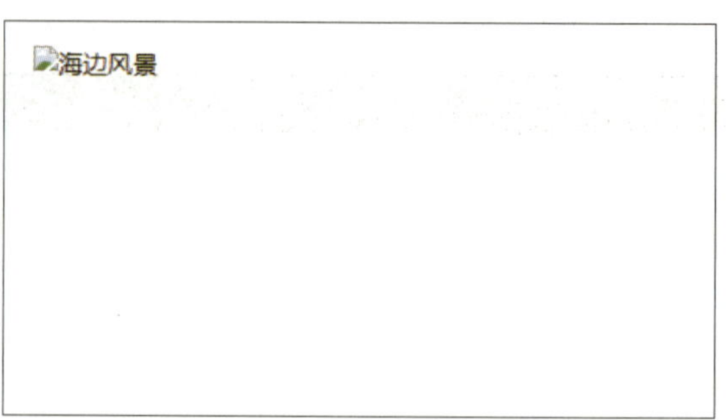

图 1-3-15　图片不能正常显示

随着互联网技术的发展，现在网页显示不了图像的情况已经很少见了，alt 属性又有了新的作用。Google 和百度等搜索引擎在收录页面时，会通过 alt 属性的内容来分析网页的内容。因此，在制作网页时，如果能够为图像设置清晰、明确的替换文本，就可以帮助搜索引擎更好地理解网页内容，从而更有利于搜索引擎的优化。

图像标签 img 有一个和 alt 属性十分相似的属性 title，title 属性用于设置光标悬停于图像上时的提示文字。

下面通过一个案例来演示 title 属性的应用，如图 1-3-16 所示。

```
<!DOCTYPE html>
<html>
    <head>
        <meta charset="utf-8">
        <title></title>
    </head>
    <body>
        <img src="img/ 海边风景 .jpg" title=" 海边风景 ">
    </body>
</html>
```

图 1-3-16　img 图像标签 title 属性的应用

运行图 1-3-16 中的代码，当网页中鼠标光标移动到图像上时，会出现提示文本，如图 1-3-17 所示。

图 1-3-17　img 图像标签的 title 属性应用

一、选择题

1. img 图像标签中能链接图片路径的属性是（　　）。

A. src　　B. alt

C. width　　D. height

2. 若超链接的 href 属性需要链接到 list 页面中的 one 锚点，则以下格式书写正确的是（　　）。

A. list.html　　B. #one.list

C. list#one　　D. list.html#one

3. 以下说法正确的是（　　）。

A. a 标签是页面链接标签，只能用来链接到其他页面

B. a 标签是页面链接标签，只能用来链接到本页面的其他位置

C. a 标签的 src 属性用于指定要链接的地址

D. a 标签的 href 属性用于指定要链接的地址

4. 锚点链接（　　）。

A. 不能链接两个不同的网页

B. 能链接同一网页的不同部分

C. 不能链接同一网页的不同部分

D. 以上都不对

5. 在插入 img 图像标签时，对插入的图像进行文字说明所使用的属性是（　　）。

A. name　　B. id

C. src　　D. alt

二、判断题

1. 图像文件和 html 文件位于同一个文件夹，相对地址为 <img src="logo.gif"/>。（　　）

2. 用 img 图像标签向网页中嵌入一幅图像时，必须指定 src 属性，以指定图像路径。（　　）

3. 在超链接中，href 属性用于指定链接页面的打开方式。（　　）

三、操作题

利用锚点链接功能，实现图 1-3-18 所示单击“绿色箭头”按钮跳转至对应标题位置的功能。

图 1-3-18　练习使用锚点链接

项目二　html 结构标签的使用

任务 1　制作计算机树形列表网页

学习目标

- 1. 掌握 ul 无序列表标签、ol 有序列表标签和 dl 定义列表标签的用法。
- 2. 掌握列表标签的嵌套用法。

任务导入

为了方便用户浏览，计算机经常以列表的形式呈现网页内容。例如，淘宝商城首页的主题分类就是以列表样式呈现的，整体排列有序、条理清晰。为满足网页排版需求，html 语言提供了三种常用的列表，分别为无序列表、有序列表和定义列表。本任务主要通过嵌套使用 ul 无序列表标签来完成树形列表网页的制作，网页完成效果如图 2-1-1 所示。

我的电脑文件列表

- 我的电脑
  - 本地磁盘(C:)
    - 我的文档
    - 我的收藏
  - 本地磁盘(D:)
    - 我的游戏
    - 我的资料
    - 我的电影

图 2-1-1　树形列表网页效果

任务实施

步骤一：

新建 html 文件，在 body 标签中加入 <h4></h4>，并在 h4 标签中加入标题内容“我的电脑文件列表”，代码和网页效果如图 2-1-2 所示。

```
<!DOCTYPE html>
<html>
    <head>
        <meta charset="utf-8">
        <title> 树形菜单 </title>
    </head>
    <body>
        <h4> 我的电脑文件列表 </h4>
    </body>
</html>
```

我的电脑文件列表

图 2-1-2　加入标题标签网页

步骤二：

在标题标签下方加入无序列表标签 ul，这里注意，只需要一个列表项，所以只用写一组“<li></li>”，如图 2-1-3 所示。

```
<!DOCTYPE html>
<html>
    <head>
        <meta charset="utf-8">
        <title> 树形菜单 </title>
    </head>
    <body>
    <h4> 我的电脑文件列表 </h4>
    <ul>
        <li> 我的电脑
        </li>
    </ul>
    </body>
</html>
```

我的电脑文件列表

- 我的电脑

图 2-1-3 加入无序列表网页

步骤三：

在“<li></li>”里“我的电脑”文字下方加入一组新的无序列表标签 ul，这里注意，需要写两个盘符列表项，所以写两组“<li></li>”，如图 2-1-4 所示。

```
<!DOCTYPE html>
<html>
    <head>
        <meta charset="utf-8">
        <title>树形菜单</title>
    </head>
    <body>
    <h4>我的电脑文件列表</h4>
    <ul>
        <li>我的电脑
            <ul>
                <li>本地磁盘（C:）
                </li>
                <li>本地磁盘（D:）
                </li>
            </ul>
        </li>
    </ul>
    </body>
</html>
```

我的电脑文件列表

- 我的电脑
    - 本地磁盘（C:）
    - 本地磁盘（D:）

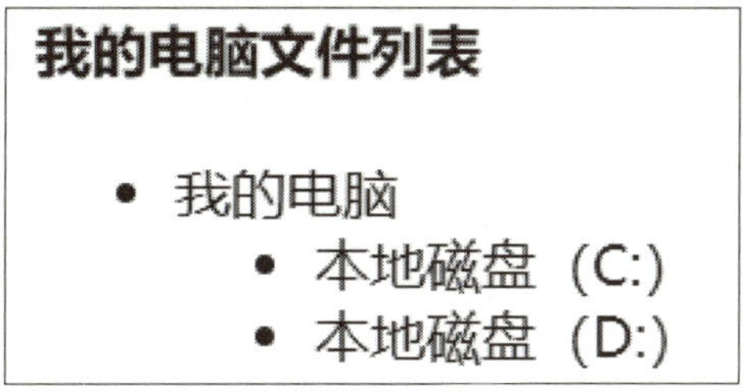

图 2-1-4 加入嵌套 ul 标签网页 1

步骤四：

在“本地磁盘（C:）”和“本地磁盘（D:）”文字的下方重复步骤三中的操作，这里注意，在“本地磁盘（C:)”下方的 ul 标签中加入两组“<li></li>”，在“本地磁盘（D:)”下方的 ul 标签中加入三组“<li></li>”，列表项中文字信息添加如图 2-1-5 所示。

```
<!DOCTYPE html>
<html>
    <head>
        <meta charset="utf-8">
        <title>树形菜单</title>
    </head>
    <body>
    <h4>我的电脑文件列表</h4>
    <ul>
        <li>我的电脑
            <ul>
                <li>本地磁盘 (C:)
                    <ul>
                        <li>我的文档</li>
                        <li>我的收藏</li>
                    </ul>
                </li>
                <li>本地磁盘 (D:)
                    <ul>
                        <li>我的游戏</li>
                        <li>我的资料</li>
                        <li>我的电影</li>
                    </ul>
                </li>
            </ul>
        </li>
    </ul>
    </body>
</html>
```

图 2-1-5　加入嵌套 ul 标签网页 2

步骤五：

保存文件后使用浏览器打开网页文件，网页效果如图 2-1-1 所示。

相关知识

一、无序列表

无序列表是网页中最常见的列表，之所以称为“无序列表”，是因为其各个列表项之间没有顺序级别之分，通常以并列的形式呈现。定义无序列表的基本语法格式如下。

```
<ul>
   <li type="disc">列表项 1</li>
   <li type="disc">列表项 2</li>
   <li type="disc">列表项 3</li>
</ul>
```

在上述语法中，<ul></ul> 用于定义无序列表，<li></li> 嵌套在 <ul></ul> 中，用于描述具体的列表项，每对 <ul></ul> 中至少包含一对 <li></li>。

下面通过一个案例来演示无序列表的应用，如图 2-1-6 所示。

运行图 2-1-6 中的代码，效果如图 2-1-7 所示。

从图 2-1-7 中可以看出，无序列表默认的列表项符号显示为“•”。

```
<!DOCTYPE html>
<html>
   <head>
      <meta charset="utf-8">
      <title>无序列表</title>
   </head>
   <body>
      <h2>武汉</h2>
   <ul>
      <li type="disc">江岸区<li>
      <li type="disc">洪山区<li>
      <li type="disc">汉阳区<li>
      <li type="disc">青山区<li>
   </ul>
   </body>
</html>
```

图 2-1-6　无序列表的应用

武汉

- 江岸区
- 洪山区
- 汉阳区
- 青山区

图 2-1-7　无序列表网页

无序列表的 type 属性可以取不同的值，用于指定不同的列表项符号，见表 2-1-1。

表 2-1-1　　无序列表的 type 属性值

type 属性值	说明
disc	项目符号显示为实体圆心，默认值
square	项目符号显示为实体方心
circle	项目符号显示为空心圆

二、有序列表

有序列表即为有排列顺序的列表，其各个列表项按照一定的顺序排列，例如，网页中常见的歌曲排行榜、游戏排行榜等都可以通过有序列表来定义。定义有序列表的基本语法格式如下。

```
<ol>
    <li type="1">列表项 1</li>
    <li type="1">列表项 2</li>
    <li type="1">列表项 3</li>
    ……
</ol>
```

在上述语法中，<ol></ol> 用于定义有序列表，<li></li> 为具体的列表项，和无序列表类似，每对 <ol></ol> 中也至少包含一对 <li></li>。

下面通过一个案例来演示有序列表的应用，如图 2-1-8 所示。

运行图 2-1-8 中的代码，效果如图 2-1-9 所示。

```
<!DOCTYPE html>
<html>
    <head>
        <meta charset="utf-8">
        <title></title>
    </head>
    <body>
        <h2>最新电影排行榜</h2>
        <ol>
            <li type="1">唐人街探案 3</li>
            <li type="1">你好，李焕英</li>
            <li type="1">人潮汹涌</li>
        </ol>
    </body>
</html>
```

图 2-1-8　有序列表的应用

最新电影排行榜

1. 唐人街探案3
2. 你好，李焕英
3. 人潮汹涌

图 2-1-9　有序列表网页效果

从图 2-1-9 中可以看出，有序列表默认的列表项为阿拉伯数字，并且按照 1、2、3…的顺序排列。

有序列表的 type 属性可以取不同的值，用于指定不同的排序编号，见表 2-1-2。

表 2-1-2　有序列表的 type 属性举例及说明

type 属性举例	说明
1	使用数字作为项目符号，默认值
A/a	使用大写 / 小写字母作为项目符号
I / i	使用大写 / 小写罗马数字作为项目符号

三、定义列表

定义列表常用于对术语或名词进行解释和描述，与无序列表和有序列表不同，定义列表的列表项前没有任何项目符号。其基本语法如下。

```
<dl>
    <dt>名词 1</dt>
    <dd>名词 1  解释 1</dd>
    <dd>名词 1  解释 2</dd>
    ……
    <dt>名词 2</dt>
    <dd>名词 2  解释 1</dd>
    <dd>名词 2  解释 2</dd>
    ……
</dl>
```

在上面的语法中，<dl></dl> 用于指定定义列表，<dt></dt> 和 <dd></dd> 并列嵌入 <dl></dl> 中，其中，<dt></dt> 用于指定列表项标题，<dd></dd> 用于指定列表项内容。一对 <dt></dt> 可以对应多对 <dd></dd>。

下面通过一个案例来演示定义列表的应用，如图 2-1-10 所示。

```
<!DOCTYPE html>
<html>
    <head>
        <meta charset="utf-8">
        <title></title>
    </head>
    <body>
    <dl>
        <dt>物联网</dt>
        <dd>物物相连的互联网</dd>
        <dd>互联网的应用拓展</dd>
        <dd>物品与物品之间进行信息交换和通信</dd>
    </dl>
    </body>
</html>
```

图 2-1-10　定义列表的应用

图 2-1-10 中定义了一个定义列表，其中 <dt></dt> 内为列表项标题“物联网”，其后紧跟着三对 <dd></dd>，为“物联网”列表项的具体内容。

运行图 2-1-10 中的代码，效果如图 2-1-11 所示。

物联网

物物相连的互联网

互联网的应用拓展

物品与物品之间进行信息交换和通信

图 2-1-11　定义列表网页效果

思考与练习

一、选择题

1. 下列选项中不属于列表的是（　　）。

A. 有序列表　　B. 价格列表

C. 无序列表　　D. 定义列表

2. 下列标签中属于无序列表的是（　　）。

A. <dd></dd>　　B. <ul></ul>

C. <li></li>　　D. <dl></dl>

3. 下列选项中说法不正确的是（　　）。

A. 无序列表标签中每一组均为一条列表

B. 有序列表的每一个元素都有序列

C. 无序列表可以设置不同的显示效果

D. 以上都不对

4. 定义列表时用于指定列表项标题的标签是（　　）。

A. dd　　B. dt　　C. li　　D. ol

5. 下列有关定义无序列表的基本语法格式描述不正确的是（　　）。

A. <ul></ul> 用于定义无序列表

B. <li></li> 嵌套在 <ul></ul> 中，用于描述具体的列表项

C. 每对 <ul></ul> 中至少包含一对 <li></li>

D. li 标签不可以定义 type 属性

二、判断题

1. 虽然无序列表的各个列表项之间没有顺序级别之分，但是存在主从关系。（　　）

2. 在定义列表中，一对 <dt></dt> 可以对应多对 <dd></dd>。（　　）

3. 在进行列表嵌套时，无序列表中只能嵌套无序列表。（　　）

三、操作题

分析图 2-1-12 所示的 html 在线考试试题网页，利用 ol 标签进行有序列表嵌套，制作 html 在线考试试题网页。

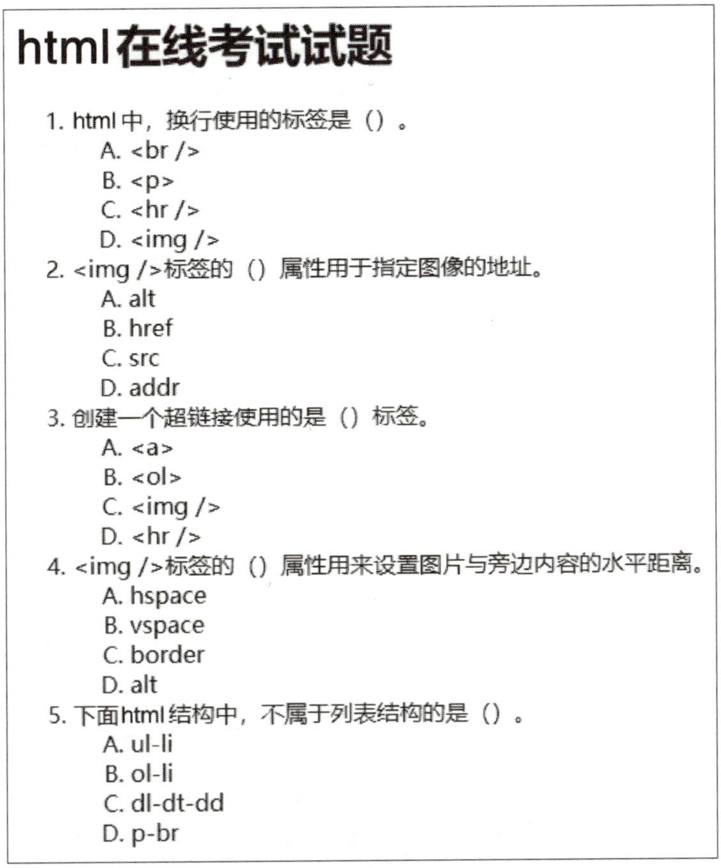

html在线考试试题

1. html中，换行使用的标签是（）。
   A.
   B. <p>
   C. <hr />
   D. <img />
2. <img />标签的（）属性用于指定图像的地址。
   A. alt
   B. href
   C. src
   D. addr
3. 创建一个超链接使用的是（）标签。
   A. <a>
   B. <ol>
   C. <img />
   D. <hr />
4. <img />标签的（）属性用来设置图片与旁边内容的水平距离。
   A. hspace
   B. vspace
   C. border
   D. alt
5. 下面html结构中，不属于列表结构的是（）。
   A. ul-li
   B. ol-li
   C. dl-dt-dd
   D. p-br

图 2-1-12　html 在线考试试题网页

任务 2　制作 3C 电子商务网站首页

学习目标

- 1. 掌握表格的创建方法。
- 2. 掌握 table 标签、tr 标签、td 标签、th 标签的用法。
- 3. 熟练使用表格相关标签制作网页。

任务导入

在网页制作中，表格起着相当重要的作用。表格除了用来对齐数据之外，更多的是用来进行网页内容定位，使一些数据信息更容易浏览，因此，表格在页面布局中的应用非常广泛。本任务主要通过使用表格相关标签的嵌套，来完成 3C 电子商务网站首页的制作，最终网页效果如图 2-2-1 所示。

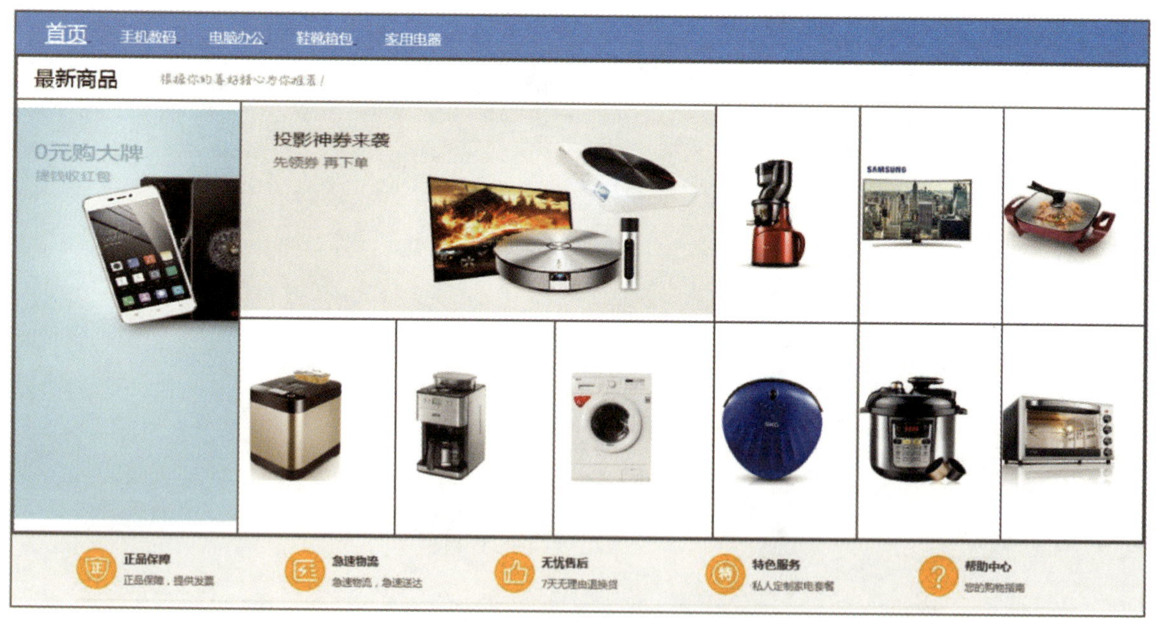

图 2-2-1　3C 电子商务网站首页效果

步骤一：

新建一个 html 文件，在 body 标签中创建一个宽度为 1 300 像素、边框为 1、单元格之间没有间距且内容居中的表格，表格 3 行 1 列，代码如图 2-2-2 所示。

```
<!DOCTYPE html>
<html>
    <head>
        <meta charset="utf-8">
        <title></title>
    </head>
    <body>
        <!-- 创建一个表格，3 行 1 列 -->
        <table width="1300px" border="1" cellpadding="0" cellspacing="0"
align="center">
            <!-- 表格第 1 行 -->
            <tr>
                <td>
                </td>
            </tr>
            <!-- 表格第 2 行 -->
            <tr>
                <td>
                </td>
            </tr>
            <!-- 表格第 3 行 -->
            <tr>
                <td>
                </td>
            </tr>
        </table>
    </body>
</html>
```

图 2-2-2　创建表格的基本结构

步骤二：

设置表格第一行 tr 标签的高度为 50 像素，背景颜色为蓝色，然后在表格中写入 5 组超链接 <a></a>，中间的空隙用空格标签“ ”来填充，每组 a 标签中加入文字信息，文字信息统一通过 font 标签的 color 属性设置为白色“ white”，第一个文字信息“首页”通过

size 属性值设置为“5”，使它的字体变大。代码如图 2-2-3 所示，网页效果如图 2-2-4 所示。

```
<tr height="50px" bgcolor="#4D9EFA">
    <td>
              
        <a href="#">
            <font color="white" size="5">首页</font>
        </a>
              
        <a href="#">
            <font color="white">手机数码</font>
        </a>
              
        <a href="#">
            <font color="white">电脑办公</font>
        </a>
              
        <a href="#">
            <font color="white">鞋靴箱包</font>
        </a>
              
        <a href="#">
            <font color="white">家用电器</font>
        </a>
    </td>
</tr>
```

图 2-2-3　表格的第一行代码

首页　手机数码　电脑办公　鞋靴箱包　家用电器

图 2-2-4　表格写入第一行代码后的网页效果

步骤三：

设置表格的第二行即第二个 tr 标签，通过分析网页设计图可知需要在这一行的唯一列中嵌套一个 3 行 7 列的子表格，且子表格第一行需要跨 7 列，设置子表格第一行的高度为 50 像素；第二行的第 1 列需要跨 2 行，设置高度为 250 个像素；第三行的高度也设置为 250 像素。代码如图 2-2-5 所示，网页效果如图 2-2-6 所示。

```
<tr>
    <td>
        <!-- 嵌套一个 3 行 7 列的表格 -->
        <table width="100%" border="1" cellpadding="0" cellspacing="0"
align="center">
            <tr height="50px">
```

```
            <td colspan="7">
                    <font size="5">最新商品</font>
            </td>
        </tr>
        <tr height="250px">
            <td rowspan="2">
                <img src="img/big01.jpg" width="100%" height="100%"/>
            </td>
            <td colspan="3">
                <img src="img/middle01.jpg" width="100%" height="100%"/>
            </td>
            <td>
                <img src="img/small01.jpg"/>
            </td>
            <td>
                <img src="img/small02.jpg"/>
            </td>
            <td>
                <img src="img/small03.jpg"/>
            </td>
        </tr>
        <tr height="250px">
            <td>
                <img src="img/small04.jpg"/>
            </td>
            <td>
                <img src="img/small05.jpg"/>
            </td>
            <td>
                <img src="img/small06.jpg"/>
            </td>
            <td>
                <img src="img/small07.jpg"/>
            </td>
            <td>
                <img src="img/small08.jpg"/>
            </td>
            <td>
                <img src="img/small09.jpg"/>
            </td>
        </tr>
    </table>
  </td>
</tr>
```

图 2-2-5 表格的第二行代码

图 2-2-6　表格写入第二行代码后的网页效果

步骤四：

表格的第三行即第三个 tr 标签，在其唯一列中放上一张图片，代码如图 2-2-7 所示。最终效果如图 2-2-1 所示。

```
<tr>
    <td>
        <img src="img/footer.jpg" width="100%" height="100%"/>
    </td>
</tr>
```

图 2-2-7　表格的第三行代码

相关知识

一、表格的创建

表格的开始是 <table>，结束是 </table>，即所有的表格内容都位于 <table></table> 之间。要想创建一个完整的表格，除了要有表格标签外，还需要有行标签 tr 和单元格标签 td。创建表格的具体语法格式如下。

```
<table border="" cellspacing="" cellpadding="">
    <tr>
        <td>
            单元格内的文字
        </td>
    </tr>
</table>
```

对上述语法的具体解释如下。

1. <table></table> 用于定义一个表格。

2. <tr></tr> 用于定义表格中的一行，必须嵌套在 <table></table> 中，在 <table></table> 中一般包含多对 <tr></tr>。

3. <td></td> 用于定义表格中的单元格，必须嵌套在 <tr></tr> 中，一对 <tr></tr> 中一般包含多对 <td></td>。

下面来举例创建一个表格，如图 2-2-8 所示。

```
<!DOCTYPE html>
<html>
    <head>
        <meta charset="utf-8">
        <title>创建表格 </title>
    </head>
    <body>
        <table border="1">
            <tr>
                <td>
                    第一行第一列
                </td>
                <td>
                    第一行第二列
                </td>
                <td>
                    第一行第三列
                </td>
                <td>
                    第一行第四列
                </td>
            </tr>
            <tr>
                <td>
                    第二行第一列
                </td>
                <td>
                    第二行第二列
                </td>
                <td>
                    第二行第三列
                </td>
                <td>
                    第二行第四列
```

```
            </td>
        </tr>
        <tr>
            <td>
                第三行第一列
            </td>
            <td>
                第三行第二列
            </td>
            <td>
                第三行第三列
            </td>
            <td>
                第三行第四列
            </td>
        </tr>
    </table>
  </body>
</html>
```

图 2-2-8　创建表格

在图 2-2-8 中，使用表格的相关标签定义了一个 3 行 4 列的表格。

运行图 2-2-8 中的代码，效果如图 2-2-9 所示。

第一行第一列	第一行第二列	第一行第三列	第一行第四列
第二行第一列	第二行第二列	第二行第三列	第二行第四列
第三行第一列	第三行第二列	第三行第三列	第三行第四列

图 2-2-9　3 行 4 列的表格网页效果

在图 2-2-9 中，表格以 3 行 4 列的方式显示在页面上，且表格默认有立体感的边框效果，表格的宽度和高度靠单元格中的文本内容来撑开。

如果去掉表格的边框效果，即设置 table 标签的 border 属性值为“0”后，效果如图 2-2-10 所示。

第一行第一列	第一行第二列	第一行第三列	第一行第四列
第二行第一列	第二行第二列	第二行第三列	第二行第四列
第三行第一列	第三行第二列	第三行第三列	第三行第四列

图 2-2-10　去掉边框的表格网页效果

二、table 标签的属性

html 语言为 table 标签提供了一系列属性，用于控制表格的显示样式，见表 2-2-1。

表 2-2-1　　table 标签的属性、含义及常用属性值

属性	含义	常用属性值
border	设置表格的边框（border="0" 时无边框）	像素值，数值越大，边框线越粗
cellspacing	设置单元格与单元格之间的空白间距	像素值（默认为 2 像素）
cellpadding	设置单元格内容与单元格边框之间的空白间距	像素值（默认为 1 像素）
width	设置表格的宽度	像素值
height	设置表格的高度	像素值
align	设置表格在网页中的水平对齐方式	left、center、right
bgcolor	设置表格的背景颜色	预定义的颜色值、十六进制 #RGB、rgb（r, g, b）
background	设置表格的背景图像	URL 地址
backcolor	设置表格边框颜色	top、bottom、left、right

表 2-2-1 中列出了 table 标签的常用属性，下面对这些属性进行具体讲解。

1. border 属性

在 table 标签中，border 属性会为每个单元格应用边框。如果 border 的属性值改变，那么单元格的边框就会改变。默认情况下 border 的属性值为 1，如果想去掉边框，则需设置 border 的属性值为 0。

为了更好地理解 border 属性的用法，现将图 2-2-8 中 table 标签的 border 属性值设置为 10，即将代码 <table border="1"> 更改为 <table border="10">。

保存 html 文件，刷新页面，效果如图 2-2-11 所示。 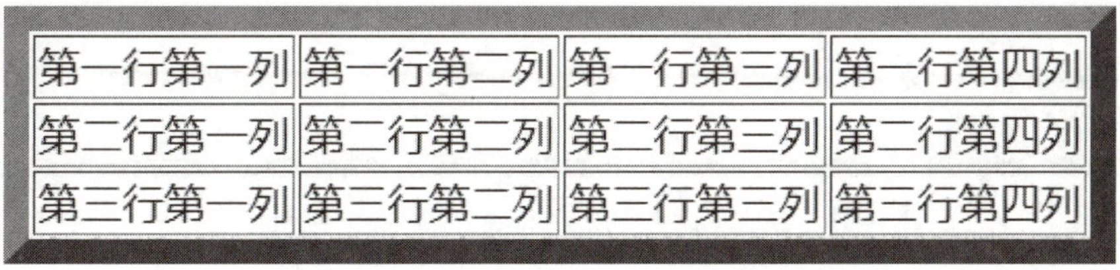

第一行第一列	第一行第二列	第一行第三列	第一行第四列
第二行第一列	第二行第二列	第二行第三列	第二行第四列
第三行第一列	第三行第二列	第三行第三列	第三行第四列

图 2-2-11　设置 border="10" 后的网页效果

从图 2-2-11 可以看出，表格的外边框变宽了，内边框没有发生变化。其实，在出现的双线边框中，外边框为表格 table 的边框，内边框为单元格 td 的边框。也就是说，table 标签的 border 属性值改变的是外边框宽度，内边框宽度仍然为 1 像素。

2. cellspacing 属性

cellspacing 属性用于设置单元格与单元格之间的空白间距，默认值为 2 像素。现将图 2-2-8 中 table 标签的 cellspacing 属性值设置为 20，即将代码 <table border="1"> 更改为

<table border="10" cellspacing="20">。

保存 html 文件，刷新页面，效果如图 2-2-12 所示。

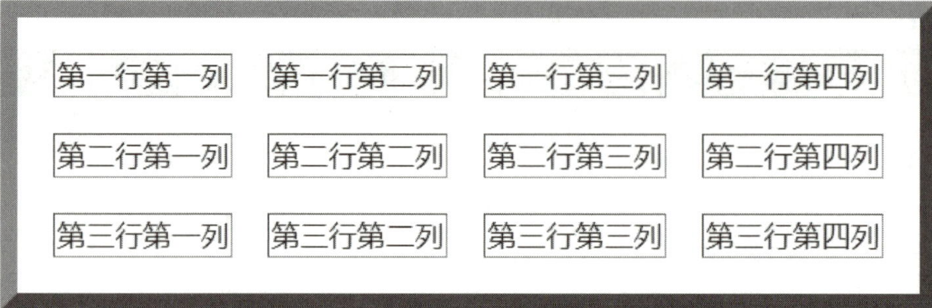

图 2-2-12　设置 cellspacing="20" 后的网页效果

从图 2-2-12 中可以看出，单元格与单元格之间以及单元格与表格边框之间都拉开了 20 像素的距离。

3. cellpadding 属性

cellpadding 属性用于设置单元格内容与单元格边框之间的空白间距，默认为 1 像素。现将图 2-2-8 中的 table 标签应用 cellpadding="10"，即将代码 <table border="1"> 更改为 <table border="10" cellspacing="20" cellpadding="10">。

保存 html 文件，刷新页面，效果如图 2-2-13 所示。

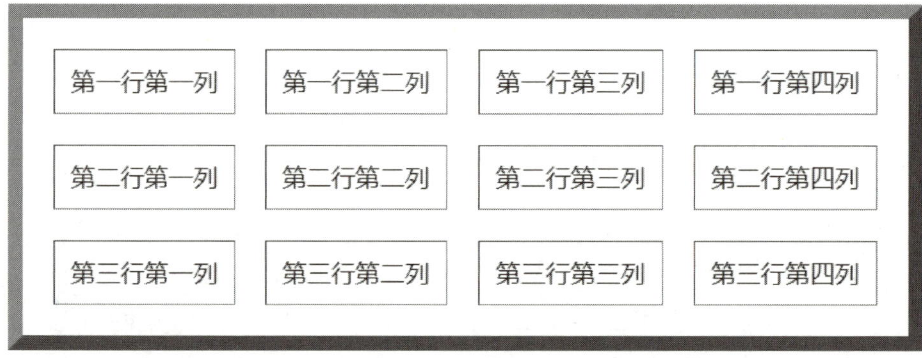

图 2-2-13　设置 cellpadding="10" 后的网页

从图 2-2-13 中可以看出，单元格内容与单元格边框之间出现了 10 像素的空白间距。

4. width 与 height 属性

默认情况下，表格的宽度和高度都是靠其自身的内容来撑开的，如果想要更改表格的尺寸，就需要设置其宽度和高度的属性。下面对图 2-2-8 中的表格设置宽度和高度，即将代码 <table border="1"> 更改为：

```
<table border="10" cellspacing="20" cellpadding="20" width="600" height="300">
```

保存 html 文件，刷新页面，效果如图 2-2-14 所示。

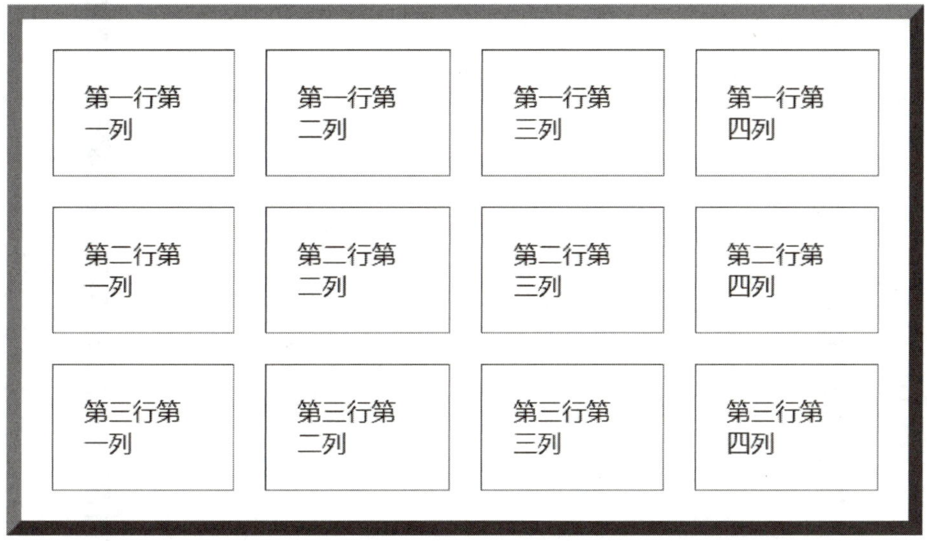

图 2-2-14　设置表格的宽、高后网页效果

对比图 2-2-13 和图 2-2-14 可以看出，表格的宽、高发生了明显的变化，表格的总宽度为 600 像素、总高度为 300 像素，其中，每一个单元格的宽、高均等比例地发生变化。

5. align 属性

align 属性用于设置表格在网页中的水平对齐方式，其可选属性值为 left、center、right。当对 table 标签应用 align 属性时，可以控制表格在页面中的水平对齐方式，但单元格中的内容不受 align 属性的影响。下面为图 2-2-8 中的 table 标签添加 align 属性，即将代码 <table border="1"> 更改为：

```
<table border="20" cellspacing="20" cellpadding="20"  width="600" height="600"
align="center">
```

保存 html 文件，刷新页面，效果如图 2-2-15 所示。

从图 2-2-15 中可以看出，表格位于浏览器的水平居中位置，但单元格中的内容不受影响，位置保持不变。

6. bgcolor 属性

通过 table 标签中的 bgcolor 属性，可以为表格指定一个背景颜色，例如，为图 2-2-8 中的表格添加背景颜色，可以将代码 <table border="1"> 更改为：

```
<table border="20" cellspacing="20" cellpadding="20"  width="600" height="600"
align="center" bgcolor="yellow">
```

保存 html 文件，刷新页面，效果如图 2-2-16 所示。

从图 2-2-16 中可以看出，表格的背景颜色变为黄色。

第一行第一列	第一行第二列	第一行第三列	第一行第四列
第二行第一列	第二行第二列	第二行第三列	第二行第四列
第三行第一列	第三行第二列	第三行第三列	第三行第四列

图 2-2-15　设置表格水平居中对齐后的网页效果

第一行第一列	第一行第二列	第一行第三列	第一行第四列
第二行第一列	第二行第二列	第二行第三列	第二行第四列
第三行第一列	第三行第二列	第三行第三列	第三行第四列

图 2-2-16　设置表格背景颜色后的网页效果

7. background 属性

通过 table 标签中的 background 属性，可以为表格指定一个背景图像，例如，为图 2-2-8 中的表格添加背景图像，可以将代码 <table border="1"> 更改为：

```
<table border="20" cellspacing="20" cellpadding="20"  width="600" height="600"
align="center" bgcolor="red" background="海边风景 .jpg">
```

保存 html 文件，刷新页面，效果如图 2-2-17 所示。

图 2-2-17　为表格添加背景图像后的网页效果

从图 2-2-17 中可以看出，表格的背景变成了一张图片。

三、tr 标签的属性

前面已经介绍过了 table 标签的相关属性，通过对 table 标签应用各种属性，可以控制表格的整体显示样式。如果想单独设置表格中某一行的样式，就需要对 tr 标签应用属性，其属性、含义及属性值见表 2-2-2。

表 2-2-2　　tr 标签的属性、含义及属性值

属性	含义	属性值
height	设置行高度	像素值
align	设置行内文字的水平对齐方式	left、center、right

续表

属性	含义	属性值
valign	设置行内文字的垂直对齐方式	top、middle、bottom
bgcolor	设置行背景颜色	预定义的颜色值、十六进制 #RGB、rgb（r, g, b）
background	设置行背景图像	URL 地址

表 2-2-2 中列出了 tr 标签的常用属性，其中大部分属性与 table 标签的属性用法相同。为加深对这些属性的理解，下面通过图 2-2-18 所示案例来演示 tr 标签的常用属性效果。

```
<!DOCTYPE html>
<html>
   <head>
      <meta charset="utf-8">
      <title></title>
   </head>
   <body>
      <table border="1" width="300" height="200" align="center">
         <tr height="50" align="center" valign="middle" bgcolor="yellow">
            <td>
               姓名
            </td>
            <td>
               语文
            </td>
            <td>
               数学
            </td>
            <td>
               英语
            </td>
         </tr>
         <tr>
            <td>
               小王
            </td>
            <td>
               89
            </td>
            <td>
               90
            </td>
            <td>
```

```
                78
            </td>
        </tr>
        <tr>
            <td>
                小李
            </td>
            <td>
                90
            </td>
            <td>
                87
            </td>
            <td>
                99
            </td>
        </tr>
        <tr>
            <td>
                小张
            </td>
            <td>
                82
            </td>
            <td>
                98
            </td>
            <td>
                96
            </td>
        </tr>
    </table>
  </body>
</html>
```

图 2-2-18　行标签 tr 的应用

在图 2-2-18 中，第 9 行代码用于为 tr 标签设置相应的属性，以改变第一行内容的显示样式。

运行图 2-2-18 中的代码，效果如图 2-2-19 所示。

从图 2-2-19 中可以看出，表格中的第一行按照设定的高度显示，文本内容水平、垂直都居中，且整行添加了黄色背景色。

作为初学者，学习 tr 标签的属性时需要注意以下几点。

姓名	语文	数学	英语
小王	89	90	78
小李	90	87	99
小张	82	98	96

图 2-2-19 更改 tr 行标签的属性网页

1. tr 标签无宽度属性 width，其宽度取决于表格标签 table 的宽度。

2. 可以对 tr 标签应用 valign 属性，用于设置行中内容的垂直对齐方式。

3. 虽然可以对 tr 标签应用 background 属性，但是在 tr 标签中此属性存在兼容问题，建议不要使用此属性。

四、td 标签的属性

在网页制作过程中，通过为单元格标签 td 定义属性，可以单独对某一个单元格设置样式，具体见表 2-2-3。

表 2-2-3 中列出了 td 标签的常用属性，其中大部分属性与 tr 标签的属性用法相同。与 tr 标签不同的是，td 标签添加了 width 属性，用于指定单元格的宽度，同时 td 标签还拥有 colspan 和 rowspan 属性，用于对单元格进行跨列与跨行的应用。

表 2-2-3　　td 标签的属性、含义及属性值

属性	含义	属性值
width	设置单元格的宽度	像素值
height	设置单元格的高度	像素值
align	设置单元格内容的水平对齐方式	left、center、right
valign	设置单元格内容的垂直对齐方式	top、middle、bottom
bgcolor	设置单元格的背景颜色	预定义的颜色值、十六进制 #RGB、rgb（r, g, b）
background	设置单元格的背景图像	URL 地址
colspan	设置单元格横跨的列数（用于合并水平方向的单元格）	正整数
rowspan	设置单元格竖跨的行数（用于合并竖直方向的单元格）	正整数

下面对 td 标签 colspan 属性和 rowspan 属性的用法做具体演示，如图 2-2-20 所示。

```
<!DOCTYPE html>
<html>
    <head>
        <meta charset="utf-8">
        <title></title>
    </head>
    <body>
        <table border="1" width="300" height="200" align="center">
            <tr height="60" align="center" valign="middle" bgcolor="yellow">
                <td>
                    学校名称
                </td>
                <td colspan="2">
                    北京市希望小学
                </td>
            </tr>
            <tr align="center">
                <td>
                    年级
                </td>
                <td>
                    科目
                </td>
                <td>
                    平均分数
                </td>
            </tr>
            <tr align="center">
                <td rowspan="3">
                    一年级
                </td>
                <td>
                    语文
                </td>
                <td>
                    80
                </td>
            </tr>
            <tr align="center">
                <td>
                    数学
                </td>
                <td>
                    89
                </td>
```

```
            </tr>
            <tr align="center">
                <td>
                    英语
                </td>
                <td>
                    86
                </td>
            </tr>
        </table>
    </body>
</html>
```

图 2-2-20 td 标签 colspan 属性和 rowspan 属性的应用

在图 2-2-20 中，第 13 行代码通过将 td 标签的 colspan 属性设置为 2，使当前单元格横跨 2 列；第 29 行代码将 td 标签的 rowspan 属性值设置为 3，使当前单元格纵跨 3 行。

运行图 2-2-20 中的代码，效果如图 2-2-21 所示。

<table>
<tr><td>学校名称</td><td colspan="2">北京市希望小学</td></tr>
<tr><td>年级</td><td>科目</td><td>平均分数</td></tr>
<tr><td rowspan="3">一年级</td><td>语文</td><td>80</td></tr>
<tr><td>数学</td><td>89</td></tr>
<tr><td>英语</td><td>86</td></tr>
</table>

图 2-2-21 合并单元格后的网页效果

从图 2-2-21 中可以看出，第 1 行第 2 个单元格横跨了 2 列，第 3 行第 1 个单元格竖跨了 3 行。

五、th 标签及其属性

th 是 table heading 的简写，意为表格标题（也称表格表头）。th 标签与 td 标签的区别在于：th 标签的表头一般位于表格的第一行，且 th 标签控制的文本默认显示为粗体。

下面在图 2-2-20 的基础上对代码进行修改，用于演示 th 标签的使用方法，将第 10 ～ 15 行代码更改如下。

```
<th>学校名称</th>
<th colspan="2">北京市希望小学</th>
```

保存 html 文件，刷新页面，效果如图 2-2-22 所示。

学校名称	**北京市希望小学**	
年级	科目	平均分数
一年级	语文	80
	数学	89
	英语	86

图 2-2-22 设置了表头的表格网页

从图 2-2-22 中可看出，通过 th 标签定义的表头文本默认显示为粗体。

六、font 标签的属性

html 语言为 font 标签提供了一系列属性，用于规定文本的字体、字体大小、字体颜色等，具体见表 2-2-4。

表 2-2-4 font 标签的属性、含义及属性值

属性	含义	属性值
color	规定文本的颜色	rgb（x, x, x） #xxxxxx colorname
face	规定文本的字体	font_family
size	规定文本的大小	number

表 2-2-4 中列出了 font 标签的常用属性，为了加深对这些属性的理解，下面通过一个案例来演示 tr 标签的常用属性效果，如图 2-2-23 所示。

```
<!DOCTYPE html>
<html>
    <head>
        <meta charset="utf-8">
        <title></title>
    </head>
    <body>
        <p><font size="3" color="red">这是一些文本！</font></p>
        <p><font size="2" color="blue">这是一些文本！</font></p>
        <p><font face="verdana" color="green">这是一些文本！</font></p>
    </body>
</html>
```

图 2-2-23 font 标签的常用属性

保存 html 文件，刷新页面，效果如图 2-2-24 所示。

这是一些文本！

这是一些文本！

这是一些文本！

图 2-2-24　font 标签的常用属性效果

思考与练习

一、选择题

1. 下列标签中用于定义一个单元格的是（　　）。

A. <td>…</td>　　B. <tr>…</tr>

C. <table>…</table>　　D. <caption>…</caption>

2. 用于设置表格背景颜色属性的是（　　）。

A. background　　B. bgcolor　　C. bordercolor　　D. backgroundcolor

3. 在 html 中合并两个单元格应使用的属性是（　　）。

A. colspan　　B. nowrap　　C. colwrap　　D. nospan

4. 要使表格的边框不显示，应设置 border 的值为（　　）。

A. 1　　B. 0　　C. 2　　D. 3

5. 在 html 中为实现图 2-2-25 所示表格效果，下列代码正确的是（　　）。

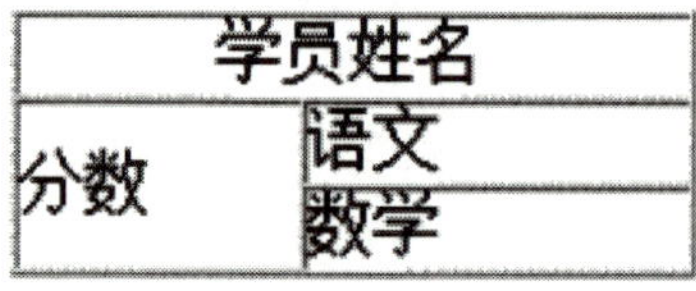

<table>
<tr><td colspan="2">学员姓名</td></tr>
<tr><td rowspan="2">分数</td><td>语文</td></tr>
<tr><td>数学</td></tr>
</table>

图 2-2-25　表格效果

A. 代码如下：

```
<table border="1">
    <tr>
        <td rowspan="2"> 学员姓名 </td>
    </tr>
    <tr>
        <td colspan="2"> 分数 </td>
        <td> 语文 </td>
        <td> 数学 </td>
    </tr>
</table>
```

B. 代码如下：

```
<table border="1">
    <tr>
        <td rowspan="2"> 学员姓名 </td>
    </tr>
    <tr>
        <td colspan="2"> 分数 </td>
        <td> 语文 </td>
    </tr>
    <tr>
        <td> 数学 </td>
    </tr>
</table>
```

C. 代码如下：

```
<table border="1">
    <tr>
        <td colspan="2">学员姓名</td>
    </tr>
    <tr>
        <td rowspan="2">分数</td>
        <td>语文</td>
    </tr>
    <tr>
        <td>数学</td>
    </tr>
</table>
```

D. 代码如下：

```
<table border="1">
    <tr>
        <td colspan="2">学员姓名</td>
    </tr>
    <tr>
        <td rowspan="2">分数</td>
        <td>语文</td>
        <td>数学</td>
    </tr>
</table>
```

二、判断题

1. 表格默认的是居中对齐。（　　）
2. colspan 表示的是跨行。（　　）
3. valign 表示的是水平对齐方式。（　　）

三、操作题

1. 利用表格中标签的嵌套使用，根据网页页面结构布局整体页面，合理地在单元格中嵌套表格，设置单元格的跨行或跨列及设置单元格的水平对齐方式，效果如图 2-2-26 所示。

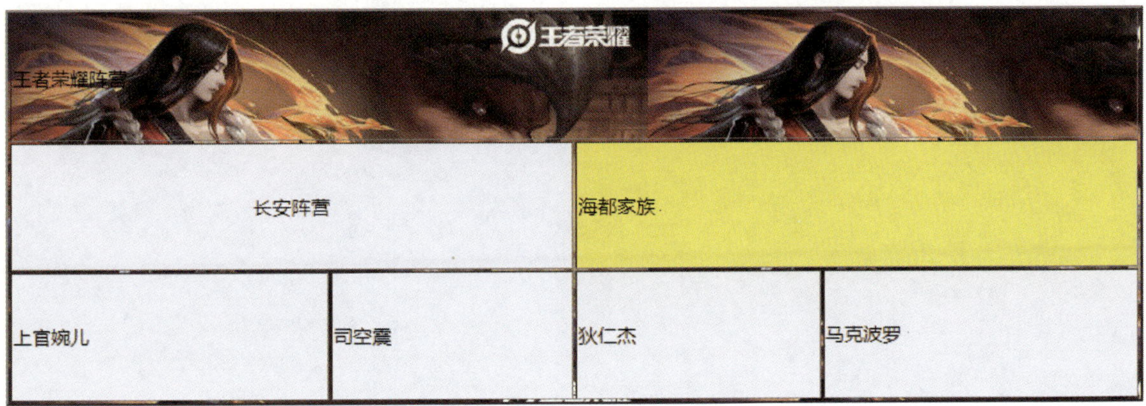

图 2-2-26　表格中标签的嵌套与布局练习 1

2. 利用表格中标签的嵌套功能，将网页标题文字加粗并设置背景颜色、设置单元格内容水平左居中、完成跨行与跨列操作，效果如图 2-2-27 所示。

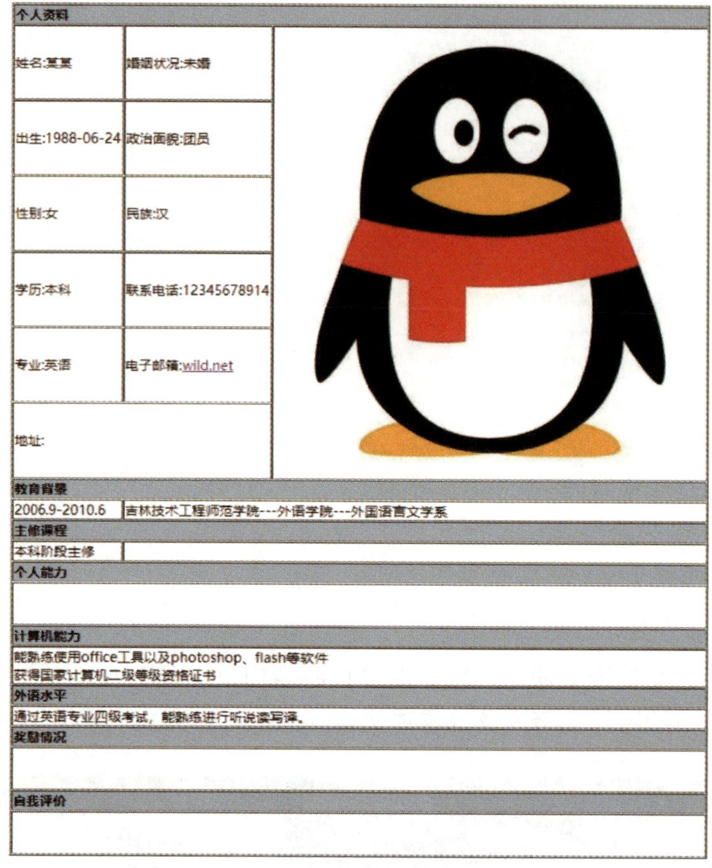

个人资料		
姓名:某某	婚姻状况:未婚	
出生:1988-06-24	政治面貌:团员	
性别:女	民族:汉	
学历:本科	联系电话:12345678914	
专业:英语	电子邮箱:wild.net	
地址:		
教育背景		
2006.9-2010.6	吉林技术工程师范学院---外语学院---外国语言文学系	
主修课程		
本科阶段主修		
个人能力		
计算机能力		
能熟练使用office工具以及photoshop、flash等软件 获得国家计算机二级等级资格证书		
外语水平		
通过英语专业四级考试，能熟练进行听说读写译。		
奖励情况		
自我评价		

图 2-2-27　表格中标签的嵌套与布局练习 2

项目三　表单标签的使用

任务 1　制作网易邮箱注册网页

学习目标

- 1. 了解表单的组成及作用。
- 2. 了解创建表单的基本语法格式。
- 3. 掌握表单相关标签的用法。
- 4. 熟练运用表单控件制作网页。

任务导入

表单用来搜集用户在客户端提交的各种信息。例如，用户在网站上提交的登录和注册信息，就是通过表单作为载体传递给服务器的，可以说表单是用户和服务器交互的重要媒介。

本任务主要利用 form 表单的文本输入框、密码框等控件来制作完成网易邮箱注册网页，如图 3-1-1 所示。

任务实施

步骤一：

分析图 3-1-1，网易邮箱注册网页分为四个板块，对应为四组表格标签，其中第三个表格需要嵌套子表格。首先写第一个表格，表格的宽度为 962 像素，居于浏览器中间，表格包含 1 行 2 列，第一列的内容是一张宽 392 像素、高 38 像素的图片，第二列的内容为文字信息“帮助”。代码如图 3-1-2 所示。

图 3-1-1　网易邮箱注册网页效果

```
<table width="962" border="0" align="center" cellpadding="0" cellspacing="0">
    <tr>
        <td><img src="images/logo.gif" width="392" height="38"/></td>
        <td align="right">帮助</td>
    </tr>
</table>
```

图 3-1-2　第一个表格代码

此时网页效果如图 3-1-3 所示。

图 3-1-3　第一个表格网页效果

步骤二：

接着写第二个表格，表格的宽度为962像素，居于浏览器中间，表格包含1行1列，唯一列的内容为一张宽962像素、高53像素的图片。代码如图3-1-4所示。

```
<table width="962" border="0" align="center" cellpadding="0" cellspacing="0">
    <tr>
        <td><img src="images/title.jpg" width="962" height="53"/></td>
    </tr>
</table>
```

图3-1-4　第二个表格代码

此时网页的效果如图3-1-5所示。

图3-1-5　第二个表格网页效果

步骤三：

接着写第三个表格，表格的宽度为962像素，居于浏览器中间，表格包含1行1列，唯一列嵌入一个form表单，表单中嵌入一个子表格，子表格的宽度也为962像素，子表格包含4行1列，第一行、第三行、第四行的单元格填入相应的文字信息，第二行的单元格保持为空。代码如图3-1-6所示。

```
<table width="962" border="1" align="center" cellpadding="40" cellspacing="0">
    <tr>
        <td>
            <form id="frmReg" name="frmReg" method="post" action="">
            <table width="100%" border="0" cellspacing="0" cellpadding="8">
                <tr>
                    <td bgcolor="#f8f9fd"><strong>创建您的账号</strong></td>
                </tr>
                <tr>
                    <td>
                    </td>
                </tr>
                <tr>
                    <td bgcolor="#f8f9fd"><strong>安全信息设置</strong>（以下信息非
常重要，请谨慎填写）</td>
                </tr>
```

```
                <tr>
                    <td>
                </td>
                </tr>
                <tr>
                    <td bgcolor="#f8f9fd"><strong> 注册验证 </strong></td>
                </tr>
                <tr>
                    <td>
                    </td>
                </tr>
                <tr>
                    <td bgcolor="#f8f9fd"><strong> 服务条款 </strong></td>
                </tr>
                <tr>
                    <td>
                    </td>
                </tr>
            </table>
        </form>
        </td>
    </tr>
</table>
```

图 3-1-6　第三个表格整体框架代码

此时整体框架页面效果如图 3-1-7 所示。

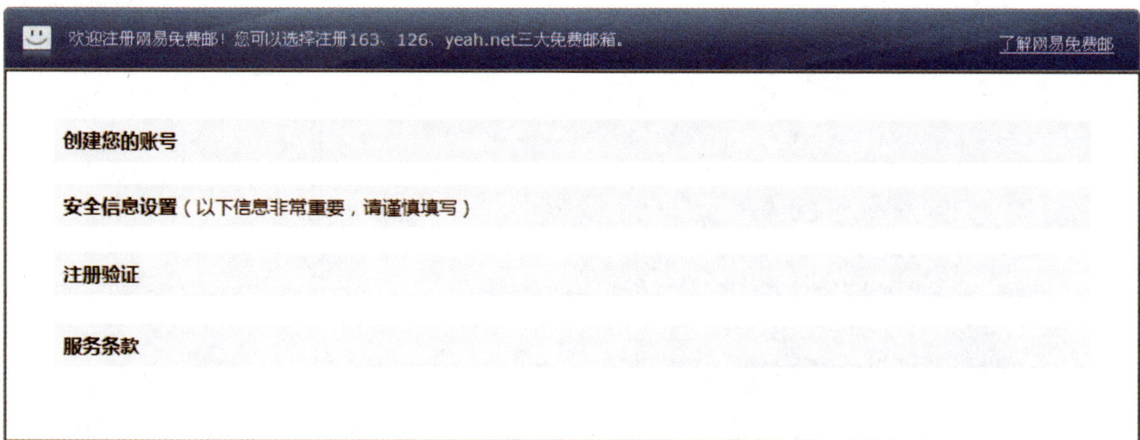

图 3-1-7　整体框架页面效果

步骤四：

找到在步骤三中创建的子表格，分别在第二行、第四行、第六行、第八行的空单元格中编写对应的标签代码。代码如图 3-1-8 所示。

```
<table width="100%" border="0" cellspacing="0" cellpadding="8">
    <tr>
        <td width="200" align="right">用户名：</td>
        <td><input name="userName" type="text" id="userName" size="40"/></td>
    </tr>
    <tr>
        <td align="right">密码：</td>
        <td><input name="passWord" type="password" id="passWord" size="40"/>
</td>
    </tr>
    <tr>
        <td align="right">再次输入密码：</td>
        <td><input name="rePassWord" type="password" id="rePassWord" size="40"/>
</td>
    </tr>
</table>
```

a）

```
<table width="100%" border="0" cellspacing="0" cellpadding="8">
    <tr>
        <td width="200" align="right">密码保护问题：</td>
        <td><select name="select" id="select">
            <option>请选择密码提示问题</option>
            <option value="我的生日是？">我的生日是？</option>
            </select>
        </td>
    </tr>
    <tr>
        <td align="right">密码保护问题答案：</td>
        <td><input name="answer" type="text" id="answer" size="40"/></td>
    </tr>
    <tr>
        <td align="right">性别：</td>
        <td><input name="sex" type="radio" id="male" value="男" checked=
"checked"/>
            男<input name="sex" type="radio" id="female" value="女"/>
            女
        </td>
</tr>
    <tr>
```

```
        <td align="right">出生日期：</td>
        <td><select name="birthYear" id="birthYear">
            <option value="1990">1990</option>
            <option value="1991" selected="selected">1991</option>
            <option value="1992">1992</option>
        </select>
            年
            <select name="birthMonth" id="birthMonth">
                <option value="12">12</option>
                <option value="11">11</option>
                <option value="10" selected="selected">10</option>
            </select>
            月
            <select name="birthDay" id="birthDay">
                <option value="31">31</option>
                <option value="30" selected="selected">30</option>
                <option value="29">29</option>
            </select>
            日 </td>
    </tr>
    <tr>
        <td align="right">手机号：</td>
        <td><input name="mobile" type="text" id="mobile" size="40"/></td>
    </tr>
</table>
```

b）

```
    <table width="100%" border="0" cellspacing="0" cellpadding="8">
    <tr>
        <td width="200" align="right"> </td>
        <td><img src="images/verycode.gif" width="132" height="55"/> <a href=
"#">看不清楚，换一张</a></td>
    </tr>
    <tr>
        <td align="right">请输入上边的字符：</td>
        <td><input name="veryCode" type="text" id="veryCode" size="40"/></td>
    </tr>
</table>
```

c）

```
<table width="100%" border="0" cellspacing="0" cellpadding="8">
    <tr>
        <td width="200" align="right"> </td>
        <td><input name="readMe" type="checkbox" id="readMe" value="1"/>
```

```
            我已阅读并接受&quot;<a href="#">服务条款</a>&quot;和&quot;<a href=
"#">隐私权保护和个人信息利用政策</a>&quot;</td>
    </tr>
    <tr>
        <td align="right"> </td>
        <td><input type="image" name="imageField" id="imageField" src="images/
button.gif"/></td>
    </tr>
</table>
```

d）

图 3-1-8 标签代码

a）第二行代码 b）第四行代码 c）第六行代码 d）第八行代码

此时网页效果如图 3-1-9 所示。

图 3-1-9 创建账号代码

步骤五：

最后写第四个表格，表格的宽度为 962 像素，居于浏览器中间，单元格内容与单元格边沿距离为 8，单元格间距为 0。表格包含 1 行 1 列，唯一列居中，代码如图 3-1-10 所示。

```
<tr>
    <td align="center">关于网易  邮箱官方博客  财富邮  精美贺卡  举报违法信息  客户服务
<br/>
    隐私政策  |  网易公司版权所有 &copy; 1997-2011</td>
</tr>
```

图 3-1-10　第四个表格代码

此时网易邮箱注册网页效果如图 3-1-1 所示。

相关知识

一、认识表单

对于表单，读者可能比较陌生，其实它们在互联网上随处可见。在 html 中，一个完整的表单通常由表单控件（也被称为表单元素）、提示信息和表单域三个部分构成，通常看到的登录注册页面都是由表单完成的。表单用于搜集不同类型的用户输入。

为了更好地理解表单的构成，下面来创建一个完整的表单，表单结构代码如图 3-1-11 所示。

```
<form>
    用户名：
    <input type="text" name="yonghuming"/>
    密码：
    <input type="password" name="mima"/>
    <input type="submit" id="" name="" value="确认"/>
</form>
```

图 3-1-11　表单结构代码

运行图 3-1-11 中的代码，此时网页效果如图 3-1-12 所示。

用户名: [　　　　] 密码: [　　　　] [确认]

图 3-1-12　表单结构效果

二、创建表单

在 html 中，<form></form> 被用于定义表单域，即 <form> 为表单开始，</form> 为表单结束。所有的表单元素都要放置在其中。

创建表单的基本语法代码如图 3-1-13 所示。

```
<!DOCTYPE html>
<html>
   <head>
      <meta charset="utf-8">
      <title></title>
   </head>
   <body>
         <form action="url 地址 " method=" 提交方式 " name=" 表单名称 ">
            各种控件
         </form>
   </body>
</html>
```

图 3-1-13 创建表单的基本语法代码

在上面的语法中，action、method 和 name 为表单标签 form 的常用属性，具体见表 3-1-1。

表 3-1-1 **form 标签的属性及含义**

属性	含义
action	用于指定接收并处理表单数据的服务器程序的 URL 地址
method	method 属性用于设置表单数据的提交方式，取值为 get 或 post。其中 get 为默认值，这种方式提交的数据将显示在浏览器的地址栏中，其保密性差，并且有数据量的限制；而 post 方式提交的数据，其保密性好，并且无数据量的限制
name	用于指定表单的名称，以区分同一个页面中的表单

本书主要任务是制作静态网站，而 form 表单标签主要用来在动态网站中向服务器发送数据，所以此处不再详细叙述。

三、认识表单控件

1. input 控件

input 控件是表单元素中用得最多的一种元素，通常网页中的单行文本输入框、单选框、复选框、提交按钮、重置按钮等都是通过 input 控件定义的，其基本语法格式如下。

```
<input type=" 控件类型 "/>
```

input 控件的 type 属性为其最基本的属性，根据其 type 属性的取值不同，可输入不同形式的数据，达到客户端与服务器之间真正交互、沟通的目的。除了 type 属性之外，input 控件还可以定义很多其他的属性，具体见表 3-1-2。

表 3-1-2　　input 控件的属性、属性值及描述

属性	属性值	描述
type	text	单行文本输入框
	password	密码输入框
	radio	单选框
	button	普通按钮
	submit	提交按钮
	reset	重置按钮
	image	图像形式的提交按钮
	hidden	隐藏域
	file	文件域
name	由用户自定义	表示 input 控件的名称
value	由用户自定义	表示 input 控件中的默认文本值
size	正整数	表示 input 控件在页面中的显示宽度
readonly	readonly	表示 input 控件内容为只读（不能编辑和修改）
disabled	disabled	表示第一次加载页面时禁用该 input 控件（显示为灰色）
checked	checked	定义选择 input 控件默认被选中的项
maxlength	正整数	定义 input 控件允许输入的最多字符
placeholder	由用户自定义	提供一种提示（hint），描述输入域所期待的值

表 3-1-2 中所列出的为 input 控件的常用属性，下面通过一个案例来演示它们的使用方法和效果，如图 3-1-14 所示。

```
<form action="#" method="post">
    用户名：
    <input type="text"  value="小明" maxlength="6"/><br/><br/>
    密码：
    <input type="password" size="20"/><br/><br/>
    性别：
    <input type="radio" name="sex"/>男
    <input type="radio" name="sex" checked="checked"/>女<br/><br/>
    兴趣爱好：
    <input type="checkbox"/>旅游
    <input type="checkbox"/>读书
    <input type="checkbox"/>摄影<br/><br/>
    上传照片：
    <input type="file"/><br/><br/>
    <input type="submit"/>
    <input type="reset"/>
    <input type="button" value="普通按钮"/>
</form>
```

图 3-1-14　input 控件代码 1

在图 3-1-14 中，通过对 input 控件应用不同的 type 属性值，来定义不同类型的 input 控件。然后对其中的一些控件应用 input 控件的其他属性，例如在图 3-1-14 中的第 3 行代码中，通过 maxlength 属性和 value 属性定义单行文本输入框中允许输入的最大字符数和默认显示文本；在第 5 行代码中，通过 size 属性定义密码输入框的宽度；在第 8 行代码中，通过 name 和 checked 属性定义单选框的名称和默认选中项。

运行图 3-1-14 中的代码，效果如图 3-1-15 所示。

图 3-1-15　input 控件效果

在图 3-1-13 中，type 属性值不同即代表不同类型的 input 控件，如 type 属性值为 “password” 时，它代表密码输入框，当密码输入框中输入了内容时，其中的内容将以圆点或者 “*” 的形式显示，防止密码泄露。

为了使初学者更好地理解不同的 input 控件类型，下面对它们做一个简单的介绍。

（1）单行文本输入框 <input type="text"/>

单行文本输入框常用来输入简短的信息，如用户名、账号、证件号码等，常用的属性有 name、value、maxlength。

（2）密码输入框 <input type="password"/>

密码输入框用来输入密码，其内容将以 “*” 的形式显示。

（3）单选框 <input type="radio"/>

单选框用于单项选择，如选择性别、是否操作等。需要注意的是，在定义单选框时，必须为同一组中的选项指定相同的 name 值，这样 “单选” 才会生效。此外，可以对单选框应用 checked 属性，指定默认选中项。

（4）普通按钮 <input type="button"/>

普通按钮常常配合 JavaScript 脚本语言使用，初学者了解即可。

（5）复选框 <input type="checkbox">

复选框允许用户在一定数目的选择中选取一个或多个选项。复选框能够进行内容的多项选择，显示形式一般为一个方框。下面通过一个案例来进行讲解，如图 3-1-16 所示。

```
<form action="" method="post">
    <input type="checkbox" name="m1"  value="rock"/>摇滚乐
    <input type="checkbox" name="m2"  value="jazz" checked="checked"/>爵士乐
    <input type="checkbox" name="m3"  value="pop"/>流行乐
</form>
```

图 3-1-16　复选框代码

此时网页效果如图 3-1-17 所示。

☐摇滚乐 ☑爵士乐 ☐流行乐

图 3-1-17　复选框效果

其中，checked="checked" 表示此项被默认选中，value 属性中的值会被传送到服务器端，一般情况下，每一个复选框都应有其独立的 value 值。在图 3-1-17 中，“爵士乐”项是被默认选中的。

（6）提交按钮 <input type="submit"/>

提交按钮是表单中的核心控件，用户完成信息的输入后，一般都需要单击提交按钮才能完成表单数据的提交。可以对其应用 value 属性，改变提交按钮上的默认文本。

（7）重置按钮 <input type="reset"/>

当用户输入的信息有误时，可单击重置按钮取消已输入的所有表单信息。可以对其应用 value 属性，改变重置按钮上的默认文本。

（8）图片按钮 <input type="image"/>

图片按钮与普通按钮在功能上基本相同，只是它用图像替代了默认的按钮，外观上更加美观。需要注意的是，必须为其定义 src 属性，以指定图像的 URL 路径。

（9）隐藏域 <input type="hidden"/>

隐藏域对于用户是不可见的，通常用于后台的程序，初学者了解即可。

（10）文件域 <input type="file"/>

当单击文件域时，页面中将出现一个文本框和一个“浏览”按钮，用户可以通过填写文件路径或直接浏览选择文件的方式，将文件提交给后台服务器。

上面认识了各种 input 控件，值得一提的是，常常需要将 input 控件联合 label 标签使用，以扩大控件的选择范围，从而提供更好的用户体验。例如，在选择性别时，单击文字“男”或者“女”也可以切换选中项。

下面通过一个案例来演示 label 标签与 input 控件相结合的使用，如图 3-1-18 所示。

```
<form action="#" method="post">
    <label for="name">用户名 :</label>
    <input type="text" maxlength="6"/><br/><br/>
    性别 :
```

```
    <input type="radio" name="sex" checked="checked" id="man"/><label for=
"man">男</label>
    <input type="radio" name="sex"  id="woman"/><label for="woman">女</label>
<br/><br/>
</form>
```

图 3-1-18　input 控件使用代码 2

在图 3-1-18 中，使用 label 标签包含对应的文字信息，将其 for 属性的值设置为对应单选控件的 id 名称，设置完毕，label 标签标注的内容就与指定 id 的单选控件绑定，此时单击 label 标签中的文字内容时，对应的单选控件就会切换为选中状态。

运行图 3-1-18 中的代码，效果如图 3-1-19 所示。

用户名:

性别: 男 女

图 3-1-19　input 控件效果

2. textarea 控件

当定义 input 控件的 type 属性值为 text 时，可以创建一个单行文本输入框。但是，如果需要输入大量的信息，单行文本输入框就不再适用，为此 html 语言提供了 textarea 控件。通过 textarea 控件可以轻松地创建多行文本输入框，其基本语法格式如下。

```
<textarea cols="每行中的字符数"  rows="显示的行数">文本内容</textarea>
```

在上面的语法格式中，cols 和 rows 为 textarea 控件必须设置的属性，其中 cols 用来定义多行文本输入框中每行的字符数，rows 用来定义多行文本输入框中显示的行数，它们的取值均为正整数。

下面通过一个案例来学习 textarea 控件的用法，如图 3-1-20 所示。

```
<form action="#" method="post">
    留言:<br/>
    <textarea rows="8" cols="60">
        请将咨询的相关问题留言给我们，我们会及时给您答复。
    </textarea><br/><br/>
    <input type="submit"  value="提交"/>
</form>
```

图 3-1-20　textarea 控件代码

在图 3-1-20 中，通过 textarea 控件定义了一个多行文本输入框，并对其应用 cols 和 rows 属性来设置多行文本输入框每行中的字符数和显示的行数。在多行文本输入框下面，通过将

input 控件的 type 属性值设置为“submit”，定义了一个提交按钮。

运行图 3-1-20 中的代码，效果如图 3-1-21 所示。

留言:

请将咨询的相关问题留言给我们，我们会及时给您答复。

提交

图 3-1-21　textarea 控件效果

在图 3-1-21 中，出现了一个多行文本输入框，用户可以对其中的内容进行编辑和修改。

思考与练习

一、选择题

1. 下列（　　）标签用于为用户输入创建 html 表单。

A. body　　　　B. form

C. input　　　　D.table

2. 下列 input 控件 type 属性中表示文本输入框的是（　　）。

A. text　　　　B. password

C. radio　　　　D. button

3. 当 input 控件属性值的类型为（　　）时，表示选择单一选项。

A. password　　　　B. radio

C. button　　　　D. text

4. input 控件的（　　）属性值可以自定义图像。

A. button　　　　B. submit

C. reset　　　　D. image

5. textarea 控件的（　　）属性值用于控制显示的行数。

A. cols　　　　B. rows

C. name　　　　D.disabled

二、判断题

1. 按钮可以自定义为图像，与普通按钮在功能上基本相同。（　　）

2. 密码输入框可以用 <input type="text"> 来建立。（　　）

3. 用 size 可以定义单行文本输入框中允许输入的最多字符数。（　　）

三、操作题

1. 利用 input 控件和 textarea 控件实现图 3-1-22 所示的文本框、单选框、提交按钮、普通按钮、重置按钮和多行文本输入框。

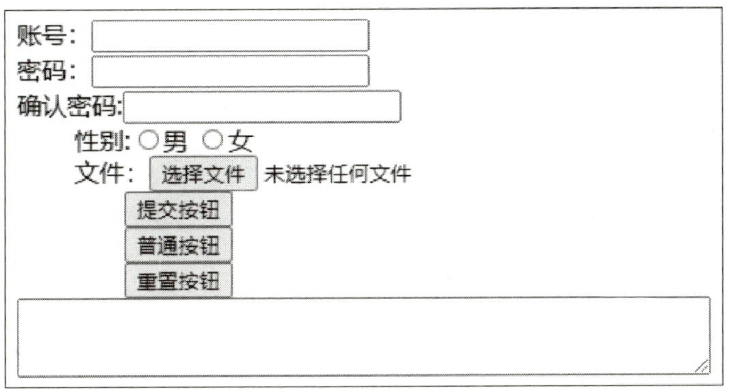

图 3-1-22 题目 1 表单效果

2. 利用表格标签和表单标签，实现图 3-1-23 所示的文本框、单选框、提交按钮、普通按钮、重置按钮等效果和对整个表单页面进行布局。

账号：		
密码：		
确认密码：		
性别：	○男	○女
提交按钮	普通按钮	重置按钮

图 3-1-23 题目 2 表格布局效果

任务2　制作电子产品调查问卷网页

学习目标

- 1. 熟悉 select 控件的应用。
- 2. 熟练使用表单控件制作多项选择表单网页。

任务导入

表单控件为表单的核心内容，它允许用户在表单中输入内容。不同的表单控件具有不同的功能，如密码输入框、文本输入框、下拉列表、复选框等，只有掌握了这些控件的使用方法，才能正确地创建表单。

本任务主要利用表单控件的文本输入框、下拉列表框、单选框、复选框等控件，将多种控件组合在一起，制作出电子产品调查问卷网页，如图 3-2-1 所示。

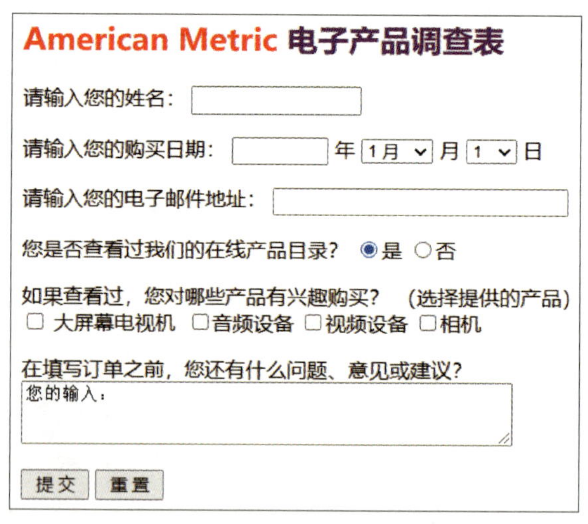

图 3-2-1　电子产品调查问卷网页

任务实施

步骤一：

根据分析，制作电子产品调查问卷网页分为两步，首先插入左侧的问题信息，然后插入右侧的表单控件。在 p 标签中先放入文字内容，代码如图 3-2-2 所示。

```
<!DOCTYPE html>
<html>
    <head>
        <meta charset="utf-8">
        <title></title>
    </head>
    <body>
        <h2 align="left"><font color="red">American Metric</font>
        <font color="purple">电子产品调查表</font></h2>
        <p>请输入您的姓名：</p>
        <p>请输入您的购买日期：</p>
        <p>请输入您的电子邮件地址：</p>
        <p>您是否查看过我们的在线产品目录？</p>
        <p>如果查看过，您对哪些产品有兴趣购买？ （选择提供的产品）</p><br/>
        <p>在填写订单之前，您还有什么问题、意见或建议？</p><br/>
    </body>
</html>
```

图 3-2-2　左侧问题信息代码

效果如图 3-2-3 所示。

American Metric 电子产品调查表

请输入您的姓名：

请输入您的购买日期：

请输入您的电子邮件地址：

您是否查看过我们的在线产品目录？

如果查看过，您对哪些产品有兴趣购买？ （选择提供的产品）

在填写订单之前，您还有什么问题、意见或建议？

图 3-2-3　左侧问题信息效果

步骤二：

在图 3-2-1 中，前三个表单输入框（如姓名、购买日期、电子邮件地址）是用了文本框和下拉列表框表单控件，每年有 12 个月，所以第一个下拉列表框中设置了 12 个 option 选项，每月最多有 31 天，所以第二个下拉列表框中设置了 31 个 option 选项，代码如图 3-2-4 所示。

```
<form method="post" action="mailto:abc123@aol.com">
<p>请输入您的姓名：
<input type="text" name="name" size="15">
</p>
```

```
<p> 请输入您的购买日期：
<input type="text" name="name" size="6">
年
    <select name="month">
    <option selected>1 月 </option>
    <option>2 月 </option>
    <option>3 月 </option>
    <option>4 月 </option>
    <option>5 月 </option>
    <option>6 月 </option>
    <option>7 月 </option>
    <option>8 月 </option>
    <option>9 月 </option>
    <option>10 月 </option>
    <option>11 月 </option>
    <option>12 月 </option>
</select>
月
<select name="date">
<option selected>1<option>2<option>3<option>4<option>5<option>6
<option>7<option>8<option>9<option>10<option>11<option>12
<option>13<option>14<option>15<option>16<option>17<option>18
<option>19<option>20<option>21<option>22<option>23<option>24
<option>25<option>26<option>27<option>28<option>29<option>30
<option>31</option>
</select>
日
```

图 3-2-4　前三个表单输入框源码

此时网页效果如图 3-2-5 所示。

American Metric 电子产品调查表

请输入您的姓名：[　　　　]

请输入您的购买日期：[　　　] 年 [1 ▾] 月 [1 ▾] 日

请输入您的电子邮件地址：[　　　　]

您是否查看过我们的在线产品目录？

如果查看过，您对哪些产品有兴趣购买？ （选择提供的产品）

在填写订单之前，您还有什么问题、意见或建议？

图 3-2-5　前三个表单输入框网页效果

步骤三：

在图 3-2-1 中，后三个表单输入框所用的是单选框、复选框、多行文本输入框表单控件，这里要注意，两个单选框 radio 的 name 属性要设置为相同的值，否则单选功能效果会失效。多个复选框 checkbox 的 name 属性也要设置为相同的值，否则提交到服务器的数据会出现异常，代码如图 3-2-6 所示。

```
<p> 请输入您的电子邮件地址：
      <input type="text" name="email" size="30">
</p>
<p> 您是否查看过我们的在线产品目录？
<input type="radio" name="online catalog" value="yes" checked> 是
<input type="radio" name="online catalog" value="no"> 否
</p>
<p> 如果查看过，您对哪些产品有兴趣购买？ （选择提供的产品）<br/>
<input type="checkbox" name="product interest" value="big screen tv">
大屏幕电视机  
<input type="checkbox" name="product interest" value="audio equipment"> 音频
设备  
<input type="checkbox" name="product interest" value="video equipment"> 视频
设备  
<input type="checkbox" name="product interest" value="camera equipment"> 相机
</p>
<p> 在填写订单之前，您还有什么问题、意见或建议？ <br/>
<textarea name="comments" rows="3" cols="50"> 您的输入： </textarea>
</p>
<p>
<input type="submit" value=" 提交 ">
      <input type="reset" value=" 重置 ">
</p>
</form>
```

图 3-2-6　后三个表单输入框代码

此时网页效果如图 3-2-1 所示。

相关知识

浏览网页时，经常会看到包含多个选项的下拉列表，例如，选择所在的城市、出生年月、兴趣爱好等。图 3-2-7 所示即为一个下拉列表，当单击下拉箭头时，会出现一个选择列表。在 html 中，要想制作出图 3-2-7 所示的下拉列表，就需要使用 select 下拉列表控件，如图 3-2-8 所示。

图 3-2-7　下列列表

图 3-2-8　下拉列表控件

使用 select 控件定义下拉列表的基本语法格式如下。

```
<select name="">
    <option value=""></option>
</select>
```

在上面的语法中，<select></select> 用于在表单中添加一个下拉列表，<option></option> 嵌套在 <select></select> 中，用于定义下拉列表中的具体选项，每对 <select></select> 中至少应包含一对 <option></option>。

在 html 中，可以为 <select> 和 <option> 应用属性，以改变下拉列表的外观显示效果和选中项，具体见表 3-2-1。

表 3-2-1　　select 控件和 option 标签的常用属性及描述

控件 / 标签	常用属性	描述
select	size	指定下拉菜单的可见选项数（取值为正整数）
	multiple	定义 multiple="multiple" 时，下拉菜单将具有多项选择的功能，方法为在按住 Ctrl 键的同时选择多项
option	selected	定义 selected="selected" 时，当前项即为默认选中项

下面通过一个案例来演示几种不同的下拉列表效果，如图 3-2-9 所示。

```
<form action="#" method="post">学历：<br/>
<select>
<option>-请选择-</option>
<option>博士</option>
<option>硕士</option>
<option>本科</option>
<option>专科</option>
<option>高中</option>
</select><br/><br/>
特长（单选）：<br/>
<select>
<option>画画</option>
```

```
<option selected="selected">舞蹈</option>
<option>钢琴</option>
</select><br/><br/>
爱好（多选）：<br/>
<select multiple="multiple" size="4">
<option>摄影</option>
<option selected="selected">读书</option>
<option>唱歌</option>
<option selected="selected">写作</option>
</select><br/><br/>
<input type="submit" value="提交"/>
</form>
```

图 3-2-9 select.html

在图 3-2-9 中，通过 select 控件、option 标签及相关属性创建了三个不同的下拉列表，第一个为默认属性值的下拉列表，第二个为设置了默认选中项的单选下拉列表，第三个为设置了两个默认选中项的多选下拉列表。在下拉列表之后，使用 input 控件定义了一个提交按钮。

运行图 3-2-9 中的代码，效果如图 3-2-10 所示。

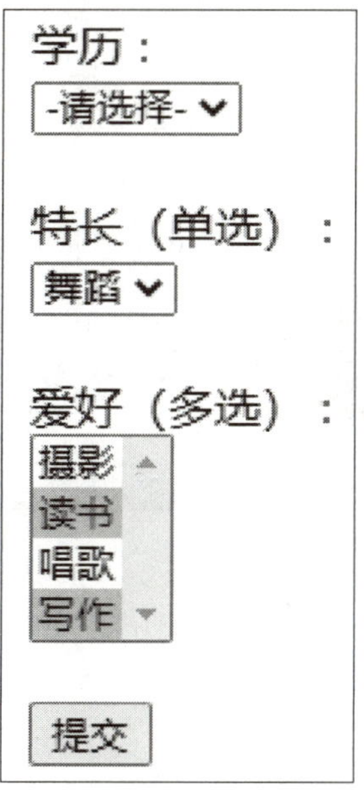

图 3-2-10 下拉列表效果

一、选择题

1. 在 input 控件页面中看不见的表单元素是（　　）。

A. password　　B. radio

C. hidden　　D. text

2. 在 html <form action=""> 中 action 表示的是（　　）。

A. 表单所用的脚本语言　　B. 表单形式

C. 提交方式　　D. 提交地址

3. 下列表示表单复选框的是（　　）。

A. submit　　B. image

C. text　　D. checkbox

4. 下列表示表单文本域的是（　　）。

A. text　　B. textarea

C. password　　D. submit

5. 在 select 控件中控制下拉可见选项数的是（　　）。

A. size　　B. length

C. max　　D. min

二、判断题

1. 定义 select 控件 multiple="size" 时，下拉列表将具有多项选择的功能。（　　）

2. input 控件复选框 checkbox 可以定义默认值。（　　）

3. option 标签属性 selected 可以定义多选框默认值。（　　）

三、操作题

1. 利用表单控件实现图 3-2-11 所示的文本输入框、多行文本输入框效果，插入图片，设置文字颜色，使用表格对表单进行布局。

2. 利用表单控件和表格实现图 3-2-12 所示的文本输入框、密码框、下拉列表框、文字颜色效果和对整个页面进行布局。

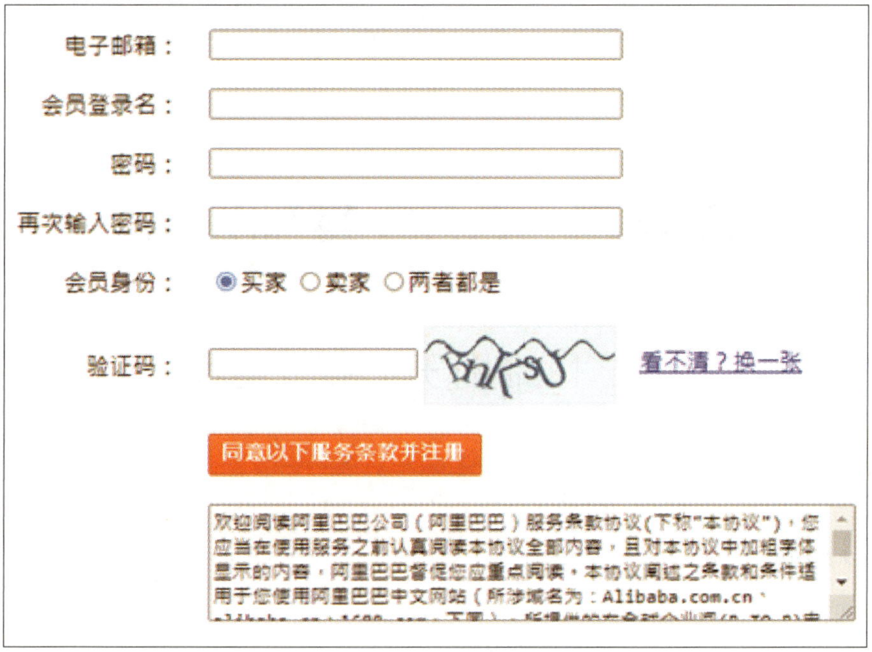

电子邮箱：

会员登录名：

密码：

再次输入密码：

会员身份： ◉买家 ○卖家 ○两者都是

验证码： 看不清？换一张

同意以下服务条款并注册

欢迎阅读阿里巴巴公司（阿里巴巴）服务条款协议（下称"本协议"），您应当在使用服务之前认真阅读本协议全部内容，且对本协议中加粗字体显示的内容，阿里巴巴督促您应重点阅读。本协议阐述之条款和条件适用于您使用阿里巴巴中文网站（所涉域名为：Alibaba.com.cn、

图 3-2-11　阿里巴巴注册页面

免费开通人人网账号

注册邮箱：

你还可以使用 账号 注册或者 手机号 注册

创建密码：

真实姓名：

性别： ◉男 ○女

生日： 1991 年 10 月 30 日

我现在： 正在上学

看不清换一张?

验证码：

立即注册找好友

图 3-2-12　人人网注册页面

项目四　CSS 基础知识

任务 1　制作开心餐厅网页

学习目标

- 1. 掌握 CSS 的基本语法。
- 2. 了解在 html 中引入 CSS 样式表的方式。
- 3. 熟悉 CSS 常用的选择器。

任务导入

html 一般用于定义网页的结构，若使用 html 修饰网页，则存在很大的局限和不足，如维护困难、不利于代码的阅读等。如果希望网页升级轻松、维护方便，就需要使用 CSS 实现结构与表现的分离。

本任务主要使用 html 定义网页的结构，用 CSS 样式来制作完成开心餐厅网页。开心餐厅网页效果如图 4-1-1 所示。

任务实施

步骤一：

在项目下新建 html 文件，在 p 标签中加入 4 张图片和文字内容，并使用 width 属性和 height 属性为图片设置宽度和高度，p 标签内的文字内容需要换行的地方使用 br 标签换行，标题文字使用 h2 标签环绕，代码如图 4-1-2 所示。

图 4-1-1　开心餐厅网页效果

```
<p><img src="image/game01.jpg" width="887" height="439" alt=" 主题图片 "/></p>
<p><img src="image/game02.jpg" width="195" height="51" alt=" 游戏简介 "/></p>
<p class="green">开心餐厅，让你可以开心地烹饪美味佳肴，从一个简洁的小餐厅起步，逐步打造自己的餐饮大食代。<br/>
烹饪美食，雇用好友帮忙，装修个性餐厅，获得顾客美誉。<br/>
步步精心经营，细心打理，我们都能成为餐饮大亨哦。</p>
<p><img src="image/game03.jpg" width="192" height="53" alt=" 游戏特色 "/></p>
<p><h2 id="first">如何做菜？ </h2>

1. 单击餐厅中的炉灶，打开菜谱，选择自己要做的食物后，进行烹饪。不断点击炉灶，直到食物进入自动烹饪阶段；<br/>
2. 每道菜所需要制作的步骤和烹饪的时间不一样，你可以根据自己的时间和偏好来进行选择，还会有各地特色食物供应哦；<br/>
3. 烹饪完毕的食物要及时端到餐台上，否则过一段时间会腐坏；<br/>
4. 食物放在餐台上后，服务员会自动端给顾客，顾客吃完后会付钱给你。
```

```
<h2> 如何经营餐厅？ </h2>

1. 自己做老板，当大厨，雇用好友来做服务员为你打工。心情越好的员工效率越高。员工兼职的份数越少，工作的时间越短心情越好；好友间亲密度越高，可雇用的时间越长；<br/>
2. 随着等级的升高，可雇用的员工、可购买的炉灶、餐台的经营面积都会随之增加；<br/>
3. 餐桌椅的摆放位置也很有讲究，它会影响顾客和服务员行走路程。

<h2> 如何吸引顾客？ </h2>

1. 美誉度决定了餐厅的客流量，美誉度高的时候来餐厅的顾客多，美誉度低的时候来餐厅的顾客少；<br/>
2. 如果不需要等待，就能及时享用到食物，顾客就会满意地增加餐厅美誉度；与之相反，如果没有吃到食物就离开的顾客会降低美誉度；<br/>
3. 总而言之，储备充足的食物、及时的服务、足够的餐桌椅是必不可少的！

<h2> 如何和好友互动？ </h2>

1. 不忍眼睁睁看好友餐厅的食物腐坏，那就帮忙端到餐台吧！自己还可以获得经验值奖励；<br/>
2. 仓库里的东西可以赠送给好友，直接拖拽到礼物即可赠送；拖拽到收银即可出售。注意哦，每个级别能收到礼物的总价值是有上限的；<br/>
3. 系统的额外食物奖励可和好友分享，把分享消息发布到开心网动态上，让朋友们一起感受快乐！每天最多可以从 5 位好友的餐厅领取免费食物，食物将被放入仓库的冷藏室里，可出售给系统，也可以拖到餐台上卖给顾客；<br/>
4. 在好友需要帮助的时候，给予帮忙，当然啦，你也可以给好友捣捣乱、使使坏。作为奖励，你也会获得经验值和现金。
</p>
<p><img src="image/game04.jpg" width="195" height="50" alt=" 游戏口碑 "/></p>
<p class="blue"> 开心餐厅，让你可以开心地烹饪美味佳肴，从一个简洁的小餐厅起步，逐步打造自己的餐饮大食代。<br/>

烹饪美食，雇用好友帮忙，装修个性餐厅，获得顾客美誉。<br/>

步步精心经营，细心打理，我们都能成为餐饮大亨哦。</p>
```

图 4-1-2　不加样式开心餐厅网页代码

此时网页效果如图 4-1-3 所示。

图 4-1-3　不加样式开心餐厅网页效果

步骤二：

接下来要新建一个 CSS 外部样式表，对网页的文字内容进行样式设置。首先设置 p 标签中的文字字体大小为 12 像素，接着设置 h2 标签中的文字字体大小为 18 像素，颜色为红色，然后使用类选择器 .green、.blue 将其中两个不同段落中的文字颜色分别设置为绿色和蓝色，最后使用 id 选择器 #first 将第一处标题文字设置为 24 像素，颜色为绿色。CSS 代码如图 4-1-4 所示。

```
p{font-size:12px;}
h2{font-size:18px; color:red;}
p.green{color:green;}
p.blue{color:blue;}
#first{font-size:24px; color:green;}
```

图 4-1-4　外部样式表代码

步骤三：

开心餐厅网页通过使用 link 标签引入 CSS 外部样式表，link 标签一般放置在网页文档的 head 标签内，当前外部样式表的文件命名为 style.css。通过 href 属性设置好文件路径后，网页文件就能够成功引入 CSS 外部样式表，代码如图 4-1-5 所示。

```
<link rel="stylesheet" type="text/css" href="css/style.css"/>
```

图 4-1-5　引入外部样式表与标签命名代码

此时用 CSS 添加外部样式开心餐厅网页效果如图 4-1-1 所示，可以看出网页内容是按照 CSS 外部样式表的设置来显示的。

相关知识

CSS（cascading style sheet）中文称为层叠样式表，其文件扩展名为 .css。CSS 是用于增强或控制网页样式，并允许将样式信息与网页内容分离的一种标记性语言。引用样式表的目的是将“网页结构代码”和“网页样式风格代码”分离开，从而使网页设计者可以对网页布局进行更多的控制。利用样式表，可以将整个站点上的所有网页都指向某个 CSS 文件，然后设计者只需要修改 CSS 文件中的某一行，整个网站上对应的样式就都会随之发生变化。

一、CSS 样式规则

使用 CSS 对网页进行修饰，首先需要了解 CSS 样式规则，其基本语法格式如下。

```
选择器{属性1:属性值1;属性2:属性值2;属性3:属性值3;}
```

在上述样式规则中，选择器用于指定 CSS 样式作用的 html 对象，大括号{　}内是对该对象设置具体样式。其中，属性和属性值以“键值对”的形式出现，属性是对指定的对象设置样式，样式是指字体大小、文本颜色等。属性和属性值之间用英文符号“:”连接，多个键值对之间用英文符号“;”进行区分。举例如下。

```
h2{font-size:14px;color:red;}
```

其中，h2 为选择器，表示 CSS 样式作用的 html 对象为 h2 标签，font-size 和 color 为 CSS 属性，分别表示字体大小和文本颜色，14 px 和 red 是它们的值。

初学者在书写 CSS 样式时，除了要遵循 CSS 样式规则外，还需要注意以下几个问题。

1. CSS 样式中的选择器严格区分大小写，属性和属性值不区分大小写，按照书写习惯一般将选择器、属性和属性值都采用小写的形式。

2. 如果属性值由多个单词组成且中间包含空格，则必须为这个属性值加上英文状态下的双引号。举例如下。

```
p{font-family:"times new roman";}
```

3. 为了提高代码的可读性，书写 CSS 代码时，通常会加上 CSS 注释。举例如下。

```
/* 这是 CSS 注释文本，此内容不会显示在浏览器窗口中 */
```

4. 在 CSS 代码中，空格是不被解析的，大括号以及分号前后的空格可有可无。因此，可以使用空格键、Tab 键、回车键等对样式代码进行排版，以提高代码的可读性。举例如下。

```
h1{font-size:20px;color:red;}
```

其等价于：

```
h1{
    font-size: 20px;  /* 定义字体大小 */
    color: red;  /* 定义文本颜色 */
}
```

属性值和单位之间是不允许出现空格的。例如，下面这行代码是不正确的。

```
h1{font-size: 20 px;}  /*20 和单位 px 之间有空格 */
```

二、引入 CSS 样式表

1. 行内式

行内式是通过标签的 style 属性设置元素的样式，其基本语法格式如下。

```
<标签名 style="属性 1: 属性值 1; 属性 2: 属性值 2; 属性 3: 属性值 3;"> 内容 </ 标签名 >
```

语法中 style 是标签的属性，实际上任何 html 标签都拥有 style 属性，用来设置行内式，其中属性和属性值的书写规范与 CSS 样式规则相同。行内式只对其所在的标签及嵌套在其中的子标签起作用。

下面通过一个案例来演示使用行内式引入 CSS 样式的方法，如图 4-1-6 所示。

```
<p style="font-size: 14px; color: red;">
    以 HTML 为基础，提供了丰富的功能，如字体、颜色、背景的控制及整体排版。
</p>
<p>
    通过更改 CSS 样式，可以轻松控制网页的表现样式。
</p>
```

图 4-1-6　行内式代码

在图 4-1-6 中，通过使用行内式 CSS 样式，分别设置两个 p 标签的字号和颜色。

此时网页效果如图 4-1-7 所示。

以HTML为基础，提供了丰富的功能，如字体、颜色、背景的控制及整体排版。

通过更改CSS样式，可以轻松控制网页的表现样式。

图 4-1-7　行内式网页效果

通过图 4-1-6 可以看出，行内式也是通过标签的 style 属性来控制样式的，并没有做到结构与表现的分离，所以一般很少使用。通常，只有在样式规则较少且只在该元素上使用一次，或者需要临时修改某个样式规则时使用。

2. 内嵌式

内嵌式是将 CSS 代码集中写在 html 文档的 head 头部标签中，并且用 style 标签定义，其基本语法格式如图 4-1-8 所示。

```
<style type="text/css">
    选择器 { 属性 1：属性值 1;
            属性 2：属性值 2;
            属性 3：属性值 3;
    }
</style>
```

图 4-1-8　内嵌式代码

在该语法中，style 标签一般位于 head 标签中的 title 标签之后，也可以把它放在 html 文档的任何地方。但是由于浏览器是从上到下解析代码的，把 CSS 代码放在头部便于提前被下载和解析，以避免网页内容下载后没有样式修饰。一般设置 type 的属性值为“text/css”。

下面通过一个案例来演示内嵌式 CSS 样式的用法，如图 4-1-9 所示。

```
<!DOCTYPE html>
<html>
    <head>
        <meta charset="utf-8">
        <title></title>
        <style type="text/css">
            h2{
                text-align: center;
                color: red;
            }
            p{
                font-family:" 微软雅黑 ";
                font-size:16px;
            }
        </style>
    </head>
```

```
    <body>
        <h2>
            以 HTML 为基础，提供了丰富的功能，如字体、颜色、背景的控制及整体排版。
        </h2>
        <p>
            通过更改 CSS 样式，可以轻松控制网页的表现样式。
            </p>
    </body>
</html>
```

图 4-1-9　内嵌式代码

在图 4-1-9 中，使用 style 标签引入内嵌式 CSS 样式。然后分别定义 h2 标签字体颜色为红色，居中对齐，p 段落标签中的文字大小为 16 像素，字体为微软雅黑。

此时网页效果如图 4-1-10 所示。

以HTML为基础，提供了丰富的功能，如字体、颜色、背景的控制及整体排版。
通过更改CSS样式，可以轻松控制网页的表现样式。

图 4-1-10　内嵌式网页效果

内嵌式 CSS 样式只对其所在的 html 页面产生作用，因此，当网站是一个单网页时，使用内嵌式是个不错的选择。当网站是由多个网页组成时，不建议使用这种方式，因为此时采用内嵌式会使 CSS 代码产生大量冗余。

3. 外部式

外部式是将所有的样式放在一个或多个以“CSS”为扩展名的外部样式表文件中，通过 link 标签将外部样式表文件引入到 html 文档中，其基本语法格式如下。

```
<link rel="stylesheet" type="text/css" href="css 文件的路径 "/>
```

在该语法中，link 标签需要放在头部标签 head 中，同时设置 link 标签的相关属性，具体如下。

（1）href：定义外部样式表文件的 URL。

（2）type：定义所链接文档的类型，指定为“text/css”，表示链接的外部文件为 CSS 样式表。

（3）rel：定义当前文档与被链接文档之间的关系，指定为“stylesheet”，表示被链接的文档是一个样式表文件。

三、CSS 常用的选择器

根据选择器类型不同，CSS 选择器可分为基础选择器和复合选择器。基础选择器是由单个选择器组成的，包括标签选择器、类选择器、多类名选择器、id 选择器和通配符选择器。

而复合选择器可以更准确、更高效地选择目标元素（标签）。复合选择器是由两个或多个基础选择器通过不同的方式组合而成的。常用的复合选择器包括交集选择器、并集选择器、后代选择器、伪类选择器等。

1. 标签选择器

标签选择器是指用 html 标签名称作为选择器，按标签名称分类，为页面中某一类标签指定统一的 CSS 样式。其基本语法格式如下。

```
标签名｛属性 1：属性值 1；属性 2：属性值 2；属性 3：属性值 3；｝
```

该语法中，所有的 html 标签名都可以作为标签选择器，例如 body、h1、p、strong 等。用标签选择器定义的样式对页面中该类型的所有标签都产生效果。

例如，可以使用 p 标签选择器设置 html 页面中所有段落的样式，示例代码如下。

```
p{font-size:12px;color:#666; font-family:"微软雅黑";}
```

上述 CSS 样式代码用于设置 html 页面中所有的段落文本，字体大小为 12 像素、颜色为 #666、字体为微软雅黑。

标签选择器最大的优点是能快速地为页面中同类型的标签设置统一的样式。

2. 类选择器

类选择器使用“.”(英文点号）表示，后面紧跟类名，其基本语法格式如下。

```
.类名｛属性 1：属性值 1；属性 2：属性值 2；属性 3：属性值 3；｝
```

该语法中类名即为 html 元素的 class 属性值，大多数 html 元素都可以定义 class 属性。类选择器最大的优势是可以为网页元素对象定义单独或相同的样式。

下面通过一个案例来学习类选择器的应用，如图 4-1-11 所示。

```
<!DOCTYPE html>
<html>
    <head>
        <meta charset="utf-8">
        <title></title>
        <style type="text/css">
            .red{
                color: #FF0000;
            }
            .green{
                color:green;
            }
            .font22{
                font-size: 22px;
```

```
        }
    </style>
</head>
<body>
    <h2 class="red">
        电子信息学院
    </h2>
    <p class="green">
        交通学院
    </p>
    <p class="font22">
        建筑学院
    </p>
    <p>
        机电学院
    </p>
</body>
</html>
```

图 4-1-11　类选择器代码

在图 4-1-11 中，对 h2 标题标签应用 class="red"，通过类选择器设置文本颜色为红色。对第一个 p 段落标签应用 class="green"，将其文本颜色设置为绿色。对第二个 p 段落标签应用 class="font22"，通过类选择器设置文本字号为 22 像素。

此时网页效果如图 4-1-12 所示。

电子信息学院

交通学院

建筑学院

机电学院

图 4-1-12　类选择器效果

3. 多类名选择器

在多类名选择器中，一个标签的 class 值中可能包含多个类名，每个类名之间用空格分开。在使用场景中通常把多个标签相同的样式放在一个类中定义，独有的样式用其他类分开定义，使用时将标签的 class 值设置为多个类名组合来达到聚合不同样式集的目的，其基本语法格式如下。

```
<p class="类名1 类名2"></p>
```

这里的语法格式是在标签中的书写，在 CSS 中跟类选择器的写法相似。下面通过一个案例来学习多类名选择器，如图 4-1-13 所示。

```
<!DOCTYPE html>
<html>
    <head>
        <meta charset="utf-8">
        <title>多类名选择器</title>
        <style type="text/css">
            .red
            {
                color: red;
            }
            .font2
            {
                text-decoration: overline;
            }
            .bold
            {
                text-decoration: underline;
            }
            .red.bold
            {
                font-weight: bold;
            }
        </style>
    </head>
    <body>
        <p class="red font2">多类名选择器 1</p>
        <p class="red bold">多类名选择器 2</p>
    </body>
</html>
```

图 4-1-13　多类选择器代码

在图 4-1-13 中，对两个 p 段落标签分别进行了多个名字的命名，对类名 red 设置文本颜色为红色，此时两行文本变为红色。对类名 font2 设置上画线，对类名 bold 设置下画线，然后单独将类名为 red bold 的文本设置字体加粗。此时页面的显示效果如图 4-1-14 所示。

多类名选择器1
多类名选择器2

图 4-1-14　多类名选择器效果

4. id 选择器

id 选择器使用“#”表示，后面紧跟 id 名，其基本语法格式如下。

```
#id名{属性1：属性值1；属性2：属性值2；属性3：属性值3；}
```

该语法中，id 名即为 html 元素的 id 属性值，大多数 html 元素都可以定义 id 属性，网页元素的 id 值是唯一的，同一个网页中的 id 值不能重复。

下面通过一个案例来学习 id 选择器的使用，如图 4-1-15 所示。

```
<!DOCTYPE html>
<html>
    <head>
        <meta charset="utf-8">
        <title></title>
        <style type="text/css">
            #bold{
                font-weight: bold;
                color: red;
            }
            #font22{
                font-size: 22px;
            }
            * {
            margin: 0;   /*定义外边距*/
            padding: 0;   /*定义内边距*/
            }
        </style>
    </head>
    <body>
        <p id="bold">
            段落一：设置字体为红色、加粗效果。
        </p>
        <p id="font22">
            段落二：设置字号为22px。
        </p>
    </body>
</html>
```

图 4-1-15 id 选择器代码

此时网页效果如图 4-1-16 所示。

段落一:设置字体为红色、加粗效果。
段落二:设置字号为22px。

图 4-1-16 id 选择器效果

5. 交集选择器

交集选择器就是在两个标签相交的部分，也就是交集修改格式。交集选择器可以与 id 选择器和类选择器共同使用。其基本语法格式如下。

```
标签 1. 标签 2 { 属性: 属性值; }
```

下面通过一个案例来学习交集选择器，如图 4-1-17 所示。

```
<!DOCTYPE html>
<html>
    <head>
        <meta charset="utf-8">
        <title> 交集选择器 </title>
        <style>
            p.p1{
                color: red;
            }
        </style>
    </head>
    <body>
        <p> 我是段落 </p>
        <p class="p1"> 我是段落 </p>
        <p> 我是段落 </p>
    </body>
</html>
```

图 4-1-17 交集选择器代码

在图 4-1-17 中，对 p 段落标签类 p1 应用 class="red"，通过交集选择器设置文本颜色为红色，此时第二行文本变为红色，第一行和第三行文本颜色不变。页面的显示效果如图 4-1-18 所示。

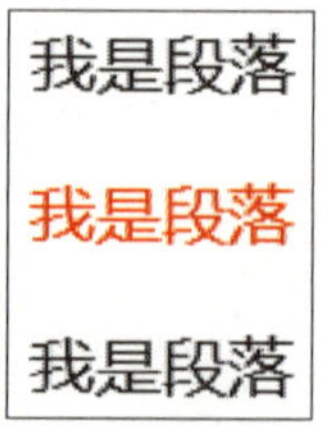

我是段落

我是段落

我是段落

图 4-1-18 交集选择器效果

6. 并集选择器

如果某些选择器定义的样式完全相同或部分相同，就可以利用并集选择器，并集选择器是各选择器通过英文逗号（,）连接而成的，任何形式的选择器都可以作为并集选择器的一部分。其基本语法格式如下。

```
标签 1，标签 2{ 属性：属性 1;……}
```

下面通过一个案例来学习并集选择器，如图 4-1-19 所示。

```
<!DOCTYPE html>
<html>
    <head>
        <meta charset="utf-8"/>
        <title>并集选择器</title>
        <style>
            .p1,.a1{
                color: red;
            }
        </style>
    </head>
    <body>

        <p class="p1">我是段落</p>
        <a href="" class="a1">我是超链接</a>
    </body>
</html>
```

图 4-1-19　使用并集选择器定义 CSS 样式代码

在图 4-1-19 中，对 p 标签和 a 标签分别应用类名 p1 和 a1，使用并集选择器应用 color="red"，让 p 标签和 a 标签的文本颜色变为红色。这个并集选择器和标签选择器相似，都是改变所有的样式，不同点是标签选择器只能改变同类型标签的样式，并集选择器则可以改变不同类型标签的样式。

此时页面的显示效果如图 4-1-20 所示。

我是段落

我是超链接

图 4-1-20　并集选择器效果

7. 通配符选择器

通配符选择器用“ * ”号表示，它是作用范围最广的选择器，能匹配页面中所有元素。

其基本语法格式如下。

```
*{ 属性 1: 属性值 1; 属性 2: 属性值 2; 属性 3: 属性值 3;}
```

例如，下面的代码使用通配符选择器定义 CSS 样式，清除所有 html 标签的默认内外边距，如图 4-1-21 所示。

```
* {
margin: 0;  /*定义外边距*/
padding: 0;  /*定义内边距*/
}
```

图 4-1-21　使用通配符选择器定义 CSS 样式代码

在实际网页开发中不建议大量使用通配符选择器，因为它容易降低代码执行效率，一般用它清除网页标签自带的样式，方便后续能够更好地设置网页样式。

8. 后代选择器

后代选择器用于选择一个元素的后代元素，它使用空格分隔两个元素。其基本语法格式如下。

```
标签名称 1 或类名 1  标签名称 2 或类名 2{ 属性 1: 属性值 1; 属性 2: 属性值 2;}
```

下面通过一个案例来学习后代选择器，如图 4-1-22 所示。

```
<!DOCTYPE html>
<html>
    <head>
        <meta charset="utf-8">
        <title>后代选择器</title>
        <style type="text/css">
            .par
            {
                width: 80px;
                border: 1px blueviolet solid;
                border-top-color: red;
            }
            p{
                text-decoration: overline;
            }
            .par p
            {
                color: red;
            }
        </style>
```

```
    </head>
    <body>
        <p>后代选择器 1</p>
        <div class="par">
                <p>后代选择器 2</p>
        </div>
    </body>
</html>
```

图 4-1-22　后代选择器代码

在图 4-1-22 中，对类名为 par 的 div 标签的宽度、边框设置了相应的样式，对 p 标签设置了上画线。除此之外，使用后代选择器对 par 类的后代 p 标签的文本颜色也设置了样式。此时页面的显示效果如图 4-1-23 所示。

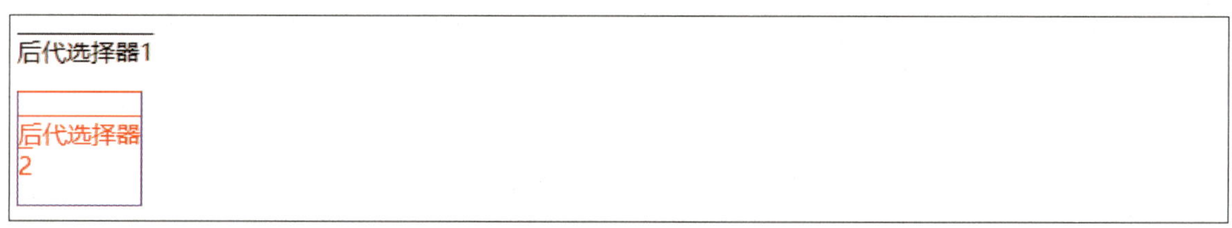

图 4-1-23　使用后代选择器的效果

除了上述讲解到的标签选择器、类选择器、多类名选择器、id 选择器、交集选择器、并集选择器、通配符选择器、后代选择器之外，后面的项目中还会使用到伪类选择器，待后面详细讲解。

内嵌式选择器的优先级（1 000）>id 选择器的优先级（100）> 类选择器和伪类选择器的优先级（10）> 元素选择器的优先级（1）> 通配符选择器的优先级（0），即内嵌式选择器优先级最高，其次是 id 选择器，以此类推，优先级最小的为通配符选择器。

思考与练习

一、选择题

1. CSS 中不属于添加在当前页面的形式是（　　）。

A. 行内式　　B. 内嵌式

C. 层叠式　　D. 外部式

2. CSS 样式使用 html 元素的 id 属性时用（　　）来定义。

A. .　　B. #

C.{ }　　D. d

3. 下列是 CSS 正确的语法构成的是（　　）。

A. body:color=black

B. {body;color:black}

C. body {color: black;}

D. {body:color=black（body）}

4. 下列能给所有的 h1 标签添加背景颜色的是（　　）。

A. .h1 {background-color:#FFFFFF}

B. h1 {background-color:#FFFFFF;}

C. h1.all {background-color:#FFFFFF}

D. #h1 {background-color:#FFFFFF}

二、判断题

1. { 属性 : 属性值 ;} 语法为 CSS 标准语法。（　　）

2. <link rel="" type="" href=""/> 中 href 里面填写 CSS 文件路径。（　　）

三、操作题

1. 利用 html 和 CSS 样式实现图 4-1-24 所示的文本输入框、下拉列表框、单选框等输入框效果，并使用 CSS 样式更改网页的样式。

图 4-1-24　加盟申请表

2. 利用表单标签实现图 4-1-25 所示的文本输入框、单选框、下拉列表框等输入框效果，并使用插入图片标签插入图片。

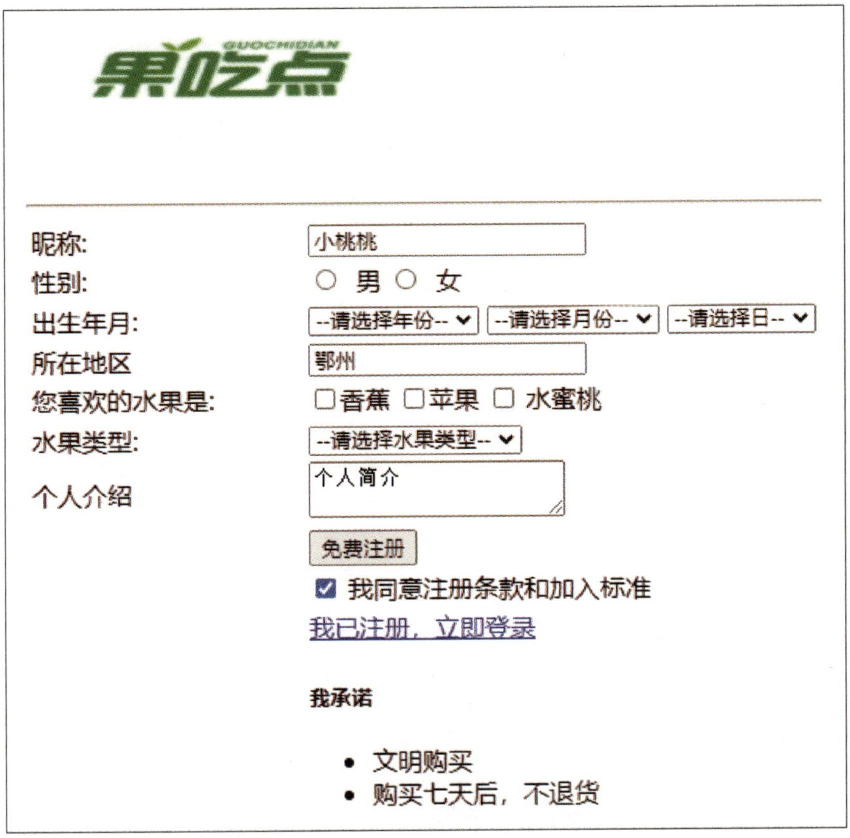

果吃点 GUOCHIDIAN

昵称: 小桃桃
性别: ○ 男 ○ 女
出生年月: --请选择年份-- --请选择月份-- --请选择日--
所在地区 鄂州
您喜欢的水果是: ☐香蕉 ☐苹果 ☐ 水蜜桃
水果类型: --请选择水果类型--
个人介绍 个人简介
免费注册
☑ 我同意注册条款和加入标准
我已注册，立即登录

我承诺

- 文明购买
- 购买七天后，不退货

图 4-1-25 水果超市注册页面效果

任务 2　制作课程介绍网页

学习目标

- 1. 熟练掌握 CSS 字体样式的设置。
- 2. 熟练掌握 CSS 文本外观的设置。
- 3. 熟练掌握 CSS 背景颜色的设置。
- 4. 熟练掌握 div 标签和 span 标签的用法。

任务导入

学习 html 时，可以使用文本标签及其属性控制文本的显示样式，但是这种方式比较烦琐且不利于代码的共享和移植。为此，CSS 提供了相应的文本样式属性，可以更轻松方便地控制文本样式。

本任务主要讲解如何通过 CSS 字体样式属性、CSS 文本外观属性、CSS 背景颜色属性对 Android 课程介绍网页进行美化。本任务制作的 Android 课程介绍网页使用了 line-height 属性对文本的行间距进行设置，使用了 color 属性对文本的颜色进行设置，使用了 background-color 属性对该网页中元素的背景颜色进行设置。Android 课程介绍网页效果如图 4-2-1 所示。

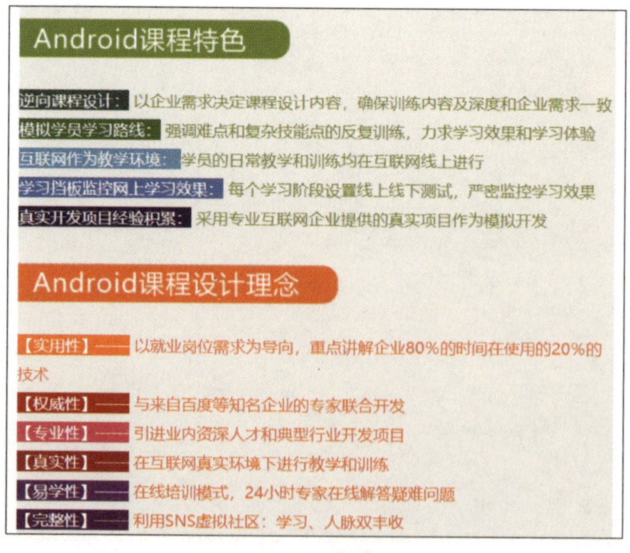

图 4-2-1　Android 课程介绍网页效果

任务实施

步骤一：

在项目下新建 html 文件，在 body 中定义整个页面的结构，一个 div 标签中包含两个 p 标签和两个子 div 标签，两个 p 标签中分别放入两个课程标题图片，两个 div 标签中分别放入两段课程文字内容，代码如图 4-2-2 所示。

```
<!DOCTYPE html>
<html>
    <head>
        <meta charset="utf-8">
        <title></title>
    </head>
    <body>
        <div>
            <p><img src="image/img_01.png"/></p>
            <div><span>逆向课程设计：</span> 以企业需求决定课程设计内容，确保训练内容及深度和企业需求一致<br/>
                <span>模拟学员学习路线：</span> 强调难点和复杂技能点的反复训练，力求学习效果和学习体验<br/>
                <span>互联网作为教学环境：</span> 学员的日常教学和训练均在互联网线上进行<br/>
                <span>学习挡板监控网上学习效果：</span> 每个学习阶段设置线上线下测试，严密监控学习效果<br/>
                <span>真实开发项目经验积累：</span> 采用专业互联网企业提供的真实项目作为模拟开发</div>
            <p><img src="image/img_02.png"/></p>
            <div><span>【实用性】—</span> 以就业岗位需求为导向，重点讲解企业 80% 的时间在使用的 20% 的技术<br/>
                <span>【权威性】—</span> 与来自百度等知名企业的专家联合开发<br/>
                <span>【专业性】—</span> 引进业内资深人才和典型行业开发项目<br/>
                <span>【真实性】—</span> 在互联网真实环境下进行教学和训练<br/>
                <span>【易学性】—</span> 在线培训模式，24 小时专家在线解答疑难问题<br/>
                <span>【完整性】—</span> 利用 SNS 虚拟社区：学习、人脉双丰收</div>
        </div>
    </body>
</html>
```

图 4-2-2 添加标签并输入内容

步骤二：

给需要设置样式的标签设置 id 属性值和 class 属性值，注意取名字的时候尽量使用英文，且具有真实意义。代码如图 4-2-3 所示。

```
<!DOCTYPE html>
<html>
    <head>
        <meta charset="utf-8">
        <title></title>
    </head>
    <body>
        <div id="android">
                <p><img src="image/img_01.png"/></p>
                <div class="course"><span class="c1">逆向课程设计：</span>
                以企业需求决定课程设计内容，确保训练内容及深度和企业需求一致<br/>
                    <span class="c2">模拟学员学习路线：</span>
                    强调难点和复杂技能点的反复训练，力求学习效果和学习体验<br/>
                    <span class="c3">互联网作为教学环境：</span>
                    学员的日常教学和训练均在互联网线上进行<br/>
                    <span class="c4">学习挡板监控网上学习效果：</span>
                    每个学习阶段设置线上线下测试，严密监控学习效果<br/>
                    <span class="c5">真实开发项目经验积累：</span>
                    采用专业互联网企业提供的真实项目作为模拟开发</div>
                <p><img src="image/img_02.png"/></p>
                <div class="design"><span class="d1">【实用性】—</span>
                以就业岗位需求为导向，重点讲解企业80%的时间在使用的20%的技术<br/>
                    <span class="d2">【权威性】—</span>
                    与来自百度等知名企业的专家联合开发<br/>
                    <span class="d3">【专业性】—</span>
                    引进业内资深人才和典型行业开发项目<br/>
                    <span class="d4">【真实性】—</span>
                    在互联网真实环境下进行教学和训练<br/>
                    <span class="d5">【易学性】—</span>
                    在线培训模式，24小时专家在线解答疑难问题<br/>
                    <span class="d6">【完整性】—</span>
                    利用SNS虚拟社区：学习、人脉双丰收</div>
            </div>
    </body>
</html>
```

图 4-2-3　引入外部样式表和标签定义选择器

运行图 4-2-3 中的代码，效果如图 4-2-4 所示。

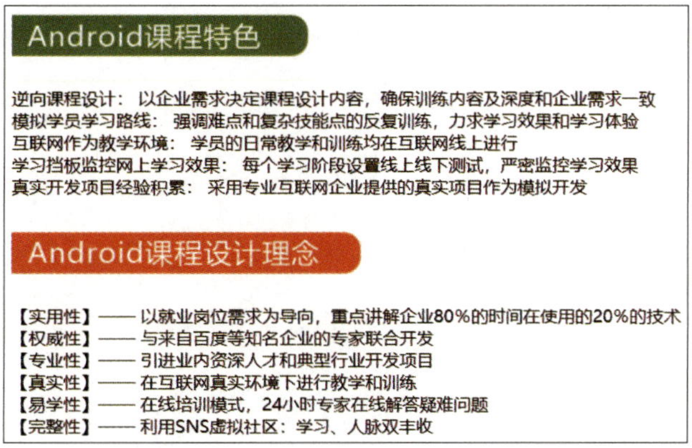

Android课程特色

逆向课程设计：以企业需求决定课程设计内容，确保训练内容及深度和企业需求一致
模拟学员学习路线：强调难点和复杂技能点的反复训练，力求学习效果和学习体验
互联网作为教学环境：学员的日常教学和训练均在互联网线上进行
学习挡板监控网上学习效果：每个学习阶段设置线上线下测试，严密监控学习效果
真实开发项目经验积累：采用专业互联网企业提供的真实项目作为模拟开发

Android课程设计理念

【实用性】——以就业岗位需求为导向，重点讲解企业80%的时间在使用的20%的技术
【权威性】——与来自百度等知名企业的专家联合开发
【专业性】——引进业内资深人才和典型行业开发项目
【真实性】——在互联网真实环境下进行教学和训练
【易学性】——在线培训模式，24小时专家在线解答疑难问题
【完整性】——利用SNS虚拟社区：学习、人脉双丰收

图 4-2-4　设置相关属性值

步骤三：

在 CSS 文件中设置 Android 课程介绍网页中元素的样式属性，这里多处用到了后代选择器，后代选择器可以选择某元素下所有的子元素，在后代选择器中，规则左边的选择器一端包括两个或多个用空格分隔的选择器。每个空格结合符可以解释为“……作为……的后代”，但是要求必须从右向左读选择器。代码如图 4-2-5 所示。

```
@charset "gb2312";
/* CSS Document */
#android {
    background-color:#eeeeee;
    width:600px;
}
#android span {
    color:#ffffff;
}
.course {
    line-height:30px;
    color:#5c9815;
}
.course .c1 {
    background-color:#005952;
}
.course .c2 {
    background-color:#007236;
}
.course .c3 {
    background-color:#008bbf;
}
.course .c4 {
```

```
    background-color:#0066b3;
}
.course .c5 {
    background-color:#002561;
}
.design {
    line-height:30px;
    color:#f26522;
}
.design .d1 {
    background-color:#f36f21;
}
.design .d2 {
    background-color:#bb131a;
}
.design .d3 {
    background-color:#d73765;
}
.design .d4 {
    background-color:#a70532;
}
.design .d5 {
    background-color:#553171;
}
.design .d6 {
    background-color:#4f1268;
}
```

图 4-2-5　设置样式属性

步骤四：

在 head 标签中使用“<link href="css/course.css" rel="stylesheet" type="text/css"/>”引入外部样式表，运行 html 代码，加入样式属性效果如图 4-2-1 所示。

相关知识

一、CSS 字体样式属性

1. font-size

font-size 属性用于设置字号，该属性值可以使用相对长度单位，也可以使用绝对长度单位，具体见表 4-2-1。

表 4-2-1　CSS 长度单位及说明

长度单位		说明
相对长度单位	em	相对于当前对象内文本的字体尺寸
	px	像素，最常用，推荐使用
绝对长度单位	in	英寸
	cm	厘米
	mm	毫米
	pt	点

其中，相对长度单位比较常用，推荐使用像素单位 px；绝对长度单位使用较少。例如，将网页中所有段落文本的字号大小设为 12 px，可以使用图 4-2-6 所示的 CSS 样式代码。

```
p{font-size:12px;}
```

图 4-2-6　设置字号大小

2. font-family

font-family 属性用于设置字体。网页中常用的字体有宋体、微软雅黑、黑体等，例如，将网页中所有段落文本的字体设置为宋体，可以使用图 4-2-7 所示的 CSS 样式代码。

```
p{font-family:"宋体";}
```

图 4-2-7　设置字体

font-family 属性可以同时指定多个字体，中间以逗号隔开，如果浏览器不支持第一个字体，则它会尝试调用下一个字体，直到找到合适的字体为止。来看一个具体的指定多个字体的例子，如图 4-2-8 所示。

```
body{font-family:"华文彩云", "宋体","黑体";}
```

图 4-2-8　设置多个字体

当应用上面的字体样式时，会首选华文彩云。如果用户计算机上没有安装该字体，则选择宋体；若宋体也没有安装，则选择黑体。当指定的字体都没有安装时，就会使用浏览器默认字体。

使用 font-family 设置字体时，需要注意以下几点。

（1）各种字体之间必须使用英文状态下的逗号隔开。

（2）中文字体需要加英文状态下的引号，英文字体一般不需要加引号。当需要设置英文字体时，英文字体名必须位于中文字体名之前，如图 4-2-9 所示。

（3）如果字体名中包含空格、#、¥ 等符号，则该字体必须加英文状态下的单引号或双引号，如图 4-2-10 所示。

```
body{font-family:Arial, "微软雅黑", "宋体","黑体";}/"正确的书写方式"/
body{font-family: "微软雅黑", "宋体","黑体",Arial;}/"错误的书写方式"/
```

图 4-2-9 设置字体书写方式

```
font-family:"Times New Roman";
```

图 4-2-10 加英文状态引号

（4）尽量使用系统默认字体，以保证网页在任何用户的浏览器中都能正确显示。

3. font-weight

font-weight 属性用于定义字体的粗细，其属性值及其描述见表 4-2-2。

表 4-2-2 font-weight 的属性值及其描述

属性值	描述
normal	默认值，定义标准的字符
bold	定义粗体字符
bolder	定义更粗的字符
lighter	定义更细的字符
100 ～ 900（100 的整数倍）	定义由细到粗的字符，其中 400 等同于 normal，700 等同于 bold，值越大字体越粗

在实际工作中，常用的 font-weight 属性值为 normal 和 bold。

4. font-variant

font-variant 属性用于设置变体（字体变化），一般用于定义小型大写字母，仅对英文字符有效。其可用属性值如下。

（1）normal：默认值，浏览器会显示标准的字体。

（2）small-caps：浏览器会显示小型大写的字体，即所有的小写字母均会转换为大写。但是所有使用小型大写字体的字母与其余文本相比，其字体尺寸更小。

5. font-style

font-style 属性用于定义字体风格，如设置斜体、倾斜或正常字体，其可用属性值如下。

（1）normal：默认值，浏览器会显示标准的字体样式。

（2）italic：浏览器会显示斜体的字体样式。

（3）oblique：浏览器会显示倾斜的字体样式。

其中 italic 和 oblique 都用于定义斜体，两者在显示效果上并没有本质区别，但实际工作中常使用 italic。

6. font

font 属性用于对字体样式进行综合设置，其基本语法格式如下。

```
选择器{
font:font-style font-variant font-weight font-size/line-height
font-family;
}
```

使用 font 属性时，必须按上面语法格式中的顺序书写，各个属性以空格隔开，其应用示例如图 4-2-11 所示。其中 line-height 指的是行高，在后面将具体介绍。

```
p{font-family:Arial;font-size:30px;font-style:italic;
font-weight:bold;font-variant:small-caps;line-height:40px;}
/* 等价于 */
p{font:italic small-caps bold 30px/40px Arial;}
```

图 4-2-11 综合设置字体样式

使用 font 属性对字体样式进行综合设置时，必须保留 font-size 属性和 font-family 属性，其他不需要设置的属性可以省略（取默认值），否则的话默认值将不起作用。

下面使用 font 属性对字体样式进行综合设置，如图 4-2-12 所示。

```
<!DOCTYPE html>
<html>
    <head>
        <meta charset="utf-8">
        <title>font 属性 </title>
        <style type="text/css">
            .one{
                font: italic 18px/30px " 隶书 ";color: green;
            }
            .two{
                font: italic 18px/30px;color: red;
            }
        </style>
    </head>
    <body>
        <p class="one">
            好雨知时节，当春乃发生。
            随风潜入夜，润物细无声。
        </p>
        <p class="two">
            千里莺啼绿映红，水村山郭酒旗风。
            南朝四百八十寺，多少楼台烟雨中。
        </p>
    </body>
</html>
```

图 4-2-12 font 属性代码

在图 4-2-12 中定义了两个段落，同时使用 font 属性分别对它们进行相应的设置。其中，由于第二个段落省略了 font-family 属性，这时 font 属性不起作用。

运行图 4-2-12 中的代码，效果如图 4-2-13 所示。

好雨知时节，当春乃发生。随风潜入夜，润物细无声。

千里莺啼绿映红，水村山郭酒旗风。南朝四百八十寺，多少楼台烟雨中。

图 4-2-13　使用 font 属性综合设置字体样式

二、CSS 文本外观属性

1. color

color 属性用于定义文本的颜色，其取值方式有如下三种。

（1）预定义的颜色值，如 red、green、blue 等。

（2）十六进制，如 #FF0000、#FF6600、#29D794 等。实际工作中，十六进制是最常用的定义颜色的方式。

（3）RGB 代码，如红色可以表示为 rgb（255，0，0）或 rgb（100%，0%，0%）。

2. letter-spacing

letter-spacing 属性用于定义字间距，所谓字间距就是字符与字符之间的空白。其属性值可为不同单位的值，允许使用负值，默认值为 normal。

3. line-height

line-height 属性用于设置行间距，所谓行间距就是行与行之间的距离，即字符的垂直间距，一般称为行高。

line-height 常用的属性值单位有三种，分别为像素 px、相对值 em 和百分比 %，实际工作中使用最多的是像素 px 和相对值 em。

4. text-transform

text-transform 属性用于转换英文字符的大小写，其可用属性值如下。

（1）none：不转换（默认值）。

（2）capitalize：首字母大写。

（3）uppercase：全部字符转换为大写。

（4）lowercase：全部字符转换为小写。

5. text-decoration

text-decoration 属性用于设置文本的下画线、上画线、删除线等装饰效果，其可用属性值如下。

（1）none：没有装饰（正常文本默认值）。

（2）underline：下画线。

（3）overline：上画线。

（4）line-through：删除线。

text-decoration 后可以赋多个值，用于给文本添加多种显示效果，例如，若需要文字同时有下画线和删除线效果，就可以将 underline 和 line-through 同时赋给 text-decoration。

6. text-align

text-align 属性用于设置文本内容的水平对齐，相当于 html 中的 align 对齐属性。其可用属性值如下。

（1）left：左对齐（默认值）。

（2）right：右对齐。

（3）center：居中对齐。

例如，设置二级标题居中对齐，操作方式如图 4-2-14 所示。

```
h2{ text-align:center;}
```

图 4-2-14　设置二级标题居中

7. text-indent

text-indent 属性用于设置首行文本的缩进，其属性值可为不同单位的数值如像素值（px）、字符宽度的倍数（em）、相对于浏览器窗口宽度的百分比（%），允许使用负值，建议使用 em 作为设置单位。

下面来学习 text-indent 属性的应用，如图 4-2-15 所示。

```
<!DOCTYPE html>
<html>
    <head>
        <meta charset="utf-8">
        <title></title>
        <style type="text/css">
            p{
                font-family: "微软雅黑";
                font-size: 14px;
                color: red;
            }
            .two{
                text-indent: 2em;
            }
            .three{
                text-indent: 50px;
            }
        </style>
    </head>
    <body>
```

```
        <p class="one">
            段落一：这是正常显示的文本内容，并没有设置段落 1 文本的首行缩进效果
        </p>
        <p class="two">
            段落二：使用 text-indent:2em; 设置段落 2 文本首行缩进 2 个字符的效果
        </p>
        <p class="three">
            段落三：使用 text-indent:50px; 设置段落 3 文本首行缩进 50 像素的效果
        </p>
    </body>
</html>
```

图 4-2-15　首行缩进代码

在图 4-2-15 中，第一段文本没有设置首行缩进效果。第二段文本使用“text-indent: 2em;”设置首行文本缩进两个字符。第三段文本使用“text-indent:50px;”设置文本首行缩进 50 像素。

运行图 4-2-15 中的代码，效果如图 4-2-16 所示。

段落一:这是正常显示的文本内容，并没有设置段落1文本的首行缩进效果

段落二:使用text-indent:2em;设置段落2文本首行缩进2个字符的效果

段落三:使用text-indent:50px;设置段落3文本首行缩进50像素的效果

图 4-2-16　首行缩进效果

通过图 4-2-16 可以看出，通过 text-indent 属性可以设置文本不同单位的首行缩进效果，而与字号大小无关。

三、CSS 背景颜色属性

在 CSS 中，网页元素的背景颜色使用 background-color 属性来设置，其属性值与文本颜色的取值一样，可使用预定义的颜色值、十六进制 #RRGGBB 或 RGB 代码 rgb（r, g, b）。background-color 的默认值为 transparent，即背景透明，这时子元素会显示父元素的背景。

为了了解背景颜色属性 background-color，下面来演示其用法，如图 4-2-17 所示。

```
<!DOCTYPE html>
<html>
    <head>
        <meta charset="utf-8">
        <title></title>
        <style type="text/css">
              h2{
                  font-family: "微软雅黑";
                  color: #FFF;
```

```
                background-color: #F00;
            }
            p{
                background-color: #9fc;
            }
        </style>
    </head>
    <body>
        <h2>云课堂上线了</h2>
            <p>
                云课堂可以实现晚上在家学习、在线直播教学、实时互动辅导等多种功能
            </p>
    </body>
</html>
```

图 4-2-17　背景颜色代码

在图 4-2-17 中，首先在网页中添加标题和段落文本，然后通过 background-color 属性分别设置标题标签 h2 和段落标签 p 的背景颜色。

运行图 4-2-17 中的代码，效果如图 4-2-18 所示。

云课堂上线了

云课堂可以实现晚上在家学习、在线直播教学、实时互动辅导等多种功能

图 4-2-18　设置背景颜色效果

四、div 标签和 span 标签

1. div 标签

div 标签可以把文档分割为独立的、不同的部分。它可以用作严格的组织工具，且不使用任何格式与其关联。

div 元素是通用的块元素，内部可以包含其他各种元素（包括其他 div 元素），并且可以通过 CSS 设置样式来完成复杂的页面布局。

其语法形式如下。

```
<div>任何网页元素（标签）</div>
```

html 中的元素可分为两种类型：块级元素和行内元素。块级元素显示在一块内，会自动换行，元素会从上到下垂直排列，各自占一行，如前面所讲过的 p、h1、div 等标签元素。行内元素在一行内水平排列，高度由元素的内容决定，height（高度）属性不起作用，如后面要讲的 span、a 等元素。

下面通过一个案例来具体演示 div 标签的使用，如图 4-2-19 所示。

```
<!DOCTYPE html>
<html>
   <head>
   <meta charset="utf-8">
               <title></title>
   </head>
   <body>
<div>
<h1>第一阶段</h1>
<p>制作酒店宣传单页的内容</p>
</div>
<div>
<h1>第二阶段</h1>
<p>使用CSS3设置网页格式</p>
</div>
   </body>
</html>
```

图 4-2-19　div 标签的使用

运行图 4-2-19 中的代码，效果如图 4-2-20 所示。

图 4-2-20　div 标签的使用效果

2. span 标签

span 标签用来组合文档中的行内元素。span 标签没有固定的表现形式，当对它应用样式时，它才会产生视觉上的变化。

span 标签可在行内定义区域，也就是一行可以被 span 划分成多个区域，从而实现某种特定效果。span 标签本身没有任何属性。

其语法形式如下。

```
<span>要修改样式的文字</span>
```

span 标签与 span 标签之间只能包含文本和各种行内标签。与 div 标签相比，通常可以通俗地理解为 div 为大容器，span 为小容器，大容器内可以放置小容器。

下面通过一个案例来具体演示 span 标签的使用，如图 4-2-21 所示。

```
<!DOCTYPE html>
<html>
    <head>
        <meta charset="utf-8">
        <title></title>
        <style type="text/css">
            .one{
                color: red;
            }
            .two{
                color: pink;
            }
            .three{
                color: blue;
            }
            .four{
                color: purple;
            }
            .five{
                color: green;
            }
        </style>
    </head>
    <body>
        <h2>厚溥 IT 课程推荐 </h2>
        <div class="list">
            <span class="one">web 前端 </span>
            <span class="two">UI 设计 </span>
            <span class="three">Java</span>
            <span class="four">软件实施 </span>
            <span class="five">软件测试 </span>
        </div>
    </body>
</html>
```

图 4-2-21　span 标签的使用

在图 4-2-21 中，在 div 标签中嵌套多组 span 标签，每组 span 标签包含一些文字信息，然后使用 CSS 分别设置这些文字信息的样式。

运行图 4-2-21 中的代码，效果如图 4-2-22 所示。

厚溥IT课程推荐

web 前端 UI 设计 Java 软件实施 软件测试

图 4-2-22 span 标签的使用效果

图 4-2-22 中的所有课程文字样式，都是通过 CSS 设置 span 标签的属性完成的。由此可以看出，span 标签可以嵌套于 div 标签中成为它的子元素，但是反过来则不行，即 span 标签中不能嵌套 div 标签。

思考与练习

一、选择题

1. 下列选项中表示字体粗细的是（　　）。

A. font-family　　B. font-weight

C. font-variant　　D. font-style

2. 下列 CSS 长度单位中表示像素的是（　　）。

A. cm　　B. em

C. px　　D. pt

3. color 属性用于定义文本的（　　）。

A. 大小　　B. 风格

C. 颜色　　D. 粗细

4. line-height 属性用于设置（　　）。

A. 字间距　　B. 文本转换

C. 行间距　　D. 文本装饰

5. 网页元素的背景颜色使用（　　）属性来设置。

A. background-color　　B. bgcolor

C. color　　D. 以上都不对

二、判断题

1. font-style 属性用于定义字体风格。（　　）

2. text-align 属性用于设置文本内容的垂直对齐。（　　）

3. background-color 属性不能用于 h1 标签。（　　）

三、操作题

1. 使用 color 属性、text-align 属性、line-height 属性等制作完成图 4-2-23 所示水果单词排序效果。

水果单词排序

A Almind Apple Apricot Arbutus Avocado

B Bababa Bergamot Berry Bilberry

C Coconut Cherry tomato Cherry

图 4-2-23 水果单词排序效果

2. 使用 color 属性、line-height 属性、background-color 属性等制作完成图 4-2-24 所示的开心庄园网页。

图 4-2-24 开心庄园网页

项目五　盒子模型的使用

任务 1　制作注册网页

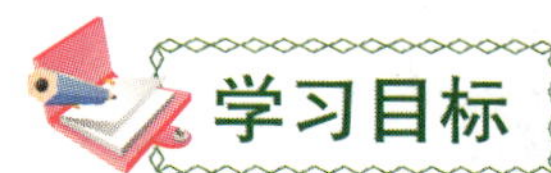

学习目标

- 1. 了解盒子模型的概念。
- 2. 熟练运用盒子模型相关属性对网页进行布局。

任务导入

盒子模型是 CSS 网页布局的基础，它代替了传统的表格布局。只有掌握了盒子模型的各种规律和特征，才能更好地控制网页中各元素所呈现的效果。下面将带领读者认识盒子模型。

本任务主要通过设置盒子的内外边距、边框等属性，布局缤购乐食电子商务网站注册网页表单模块，并对盒子进行定位设置，完成缤购乐食电子商务网站注册网页。该注册网页包括 login-header、login-banner、login-footer 三个盒子。图 5-1-1 所示为缤购乐食电子商务网站注册网页。

图 5-1-1　缤购乐食电子商务网站注册网页

步骤一：

在 body 标签中新建网页顶部的大盒子 div，命名为 login-header，利用 img 标签在盒子中加入电商网站 logo 图片。代码如图 5-1-2 所示。

```
<div class="login-header">
    <img src="img/logobig.png" width="134" height="60"/>
</div>
```

图 5-1-2 加入 logo 图片

运行图 5-1-2 中的代码，效果如图 5-1-3 所示。

图 5-1-3 加入 logo 图片效果

步骤二：

在 body 标签的下部新建一个底部盒子并命名为 login-footer，盒子包含 2 行内容，上面一行命名为 login-ftop，下面一行命名为 login-fbottom，代码如图 5-1-4 所示。

```
<div class="login-footer">
    <div class="login-ftop">
        <p>
            <a href="#">缤购乐食</a>
            <b>|</b>
            <a href="#">商城首页</a>
            <b>|</b>
            <a href="#">支付宝</a>
            <b>|</b>
            <a href="#">物流</a>
        </p>
    </div>
    <div class="login-fbottom">
        <p>
            <a href="#">关于缤购</a>
            <a href="#">合作伙伴</a>
            <a href="#">联系我们</a>
```

```
        <a href="#"> 网站地图 </a>
        <em>© 2015-2020 版权所有 缤购乐食 </em>
      </p>
    </div>
</div>
```

图 5-1-4 加入 html 内容

使用 CSS 代码为底部盒子中的元素设置字体颜色和字符间距，如图 5-1-5 所示。

```
a{
    text-decoration: none;  /* 去掉文字下方的下画线 */
}
.login-ftop{
    border-bottom: 1px solid #ddd;  /* 设置下边框线 */
}
.login-ftop a{
    margin: 0px 4px;
    color: #777;
}
.login-fbottom a{
    margin: 0px 4px;
    color: #000000;
}
```

图 5-1-5 设置文字颜色和文字间距

步骤三：

在 body 标签中，在 login-header 的下方、login-footer 的上方新建一个盒子并命名为 login-banner，盒子包含三个子盒子，第一个子盒子命名为 login-main，login-main 盒子下又包含两个子盒子，分别命名为 login-mleft、login-mright。首先在 login-mleft 盒子中使用 img 标签引入背景大图，然后在 login-mright 盒子中添加 form 表单，在 form 表单中添加多个不同的 input 表单控件。代码如图 5-1-6 所示。

```
<div class="login-banner">
    <div class="login-main">
        <div class="login-mleft">
            <img src="img/big.jpg"/>
        </div>
        <div class="login-mright">
            <div class="register-title">
                手机号注册
            </div>
```

```
        <form method="post" action="#">
            <input type="tel" name="" id="phone"
            placeholder=" 请输入手机号 ">
            <input type="tel" name="" id="code"
            placeholder=" 请输入验证码 ">
            <button id="send"> 获取验证码 </button>
            <input type="password" name="" id="password"
            placeholder=" 设置密码 ">
            <input type="password" name="" id="passwordRepeat"
            placeholder=" 确认密码 ">
            <input id="reader-me" type="checkbox">
            单击表示您同意商城《服务协议》
            <input type="submit" name="" value=" 注册 "
            class="submit-register">
        </form>
    </div>
  </div>
</div>
```

图 5-1-6　加入 login-banner 盒子中的内容

步骤四：

使用 CSS 代码设置 login-banner 的宽度与浏览器同宽，高度为 470 像素；设置 login-main 的宽度为 1 000 像素，居于 login-banner 的水平中间位置；盛放表单的盒子 login-mright 的宽度设置为 360 像素，高度设置为 430 像素。表单中每个 input 控件左侧的图标都是通过使用 background 属性设置的背景图片。代码如图 5-1-7 所示。

```
.login-banner{
    width: 100%;
    height: 470px;
    background-color: #fd7a72;
    border: 1px solid red;
}
.login-main{
    width: 1000px;
    height: 470px;
    margin: 0px auto;
    position:relative;  /* 设置定位模式为相对定位 */
}
.login-mright{
    position: absolute;  /* 设置定位模式为绝对定位 */
    width: 360px;
    height: 430px;
```

```
    top: 20px;  /*距离父盒子上方 20 像素*/
    right: 20px;  /*距离父盒子右方 20 像素*/
    box-sizing: border-box;  /*保持盒子的宽和高不变化*/
    padding: 10px 20px;  /*上下内边距为 10 像素，左右内边距为 20 像素*/
    background-color: #f8f8f8;
}
.login-footer{
    width: 1200px;
    margin: 0px auto;
    padding: 7px 0px 9px 0px;
    font-size: 12px;  /*设置字体大小为 12 像素*/
    color: #777;  /*设置字体颜色为灰色*/
}
.register-title{
    width: 100%;
    height: 65px;
    line-height: 65px;
    font-family: "宋体";
    font-weight: bold;  /*设置字体样式加粗*/
    font-size: 20px;
    text-align: center;  /*设置文字居中显示*/
}
#phone{
    width: 267px;
    height: 40px;
    padding-left:50px;
    margin-top: 8px;
    background:url(img/icon-phone.png) no-repeat left center;  /*设置左边的图标*/
    background-color: #ffffff;
    border: none;  /*设置边框为空*/
}
#code{
    width: 170px;
    height: 40px;
    padding-left:50px;
    margin-top: 8px;
    background:url(img/icon-msg.png) no-repeat
    left center;  /*设置左边的图标*/
    background-color: #ffffff;
    border: none;  /*设置边框为空*/
}
#send{
    width: 90px;
```

```
    height: 40px;
    margin-left: 5px;
}
#password,#passwordRepeat{
    width: 267px;
    height: 40px;
    padding-left:50px;
    margin-top: 8px;
    background:url(img/icon-pass.png) no-repeat
    left center;  /*设置左边的图标*/
    background-color: #ffffff;
    border: none;  /*设置边框为空*/
}
#reader-me{
    margin: 20px 0px;
}
.submit-register{
    width: 320px;
    height: 40px;
    color: #ffffff;
    background-color: #0C79B1;
    border: none;
}
a{
    text-decoration: none;  /*去掉文字下方的下画线*/
}
```

图 5-1-7 设置中间部分样式

此时已完成缤购乐食电子商务网站注册网页的制作，运行图 5-1-7 中的代码，效果如图 5-1-1 所示。

相关知识

一、盒子模型

什么是 CSS 的盒子模型呢？为什么称为盒子？在网页设计中常见的属性名有内容（content）、填充（padding）、边框（border）、边界（margin），CSS 盒子模型具备以上这些属性，通常又称填充为内边距、称边界为外边距。盒子模型平面图如图 5-1-8 所示。

可以把这些属性转移到日常生活中所常见的盒子（箱子）上来理解，日常生活中所见的盒子也具有这些属性。内容是指盒子里装的东西；填充是指因为怕盒子里装的东西损坏而添加的泡沫或者其他抗振的辅料；边框是指盒子本身；边界则是指盒子摆放的时候不能全部堆

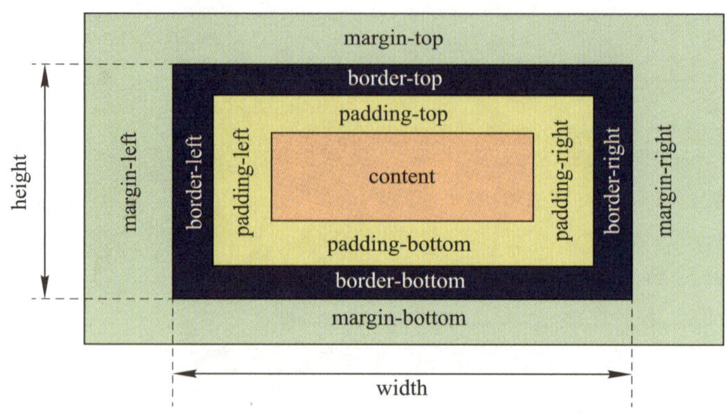

图 5-1-8　盒子模型平面图

在一起，要留一定空隙保持通风，同时也为了方便取出盒子。在网页设计上，内容常指文字、图片等元素，但是也可以指小盒子（div 嵌套）。现实生活中放在盒子里的物品一般不能大于盒子，否则盒子会被撑坏，而 CSS 的盒子模型具有弹性，里面的物品大于盒子本身最多把盒子撑大，但盒子本身不会损坏。填充只有宽度属性，可以理解为现实生活中盒子里的抗振辅料厚度，而边框有大小和颜色之分，又可以理解为现实生活中所见盒子的厚度以及这个盒子是用什么颜色的材料做成的，边界是指该盒子与其他物品要保持多远距离，可以参照图 5-1-9 所示盒子模型层次 3D 示意图。

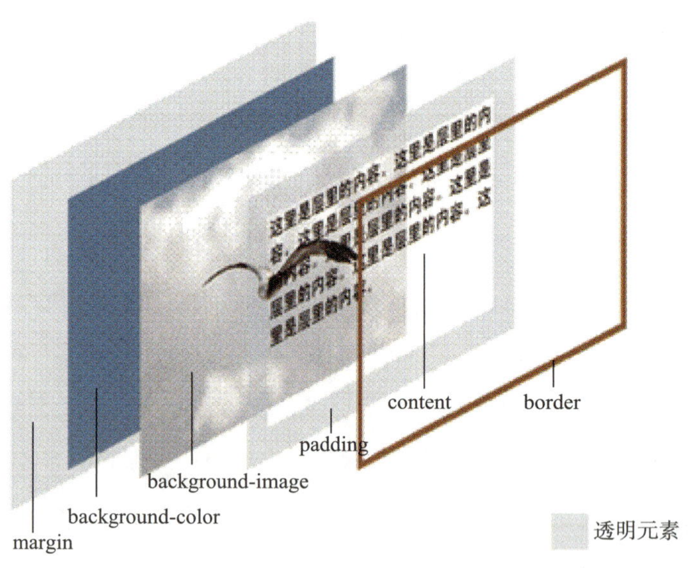

图 5-1-9　盒子模型层次 3D 示意图

二、盒子模型相关属性

1. 边框属性

为了分割网页中不同的盒子，常常需要给元素设置边框效果。在 CSS 中边框属性包括边框样式属性（border-style）、边框宽度属性（border-width）、边框颜色属性（border-color）、单侧边框的属性、边框的综合属性，CSS 边框类型及属性见表 5-1-1。

表 5-1-1　　CSS 边框类型及属性

边框类型	属性
上边框	border-top-style：样式
	border-top-width：宽度
	border-top-color：颜色
	border-top：宽度　样式　颜色
下边框	border-bottom-style：样式
	border-bottom-width：宽度
	border-bottom-color：颜色
	border-bottom：宽度　样式　颜色
左边框	border-left-style：样式
	border-left-width：宽度
	border-left-color：颜色
	border-left：宽度　样式　颜色
右边框	border-right-style：样式
	border-right-width：宽度
	border-right-color：颜色
	border-right：宽度　样式　颜色
样式综合设置	border-style：上边框样式　右边框样式　下边框样式　左边框样式
宽度综合设置	border-width：上边框宽度　右边框宽度　下边框宽度　左边框宽度
颜色综合设置	border-color：上边框颜色　右边框颜色　下边框颜色　左边框颜色
边框综合设置	border：四边宽度　四边样式　四边颜色

在表 5-1-1 中列出了所有的边框属性，对于初学者来说比较难以理解，下面对表 5-1-1 中的边框属性进行具体讲解。

（1）设置边框样式

边框样式用于定义网页中边框的风格，常用属性值如下。

none：没有边框，即忽略所有边框的宽度（默认值）。

solid：边框为单实线。

dashed：边框为虚线。

dotted：边框为点线。

double：边框为双实线。

在设置边框样式时，既可以对盒子的单边进行设置，又可以综合设置四条边的样式，具体情况如下。

border-top-style：上边框样式。

border-right-style：右边框样式。

border-bottom-style：下边框样式。

border-left-style：左边框样式。

border-style：上边框样式　右边框样式　下边框样式　左边框样式。

border-style：上边框样式　左右边框样式　下边框样式。

border-style：上下左右边框样式。

使用 border-style 属性综合设置四条边样式时有两个原则，一是必须按上右下左的顺时针顺序；二是省略时采用值复制的原则，即一个值为四条边，两个值为上下 / 左右，三个值为上 / 左右 / 下。

例如，<p> 只有上边为虚线 dashed，其他三边为单实线 solid，可以使用 border-style 综合属性分别设置各边样式，如图 5-1-10 所示。

```
p{border-style: dashed solid solid solid;}
```

图 5-1-10　综合设置各边样式

或综合设置四条边，然后采用上边样式覆盖，如图 5-1-11 所示。

```
p{border-style: solid;}  /*综合设置四条边样式*/
p{border-top-style: dashed;}  /*上边样式覆盖*/
```

图 5-1-11　综合设置四条边并采用上边样式覆盖

下面通过一个案例对边框样式属性进行演示。新建一个 html 网页，并在网页中通过 h2 标签和 p 标签加入一些文字信息，然后通过边框样式属性控制 h2 标签和 p 标签的边框效果，如图 5-1-12 所示。

```
<!DOCTYPE html>
<html>
   <head>
      <meta charset="utf-8">
      <title></title>
      <style type="text/css">
         h2{
            border-style: solid;  /*四条边框相同——单实线*/
         }
         .one{
            border-style: dotted double;  /*上下为点线左右为双实线*/
         }
         .two{
            border-style: dashed dotted solid;  /*上虚线，左右点线，下实线*/
         }
      </style>
   </head>
```

```
    <body>
        <h2>
            边框为单实线
        </h2>
        <p class="one">
            上下边框为点线，左右边框为双实线
        </p>
        <p class="two">
            上边框为虚线，左右边框为点线，下边框为单实线
        </p>
    </body>
</html>
```

图 5-1-12　设置边框样式代码

在图 5-1-12 中，使用边框样式 border-style 的综合属性来设置标题和段落文本的边框样式。运行图 5-1-12 中的代码，效果如图 5-1-13 所示。

边框为单实线

上下边框为点线，左右边框为双实线

上边框为虚线，左右边框为点线，下边框为单实线

图 5-1-13　边框样式效果

（2）设置边框宽度

border-width 属性用于设置边框的宽度，其常用取值单位为像素 px。同边框样式一样，边框宽度也可以针对四条边分别设置，或综合设置四条边的宽度，具体情况如下。

border-top-width：上边框宽度。

border-right-width：右边框宽度。

border-bottom-width：下边框宽度。

border-left-width：左边框宽度。

border-width：上边框宽度　右边框宽度　下边框宽度　左边框宽度。

设置四条边宽度时，必须按照上右下左的顺时针顺序，省略时采用值复制的原则，即一个值为四条边，两个值为上下 / 左右，三个值为上 / 左右 / 下。

下面通过一个案例对边框宽度属性进行演示。新建一个 html 网页，并在网页中通过 p 标签添加 3 个段落文本，然后通过边框宽度属性分别设置各个段落的边框样式，如图 5-1-14 所示。

```
<!DOCTYPE html>
<html>
    <head>
        <meta charset="utf-8">
        <title></title>
```

```
        <style type="text/css">
            .one{
                border-width: 6px;
            }
            .two{
                border-width: 4px 2px;
            }
            .three{
                border-width: 6px 4px 2px;
            }
            p{
                border-style: solid;
            }
        </style>
    </head>
    <body>
        <p class="one">
            边框宽度————6px。边框样式————单实线。
        </p>
        <p class="two">
            边框宽度——上下 4px，左右 2px。边框样式——单实线。
        </p>
        <p class="three">
            边框宽度——上 6px，左右 4px，下 2px。边框样式————单实线。
        </p>
    </body>
</html>
```

图 5-1-14　设置边框宽度代码

在图 5-1-14 中，对 3 个段落应用不同的边框宽度，然后将边框样式均设置为单实线。运行图 5-1-14 中的代码，边框宽度效果如图 5-1-15 所示。

边框宽度————6px。边框样式————单实线。

边框宽度——上下4px，左右2px。边框样式——单实线。

边框宽度——上6px，左右4px，下2px。边框样式————单实线。

图 5-1-15　边框宽度效果

（3）设置边框颜色

border-color 属性用于设置边框的颜色，其取值可以为预定义的颜色值、十六进制 #RRGGBB 或 RGB 格式 rgb（r, g, b）、rgb（r%, g%, b%），实际工作中最常用的是十六进制 #RRGGBB。边框的默认颜色为元素本身的文本颜色，对于没有文本的元素，其默认边框颜色为父元素的文本颜色。边框颜色的单边与综合设置如下。

border-top-color：上边框颜色。

border-right-color：右边框颜色。

border-bottom-color：下边框颜色。

border-left-color：左边框颜色。

border-color：上边框颜色　右边框颜色　下边框颜色　左边框颜色。

综合设置边框四条边的颜色时，必须按照上右下左的顺时针顺序，省略时采用值复制的原则，即一个值为四条边，两个值为上下 / 左右，三个值为上 / 左右 / 下。

下面通过一个案例对边框颜色属性的设置进行演示。新建一个 html 网页，并在网页中通过 h2 标签和 p 标签添加标题和段落文本，然后通过边框颜色属性设置 h2 标签和 p 标签的边框效果，如图 5-1-16 所示。

```
<!DOCTYPE html>
<html>
    <head>
        <meta charset="utf-8">
        <title>设置边框颜色</title>
        <style type="text/css">
            h2{
                border-style: solid;  /*综合设置边框样式*/
                border-top-color:#ff0000;  /*单独设置上边框颜色*/
            }
            p{
                /*综合设置边框样式*/
                border-style: solid;
                /*设置边框颜色：两个值为上下，左右*/
                border-color: #ccc #ff0000;
            }
        </style>
    </head>
    <body>
        <h2>
            设置边框颜色
        </h2>
        <p>
            设置边框颜色
        </p>
    </body>
</html>
```

图 5-1-16　设置边框颜色

运行图 5-1-16 中的代码，边框颜色效果如图 5-1-17 所示。

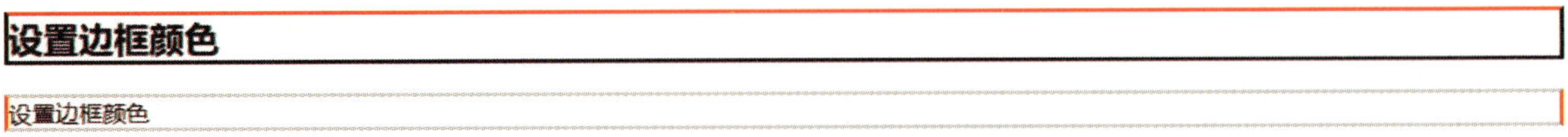

设置边框颜色

设置边框颜色

图 5-1-17　边框颜色效果

（4）综合设置边框

使用 border-style、border-width、border-color 虽然可以实现丰富的边框效果，但是采用这种方式书写的代码比较烦琐，且不便于阅读，为此 CSS 提供了更简单的边框设置方式，其基本格式如下。

```
border:宽度 样式 颜色；
```

采用上述设置方式时，宽度、样式、颜色的顺序不分先后，可以只指定需要设置的属性，省略的部分将取默认值（样式不能省略）。

当每一侧的边框样式都不相同，或者只需单独定义某一侧的边框时，可以使用单侧边框的综合属性 border-top、border-bottom、border-left 或 border-right 进行设置。例如，单独定义上边框，代码如图 5-1-18 所示。

```
p{border-top: 2px solid #ccc;}  /*定义上边框，各个值顺序任意*/
```

图 5-1-18　单独定义上边框代码

当四条边的边框样式都相同时，可以使用 border 属性进行综合设置。

若要将二级标题的边框设置为双实线、红色、3 像素宽，操作代码如图 5-1-19 所示。

```
h2{border:3px double red;}
```

图 5-1-19　设置二级标题的边框代码

能够用一个属性定义元素的多种样式，如 border、border-top 等，在 CSS 中称为复合属性。常用的复合属性有 font、border、margin、padding 和 background 等。实际工作中常使用复合属性，它可以简化代码，提高网页的运行速度。

2. 内边距属性

在网页设计中，为了调整内容在盒子中的显示位置，常常需要给元素设置内边距，所谓内边距指的是元素内容之间的距离，也常常称为内填充。在 CSS 中，padding 属性之间的距离也常常被称为内填充。在 CSS 中，padding 属性用于设置内边距，同边框属性 border 一样，padding 也是复合属性，其相关设置方法如下。

padding-top：上内边距。

padding-right：右内边距。

padding-bottom：下内边距。

padding-left：左内边距。

padding：上内边距　右内边距　下内边距　左内边距。

在上面的设置中，padding 相关属性的取值可为 auto（默认值）、不同单位的数值、相对于父元素（或浏览器）宽度的百分比（%），实际工作中最常用的是像素值（px），不允许使用负值。

同边框相关属性一样，使用复合属性 padding 定义内边距时，必须按照顺时针顺序，省略时采用值复制的原则，一个值为四条边，两个值为上下 / 左右，三个值为上 / 左右 / 下。

下面通过一个案例来对内边距属性的设置进行演示。新建一个 html 网页，在网页中通过 img 标签和 p 标签添加一个图像和一个段落，然后使用 padding 相关属性控制它们的显示位置，如图 5-1-20 所示。

```
<!DOCTYPE html>
<html>
    <head>
        <meta charset="utf-8">
        <title></title>
        <style type="text/css">
            .border{
                border: 5px solid #f60;  /* 为图像和段落设置边框 */
            }
            img{
                padding: 80px;  /* 图像 4 个方向内边距相同 */
                padding-bottom: 0;  /* 单独设置下内边距 */
            }  /* 上面两行代码等价于 padding:80px 80px 0;*/
            p{
                padding: 5%;  /* 段落内边距为父元素宽度的 5%*/
            }
        </style>
    </head>
    <body>
        <img class="border" src="img/1.jpg"/>
        <p class="border">
            段落内边距为父元素宽度的 5%
        </p>
    </body>
</html>
```

图 5-1-20　设置内边距代码

在图 5-1-20 中，使用 padding 相关属性设置图像和段落的内边距，其中段落内边距使用百分比数值。

运行图 5-1-20 中的代码，内边距效果如图 5-1-21 所示。

由于段落的内边距设置为百分比数值，当拖拽浏览器窗口改变其宽度时，段落的内边距会随之发生变化（此时 p 标签的父元素为 body）。

段落内边距为父元素宽度的5%

图 5-1-21　内边距效果

3. 外边距属性

网页是由多个盒子排列而成的，要想拉开盒子与盒子之间的距离，合理地布局网页，就要为盒子设置外边距。所谓外边距，指的是元素边框与相邻元素之间的距离。在 CSS 中，margin 属性用于设置外边距，它是一个复合属性，与内边距 padding 的用法类似，设置外边距的具体方法如下。

margin-top：上外边距。

margin-right：右外边距。

margin-bottom：下外边距。

margin-left：左外边距。

margin：上外边距　右外边距　下外边距　左外边距。

margin 相关属性的值以及复合属性 margin 取 1 ～ 4 个值的情况与 padding 相同。但是外边距可以使用负值，使相邻元素重叠。

当对块级元素应用宽度属性 width，并将左右的外边距都设置为 auto 时，可使块级元素水平居中，实际工作中常用这种方式进行网页布局，示例代码如图 5-1-22 所示。

```
.header {width: 960px;margin: 0 auto;}
```

图 5-1-22　设置块级元素水平居中代码

4. 背景属性

网页能通过背景图像给读者留下深刻的印象，如节日主题的网页一般采用喜庆祥和的图片来突出效果，所以在网页设计中合理控制背景颜色和背景图像至关重要。下面将详细介绍用 CSS 控制背景样式的方法。

（1）设置背景颜色

设置背景颜色需要通过 background-color 属性来实现，关于该属性在前面的项目中已经做过详细讲解，这里不再做具体介绍。

（2）设置背景图像

在 CSS 中，背景不仅可以设置为某种颜色，还可以将图像作为网页元素的背景，通过 background-image 属性设置来实现。下面通过一个案例对该属性进行具体讲解，如图 5-1-23 所示。

```
<!DOCTYPE html>
<html>
    <head>
        <meta charset="utf-8">
        <title></title>
        <style type="text/css">
            body{
                /* 设置网页的背景颜色 */
                background-color: #CCCCCC;
                /* 设置网页的背景图像 */
                background-image: url(img/1.jpg);
            }
            h2{
                font-family: "微软雅黑";
                color: #fff;
                background-color: #56cbf6;
            }
        </style>
    </head>
    <body>
        <h2>
            UI 设计情景超乎想象
        </h2>
        <p>
            "互联网 +"o2o 模式的大趋势，使平面设计、网页设计、UI 设计、
            Web 前端的前景广阔到超乎想象。
        </p>
    </body>
</html>
```

图 5-1-23　设置背景图像

运行图 5-1-23 中的代码，设置背景图像效果，如图 5-1-24 所示。

在图 5-1-24 中，背景图像自动沿着水平和竖直两个方向平铺，充满整个网页，并且覆盖了 body 的背景颜色。

（3）设置背景图像平铺

默认情况下，背景图像会自动向水平和竖直两个方向平铺，如果不希望背景图像平铺，或者只想沿着一个方向平铺，可以通过 background-repeat 属性来控制，该属性的取值如下。

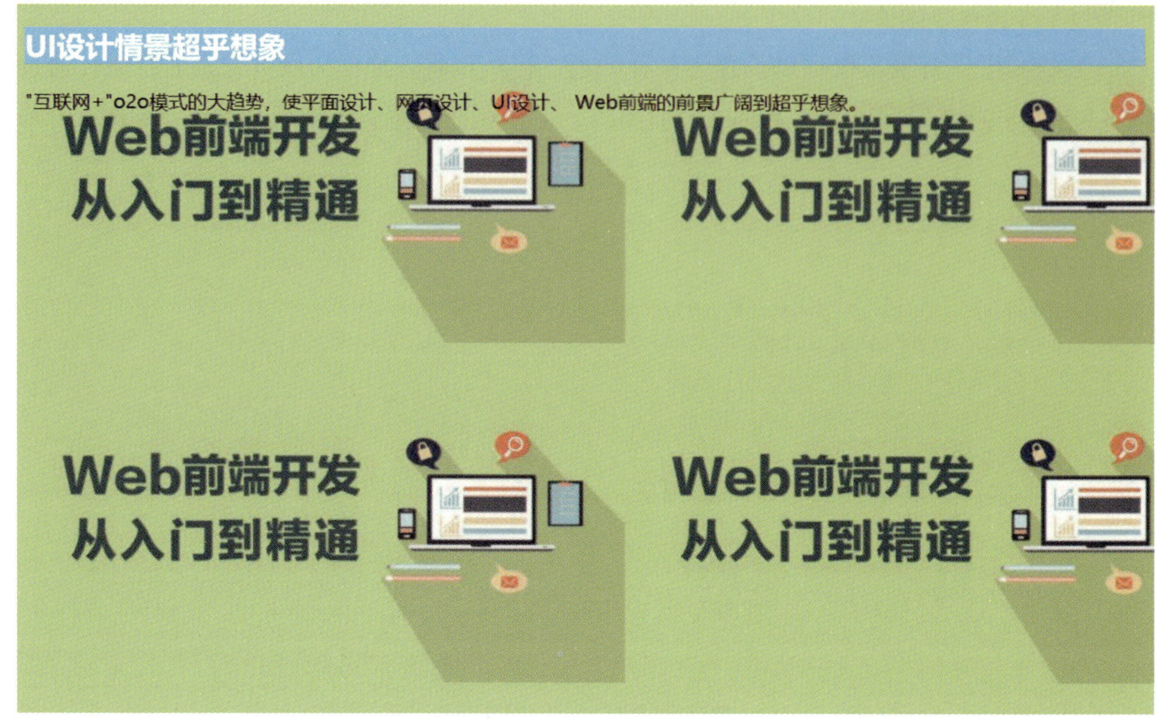

图 5-1-24　设置背景图像效果

Repeat：沿水平和竖直两个方向平铺（默认值）。

no-repeat：不平铺（图像位于元素的左上角，只显示一次）。

repeat-x：只沿水平方向平铺。

repeat-y：只沿竖直方向平铺。

例如，希望图 5-1-24 中的图像只沿着水平方向平铺，可以更改 body 元素的 CSS 设置代码，如图 5-1-25 所示。

```
body{
    /* 设置网页的背景颜色 */
    background-color: #CCCCCC;
    /* 设置网页的背景图像 */
    background-image: url(img/1.jpg);
    /* 设置背景图像的平铺 */
    background-repeat: repeat-x;
}
```

图 5-1-25　设置背景图像沿水平方向平铺的代码

运行修改后的代码，设置背景图像效果发生变化，如图 5-1-26 所示。

在图 5-1-26 中，图像只沿着水平方向平铺，背景图像覆盖的区域就显示背景图像，背景图像没有覆盖的区域则按照之前设置的背景颜色显示。也就是说，当背景图像和背景颜色同时存在时，背景图像会优先显示。

图 5-1-26 设置背景图像沿水平方向平铺效果

（4）设置背景图像的不平铺

如果将背景图像的平铺属性 background-repeat 定义为 no-repeat，图像将以不平铺的方式显示在 body 标签的左上角，代码如图 5-1-27 所示。

```
body{
    background-image: url(img/1.jpg);   /* 设置网页的背景图像 */
    background-repeat: no-repeat;   /* 设置背景图像不平铺 */
}
```

图 5-1-27 设置背景图像不平铺的代码

在图 5-1-27 中，将 body 标签的背景图像定义为 no-repeat 不平铺。在浏览器中运行修改后的代码，效果如图 5-1-28 所示，背景图像位于 body 标签的左上角。

图 5-1-28 设置图像不平铺效果

（5）设置背景图像的位置

如果想改变背景图像显示的位置，就需要对另一个 CSS 属性 background-position 进行设置。

例如，要想将图 5-1-28 中的背景图像设置到网页的右下角，可以更改 body 标签的 CSS 样式代码，如图 5-1-29 所示。

```
body{
    background-image: url(img/1.jpg);  /* 设置网页的背景图像 */
    background-repeat: no-repeat;  /* 设置背景图像不平铺 */
    background-position: 1000px  300px;  /* 设置背景图像的位置 */
}
```

图 5-1-29　更改 body 元素

在浏览器中运行修改后的代码，背景图像出现在网页的右下角，如图 5-1-30 所示。

图 5-1-30　背景图像在右下角效果

在 CSS 中，background-position 属性的值通常设置为两个，中间用空格隔开，用于定义背景图像在元素的水平和垂直方向的坐标。例如上面的“1 000 px　300 px”，background-position 属性的默认值为“0 0”或“top left”，即背景图像位于元素的左上角。

background-position 属性的取值有多种，具体如下。

1）使用不同单位（最常用的是像素 px）的数值：直接设置图像左上角在元素中的坐标，例如“background-position: 20px 20px;”。

2）使用预定义的关键字：指定背景图像在元素中的对齐方式。

水平方向值：left、center、right。

垂直方向值：top、center、bottom。

两个关键字的顺序任意，若只有一个值，则另一个默认为 center。例如，center 相当于 center center（居中显示），top 相当于 top center 或 center top（水平居中且上对齐）。

3）使用百分比：按背景图像和元素的指定点对齐。其中“0%　0%”表示图像左上角与元素的左上角对齐。“50%　50%”表示图像 50%　50% 的中心点与元素 50%　50% 的中心点对齐。“20%　30%”表示图像 20%　30% 的点与元素 20%　30% 的点对齐。“100%　100%”表示图像的右下角与元素的右下角对齐，而不是图像充满元素。如果只有一个百分数，将作为水平值，垂直值则默认为 50%。

5. 盒子的宽与高

网页是由多个盒子排列而成的，每个盒子都有固定的大小。在 CSS 中使用宽度属性 width 和高度属性 height 可以对盒子的大小进行控制。width 和 height 的属性值可以为不同单位的数值或相对于父元素的百分比。实际工作中，最常用的是像素值。

下面通过 width 属性和 height 属性来控制网页中段落文本的宽度和高度，具体操作如图 5-1-31 所示。

```
<!DOCTYPE html>
<html>
    <head>
        <meta charset="utf-8">
        <title></title>
        <style>
            .box{
                width: 200px;
                height: 50px;
                background: #CCCCCC;
                border: 10px solid #f00;
                padding: 15px;
                margin: 15px;
            }
        </style>
    </head>
    <body>
        <p class="box">盒子模型的宽度与高度</p>
    </body>
</html>
```

图 5-1-31　控制盒子的宽度与高度代码

在图 5-1-31 中，通过 width 属性和 height 属性分别控制段落的宽度和高度，同时对段落应用了盒子模型的其他相关属性，例如边框、内边距、外边距等。

运行图 5-1-31 中的代码，效果如图 5-1-32 所示。

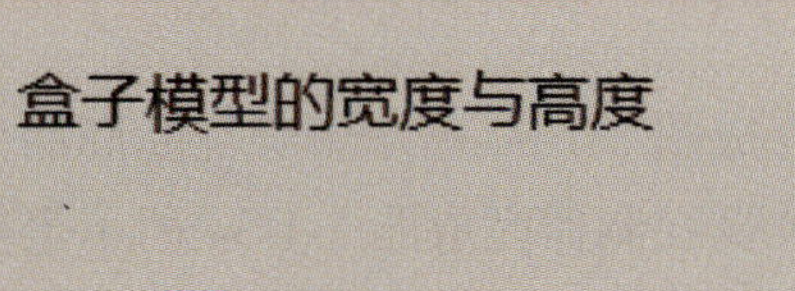

图 5-1-32　盒子模型的宽度与高度效果

在图 5-1-32 所示的盒子中，如果问盒子的宽度是多少，读者可能会不假思索地说是 200 像素，实际上这是不正确的，因为在 CSS 规范中，元素的 width 和 height 属性仅指块级元素内容的宽度和高度，其周围的内边距、边框和外边距是另外计算的。大多数浏览器都采用了 W3C 规定的符合 CSS 规范的盒子模型，盒子模型的总宽度和总高度的计算原则如下。

盒子的总宽度 =width+ 左右内边距之和 + 左右边框宽度之和 + 左右外边距之和。

盒子的总高度 =height+ 上下内边距之和 + 上下边框宽度之和 + 上下外边距之和。

思考与练习

一、选择题

1. 边框样式用于定义网页中边框的风格，下列（　　）用于设置边框为单实线。

A. none　　B. solid

C. dashed　　D. double

2. 下列（　　）用于设置下边框宽度。

A. border-top-width　　B. border-right-width

C. border-bottom-width　　D. border-left-width

3. 下列（　　）用于设置内边距。

A.padding　　B.margin

C.width　　D.height

4. “margin-top:10px;” 的意思是（　　）。

A. 上内边距 10 像素　　B. 内边距 10 厘米

C. 外边距 10 像素　　D. 上外边距 10 像素

5. 已知盒子模型的宽度为 10 px，内边距为 5 px，外边距为 10 px，边框为 2 px，则盒子模型的总宽度为（　　）px。

A. 44　　B. 27

C. 32　　D. 25

二、判断题

1. margin 是外边框属性。（　　）

2. 在 html 中，背景可以设置为图像。（　　）

3. 盒子模型的总宽度就是 width 的值。（　　）

三、操作题

1. 利用盒子模型布局制作完成图 5-1-33 所示聚美优品商品分类网页。

2. 利用盒子模型布局及相关属性制作完成图 5-1-34 所示聚美优品美容产品热点网页。

全部分类

护肤

洁面 化妆水 喷雾 美容液 眼霜
眼部精华 眼膜 面膜 面膜贴
水洗面膜 免洗面膜 精华 精油
啫喱 凝露 乳液 面霜 日霜 晚霜

彩妆

卸妆 防晒 隔离 BB霜 粉底 粉饼
睫毛膏 眼影 唇彩 腮红 眼线笔
底妆 遮瑕 蜜粉 眉笔 美甲

香氛

男香 女香 小Q装 中性香水

身体护理

洗发 护发 沐浴 身体乳 手足护理
护手霜 纤体 身体精油 颈部护理
个人护理 卫生用品 脱毛

礼盒套装

护肤套装 身体护理套装 彩妆套装
旅行装 香水套装 男士套装

美容工具

护肤 彩妆 美发 美体 美甲
美容仪器 其他美容工具

母婴专区

奶粉 尿裤湿巾 母婴洗护

男士专区

洁面 爽肤水 面霜 啫喱
眼霜 凝胶 乳液 精华 沐浴

食品保健

瘦身类 保健类 美容类 食品类

图 5-1-33　聚美优品商品分类网页

大家都喜欢买的美容品

1 雅诗兰黛即时修护眼部精华霜15mL
2 伊丽莎白雅顿显效复合活肤霜 75mL
3 OLAY玉兰油多效修护霜 50g
4 巨型一号丝瓜水320mL
5 倩碧保湿洁肤水2号 200mL
6 比度克细肤淡印霜 30g
7 兰芝 (LANEIGE)夜间修护锁水面膜 80mL
8 SK-II护肤精华露 215mL
9 欧莱雅青春密码活颜精华肌底液

图 5-1-34　聚美优品美容产品热点网页

任务 2　制作登录网页

学习目标

- 1. 熟悉元素的定位模式和边偏移模式。
- 2. 掌握静态定位的用法。
- 3. 掌握相对定位的用法。
- 4. 掌握绝对定位的用法。
- 5. 掌握固定定位的用法。
- 6. 掌握行元素和块元素之间的转换方法。

任务导入

利用目前所学的网页相关知识，无法对网页中元素的位置进行精确控制。而在 CSS 中，通过 CSS 定位可以实现网页元素的精准定位。定位的基本方法很简单，一般可以对元素相对于其在文档流中的原位置进行定位，或者相对于父元素、另一个元素甚至浏览器窗口本身的位置进行定位。本任务使用 CSS 定位对网页中的“注册”按钮和“忘记密码”超链接进行了精确定位，制作完成的缤购乐食电子商务网站登录网页如图 5-2-1 所示。

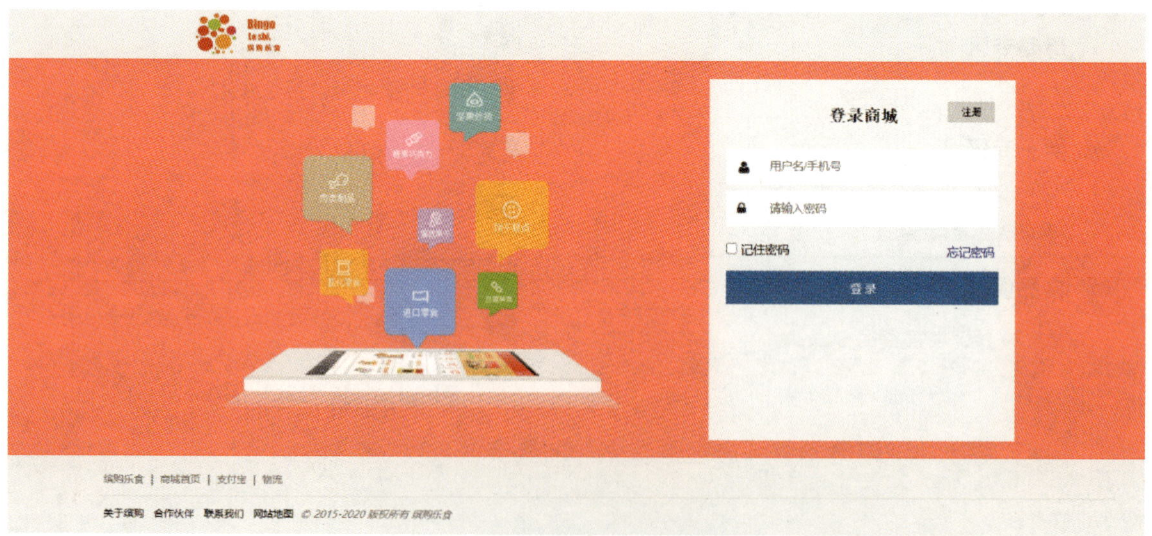

图 5-2-1　缤购乐食电子商务网站登录网页

任务实施

步骤一：

由于本任务所制作的缤购乐食电子商务网站登录网页与任务 1 中缤购乐食电子商务网站注册网页的样式相似，故把任务 1 中的代码移植过来进行修改。首先把“手机号注册”改为“登录商城”，并且在后面加上一个“注册”按钮。然后把 input 标签减少到两个，并修改其中的图标与文字信息。最后把 checkbox 复选框后面的内容改为“记住密码”，并在其后加上一个“忘记密码”超链接。修改后的代码如图 5-2-2 所示。

```
<div class="login-mright">
    <div class="register-title">
        登录商城
        <a href="register.html"> 注册 </a>
    </div>
    <form method="post" action="#">
        <input type="tel" name="" id="phone" placeholder=" 用户名 / 手机号 ">
        <input type="password" name="" id="password" placeholder=" 请输入密码 ">
        <input id="reader-me" type="checkbox"> 记住密码
        <a href="#" class="forget-pass"> 忘记密码 </a>
        <input type="submit" name="" value=" 登录 "
        class="submit-register">
    </form>
</div>
```

图 5-2-2　登录商城

未加定位相关 CSS 代码的原表单效果如图 5-2-3 所示。

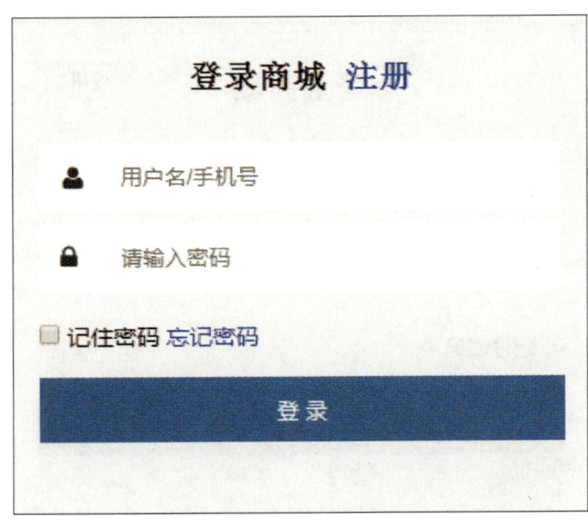

图 5-2-3　未加定位相关 CSS 代码的原表单效果

步骤二：

通过图 5-2-3 可以看到，“注册”按钮没有显示按钮效果，且位置不对。同样，“忘记密码”超链接位置也不正确，所以需要使用 CSS 中的定位属性来解决这两个问题，定位有四种，分别是静态定位、相对定位、绝对定位和固定定位。其中相对定位与绝对定位经常配合使用，被称为“子绝父相”，即如果子元素想使用绝对定位，那么就需要将父元素设置为相对定位，只有这样设置后子元素才能够将父元素作为参考基准来进行绝对定位。使用绝对定位后的 CSS 代码如图 5-2-4 所示。

```
.register-title a{
    display: block;  /*设置为块级元素，才能设置宽度和高度*/
    width: 55px;
    height: 25px;
    line-height: 25px;
    background-color: #D4D4D4;
    font-size: 12px;
    font-weight: 400;
    color: #000;
    position: absolute;  /*设置为绝对定位*/
    top: 25px;  /*距离上边 25 像素*/
    right: 25px;  /*距离右边 25 像素*/
}
.forget-pass{
    position: absolute;  /*设置为绝对定位*/
    top: 195px;  /*距离上边 195 像素*/
    right: 25px;  /*距离右边 25 像素*/
}
```

图 5-2-4　使用绝对定位后的 CSS 代码

设置好定位相关代码之后，运行代码，定位后的登录表单效果如图 5-2-5 所示。

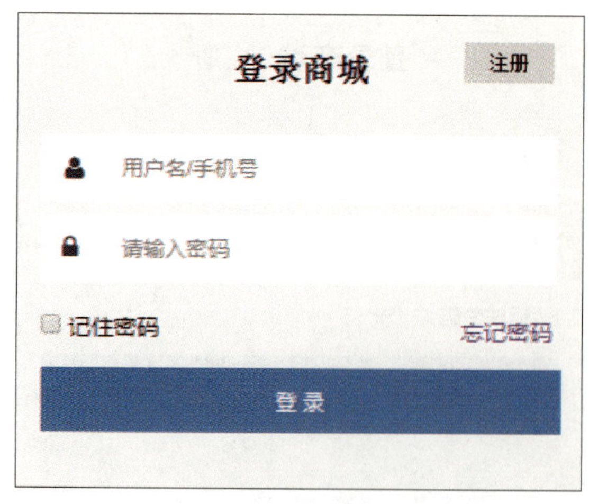

图 5-2-5　定位后的登录表单效果

步骤三：

步骤二已完成登录网页的内容，想要实现注册网页与登录网页之间的跳转，有两种很好的跳转方式：一是在表单 form 标签的属性 action 里面设置跳转目标网页地址；二是在 a 标签的 href 属性里面设置跳转目标网页地址。现在要实现在注册网页（见图 5-2-6）单击“注册”按钮跳转到登录网页，采用第一种跳转方式；在登录网页（见图 5-2-7）单击“登录”按钮跳转到注册网页，采用第二种跳转方式，具体操作如下。

图 5-2-6 注册网页

图 5-2-7 登录网页

在注册网页（见图 5-2-6）上设置跳转代码，如图 5-2-8 所示。

```
<form method="get" action="login.html">
```

图 5-2-8 注册网页上的跳转

在登录网页（见图 5-2-7）上设置跳转代码，如图 5-2-9 所示。

```
<a href="register.html"> 注册 </a>
```

图 5-2-9　登录网页上的跳转

这样设置好后，两个网页之间就可以进行跳转了。

相关知识

一、元素的定位属性

元素的定位属性主要包括定位模式和边偏移两部分。

1. 定位模式

在 CSS 中，position 属性用于定义元素的定位模式，其基本语法格式如下。

```
选择器 { position: 属性值 ;}
```

其中，position 属性值有 static、relative、absolute、fixed，具体见表 5-2-1。

表 5-2-1　position 属性值及含义

属性值	含义
static	静态定位（默认定位方式）
relative	相对定位，相对于其原文档流中的位置进行定位
absolute	绝对定位，相对于其上一个已经定位的父元素进行定位
fixed	固定定位，相对于浏览器窗口进行定位

从表 5-2-1 中可以看出，元素的定位主要分为四类，下面针对每一种定位方式进行详细讲解。

（1）静态定位

当用于定位的元素的 position 属性值为 static 时，称此定位模式为静态定位，元素所在的位置也就是在文档流中的位置。

任何元素在默认状态下都会以静态定位来确定自己的位置，所以当没有定义 position 属性时，并不说明该元素没有自己的位置，它会遵循默认值，显示为静态位置。在静态定位状态下，边偏移属性（top、bottom、left 或 right）不适用。

（2）相对定位

当用于定位的元素的 position 属性值为 relative 时，称此定位模式为相对定位。如果对某元素进行相对定位，则可以通过设置其边偏移属性，将这个元素相对于它的起点进行移动。但该元素仍然保持其未定位前的形状，它原本所占的空间也应继续保留。

下面通过一个案例来演示对网页元素设置相对定位的方法，代码如图 5-2-10 所示。

```
<!DOCTYPE html>
<html>
    <head>
        <meta charset="utf-8">
        <title></title>
        <style type="text/css">
            div{
                width: 100px;
                height: 50px;
                background: pink;
                margin-bottom: 10px;
            }
            .div1{
                position: relative;
                left: 150px;
                top: 100px;
            }
        </style>
    </head>
    <body>
        <div class="div1">
            div1
        </div>
        <div>
            div2
        </div>
        <div>
            div3
        </div>
    </body>
</html>
```

图 5-2-10 相对定位代码

在图 5-2-10 中，对 div1 设置相对定位模式，并通过边偏移属性 left 和 top 改变它的位置，如第 13 ～ 17 行代码所示。

运行图 5-2-10 中的代码，效果如图 5-2-11 所示。

从图 5-2-11 可以看出，对 div1 设置相对定位后，它会相对于其在文档流中的原位置进行偏移，但是它在文档流中的位置仍然保留。

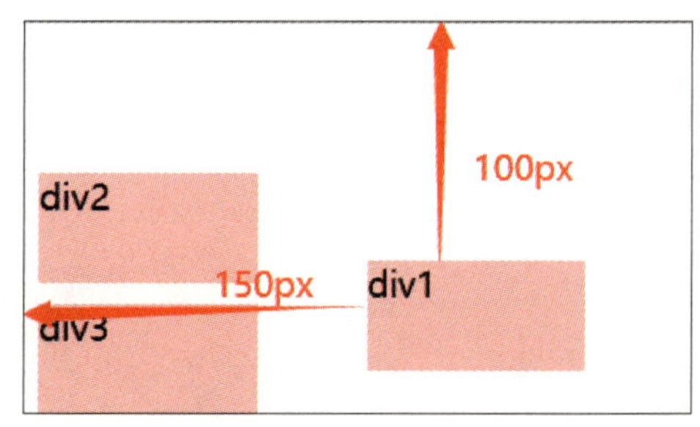

图 5-2-11 相对定位效果

（3）绝对定位

当用于定位的元素的 position 属性值为 absolute 时，称此定位模式为绝对定位。绝对定位是将元素依据最近的已经定位（绝对定位、固定定位或相对定位）的父元素进行定位，若所有元素都没有定位，则依据根元素 body（浏览器窗口）进行定位。

下面通过一个案例来演示对元素设置绝对定位的用法，代码如图 5-2-12 所示。

```
<!DOCTYPE html>
<html>
    <head>
        <meta charset="UTF-8">
        <title></title>
        <style type="text/css">
            .father{
                margin: 0 auto;
                width: 300px;
                height: 200px;
                background: yellow;
                position: relative;
                left: 0px;
                top: 0px;
            }
            .div1,.div2,.div3{
                width: 100px;
                height: 50px;
                background: pink;
                margin-bottom: 10px;
            }
            .div1{
                position: absolute;
                left: 150px;
                top: 100px;
            }
        </style>
    </head>
    <body>
        <div class="father">
            <div class="div1">
                div1
            </div>
            <div class="div2">
                div2
            </div>
            <div class="div3">
```

```
                div3
            </div>
        </div>
    </body>
</html>
```

图 5-2-12 绝对定位代码

在图 5-2-12 中，对父盒子设置相对定位模式，对子盒子 div1 设置绝对定位模式，并通过边偏移属性 left 和 top 改变它的位置，如图 5-2-12 中的第 22 ～ 26 行代码所示。运行图 5-2-12 中的代码，效果如图 5-2-13 所示。

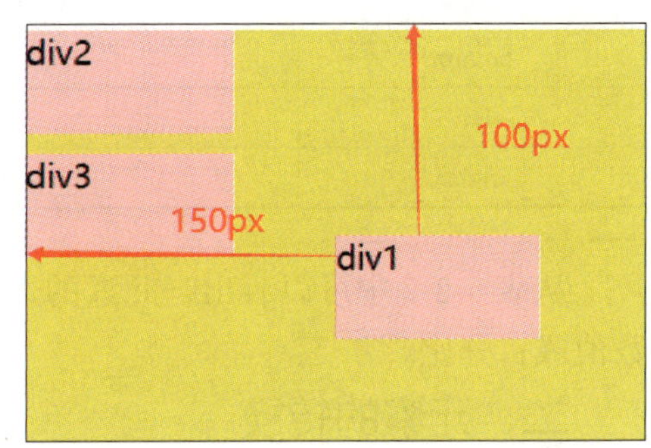

图 5-2-13 绝对定位效果 1

在图 5-2-13 中，设置为绝对定位的元素 div1 以其父盒子作为基准进行绝对定位。并且这时 div2 占据了 div1 的位置，说明 div1 此时已经脱离了标准文档流的控制，不再占据标准文档流中的空间。此时，无论如何拖拽浏览器窗口，div1 相对父盒子的位置都不会变化。

如果父盒子未进行相对定位，则 div1 将以浏览器作为基准进行绝对定位，在删除图 5-2-12 中第 12 ～ 14 行代码后，效果如图 5-2-14 所示。

图 5-2-14 绝对定位效果 2

在图 5-2-14 中，div1 相对浏览器窗口进行了绝对定位。改变浏览器窗口的位置和大小时，div1 相对浏览器的位置不会变化。

（4）固定定位

当网页元素的 position 属性值为 fixed 时，称此定位模式为固定定位。固定定位的元素特性如下。

1）固定定位是相对于“当前浏览器窗口”来进行的定位。

2）固定定位元素不再占空间，层级要高于普通元素，跟“浮动”很像。

3）行内元素使用 fixed 定位，将转成“块元素”。

4）如果只指定了 fixed 定位属性，并没有设置偏移量，则“原地不动”。

2. 边偏移

定位模式仅用于定义元素以哪种方式定位，并不能确定元素的具体位置。在 CSS 中，通过边偏移属性 top、bottom、left 或 right 来精确定义定位元素的位置，具体见表 5-2-2。

表 5-2-2 边偏移属性及描述

属性	描述
top	顶端偏移量，定义元素相对于其父元素上边线的距离
bottom	底部偏移量，定义元素相对于其父元素下边线的距离
left	左侧偏移量，定义元素相对于其父元素左边线的距离
right	右侧偏移量，定义元素相对于其父元素右边线的距离

从表 5-2-2 中可以看出，元素的边偏移属性分为四类，边偏移属性的取值为不同单位的数值或百分比。

二、元素的转换

html 中的网页元素被定义成不同的类型，大致分为块元素和行内元素两大类，也称块标签和行内标签。通过学习它们的特性，可以为使用 CSS 设置样式和布局打下基础。

1. 块元素

块元素在页面中以区域块的形式出现，其特点有：独自占据一整行或多行；可对其设置宽度、高度、对齐等属性；可以容纳行内元素和其他块元素。

常见的块元素有 h1 ～ h6、p、div、ul、ol、li 等，其中 div 标签是最典型的块元素。

2. 行内元素

行内元素也称内联元素或内嵌元素，其特点有：和其他行内元素都在同一行上显示，不会独自换行；宽度就是它的文字或图片的宽度，默认不可改变；设置高度 height 无效，可以通过 line-height 来设置；设置 margin 只有左右 margin 有效，上下无效；设置 padding 只有左右 padding 有效，上下无效；只能容纳文本或者其他行内元素。

常见的行内元素有 strong、b、em、i、del、s、ins、u、a、span 等，其中 span 标签是最典型的行内元素。

在具体使用时，可根据需要，通过 display 属性实现块元素与行内元素之间的转换。display 的属性值及含义见表 5-2-3。

表 5-2-3 display 的属性值及含义

属性值	含义
inline	网页元素将显示为行内元素（行内元素默认的 display 属性值）
block	网页元素将显示为块元素（块元素默认的 display 属性值）

下面通过一个案例来进一步学习块元素和行内元素，代码如图 5-2-15 所示。

```
<!DOCTYPE html>
<html>
    <head>
        <meta charset="utf-8">
        <title></title>
        <style type="text/css">
            #span1{
                width: 100px;
                height: 50px;
                border: 1px solid blue;
            }
            #span2
            {
                border: 1px solid blue;
            }
        </style>
    </head>
    <body>
        <span id="span1">span1</span>
        <span id="span2">span2</span>

    </body>
</html>
```

图 5-2-15　未使用元素的转换之前的代码应用

在图 5-2-15 中，先使用 <span> 定义文本，然后对它们设置边框颜色属性，设置高度和宽度属性值。

span1 span2

图 5-2-16　未使用元素的转换之前的效果

运行图 5-2-15 中的代码，效果如图 5-2-16 所示。

从图 5-2-16 中可以看出，对 id 名为 span1 的 span 标签设置的宽度和高度属性值与 id 名为 span2 的 span 标签未设置宽度和高度效果是一样的，那就说明 span1 设置的宽度和高度属性值是无用的，所以需要使用元素的转换。

接下来将 span 标签转换为块元素标签，看一看它的效果会如何变化。代码如图 5-2-17 所示。

```
<!DOCTYPE html>
<html>
    <head>
        <meta charset="utf-8">
        <title></title>
            <style type="text/css">
                #span1{
```

```
                width: 100px;
                height: 50px;
                border: 1px solid blue;
                display:block;
            }
            #span2
            {
                border: 1px solid blue;
            }
        </style>
    </head>
    <body>
        <span id="span1">span1</span>
        <span id="span2">span2</span>

    </body>
</html>
```

图 5-2-17　使用元素的转换的代码应用

在 id 名为 span1 的 span 标签里面加了“display:block;”，该属性值使 span 标签转换成块元素标签。保存 html 文件，刷新网页，效果如图 5-2-18 所示。

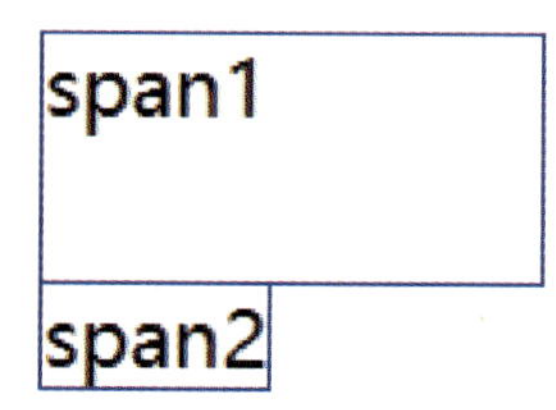

图 5-2-18　使用元素的转换的效果

这时可以发现使用了元素转换属性的 span 标签的高度和宽度发生了改变。如果使用的是行内元素标签并且相对这个标签的宽、高属性进行设置的话，那么就要使用元素的转换属性，将它转换成块级元素。

思考与练习

一、选择题

1. absolute 表示（　　）定位。

A. 静态　　B. 相对

C. 绝对　　D. 固定

2.（　　）定位表示相对于浏览器窗口进行定位。

A. 固定　　B. 相对

C. 绝对　　D. 静态

3.（　　）定位表示相对于其上一个已经定位的父元素进行定位。

A. 静态　　B. 绝对

C. 相对　　D. 固定

4.（　　）定位表示相对于其原文档流中的位置进行定位。

A. 静态　　B. 绝对

C. 固定　　D. 相对

5. 下列元素中，（　　）标签不是行内元素。

A. div　　B. span

C. b　　D. i

6. 下列关于块元素叙述错误的是（　　）。

A. 独自占据一整行或多行

B. 可对其设置宽度、高度、对齐等属性

C. 可以容纳行内元素和其他块元素

D. 块元素不能转换为行内元素

7. 将块元素转换为行内元素的 display 属性值是（　　）。

A. inline　　B. block

C. none　　D. 以上都不对

8. 下列关于元素叙述错误的是（　　）。

A. 元素是可以互相转换的

B. 行内元素可以是块元素的子元素

C. 块级元素可以设置宽和高

D. 行内元素可以直接设置宽和高

二、判断题

1. 绝对定位是将元素依据最近的已经定位的父元素进行定位的。（　　）
2. 固定定位不能相对于“当前浏览器窗口”进行定位。（　　）
3. div 是行内元素。（　　）
4. inline 可以将行内元素转换为块元素。（　　）
5. 行内元素会集成父级块元素的样式。（　　）

三、操作题

1. 使用相对定位和绝对定位实现图 5-2-19 所示夏日商品促销网页的盒子模型布局与元素定位，并使用 CSS 基本属性完善该网页。

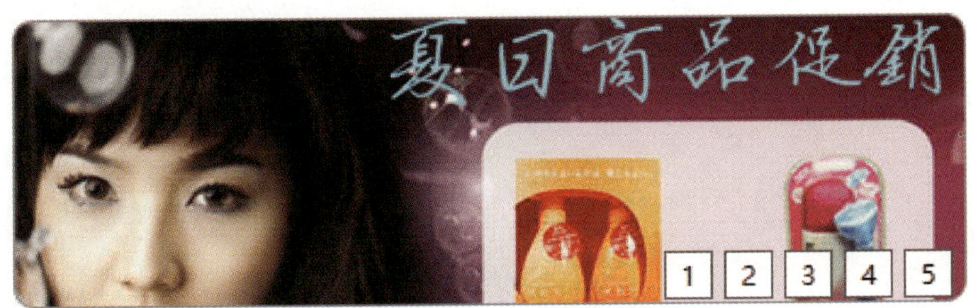

图 5-2-19　夏日商品促销网页

2. 使用行内元素与块元素的转换完成图 5-2-20 中所示网页布局效果。

图 5-2-20　网页布局

项目六　页面导航

任务 1　制作网站导航列表

学习目标

- 熟练掌握超链接伪类的使用技巧。

任务导入

在网页设计中使用到超链接 a 标签时，为了提高用户体验满意度，经常需要为超链接标签制作不同的展示效果。为了实现不同的展示效果，要为超链接标签的单击前、单击后和光标悬停三种状态设置不同的样式效果，此时就要用到超链接伪类。本任务使用列表标签、超链接标签及浮动样式完成网站导航列表的布局，使用超链接伪类实现光标悬停在网站导航项时的变化效果，实现网站导航列表效果如图 6-1-1 所示。

首页	新闻	联系	关于

图 6-1-1　网站导航列表效果

任务实施

步骤一：

定义一个 <ul></ul> 无序列表，并使其包含四个 <li></li> 列表项，同时每个列表项中包含一对超链接 <a></a>。在大多数网页中，导航列表的导航项都具有跳转到其他网页的功能，所以导航列表要使用超链接 a 标签完成，导航列表代码如图 6-1-2 所示。

```
<ul>
    <li>
        <a href="#"> 首页 </a>
```

```
    </li>
    <li>
        <a href="#">新闻</a>
    </li>
    <li>
        <a href="#">联系</a>
    </li>
    <li>
        <a href="#">关于</a>
    </li>
</ul>
```

图 6-1-2　导航列表代码

运行图 6-1-2 中的代码，效果如图 6-1-3 所示。

- 首页
- 新闻
- 联系
- 关于

图 6-1-3　导航列表初始效果

步骤二：

根据对目标效果的分析，去掉列表原有默认样式，同时把列表项设置为向左浮动，使其横向排列，样式代码如图 6-1-4 所示。

```
ul{
            list-style: none;   /*清除列表原有的默认样式*/
            }
            ul li{
            float: left;   /*所有的列表项向左浮动*/
            }
```

图 6-1-4　样式代码

运行效果如图 6-1-5 所示。

首页新闻联系关于

图 6-1-5　浮动后效果

图 6-1-5 已初步完成导航列表的布局，但是超链接 a 标签所自带的样式需要改变。这里需要应用超链接伪类，在 CSS 中可以用 a 选择器来设置 a 标签的常态样式。当鼠标光标悬停

在 a 标签上时使用“a:hover”伪类选择器来设置此时的样式。

步骤三：

将 a 标签常态背景色设置为蓝色，当鼠标光标悬停在其上时将背景色设置为红色。这样当鼠标光标悬停在某一列表项上的时候，该项的背景色就会从蓝色变成红色。这里需要注意 a 标签默认为行级标签，无法设置宽度和高度属性，必须将其设置成块级标签，才能设置宽度和高度。样式代码如图 6-1-6 所示。

```
ul li a{
    width: 200px;
    height: 35px;
    line-height: 35px;
    text-align: center;
    display: inline-block;  /*改变 a 为块级元素，宽、高生效*/
    background-color: blue;  /*默认情况下背景为蓝色*/
    color: white;
    font-weight: bold;
    font-size: 18px;
    text-decoration: none;
}
ul li a:hover{
    background-color: red;  /*光标悬停时改变背景色*/
}
```

图 6-1-6　样式代码

设置悬停样式的网站导航列表效果如图 6-1-1 所示。

相关知识

超链接伪类并不是真正意义上的类。它的名称是由系统定义的，通常由标签名、类名或 id 名加上冒号“:”构成。超链接 a 标签的伪类有四种，具体见表 6-1-1。

表 6-1-1　　超链接 a 标签的伪类及含义

伪类	含义
a:link{CSS 样式规则}	未访问时超链接的状态
a:visited{CSS 样式规则}	访问后超链接的状态
a:hover{CSS 样式规则}	鼠标光标经过、悬停时超链接的状态
a:active{CSS 样式规则}	用鼠标单击不放开时超链接的状态

表 6-1-1 中列出了超链接 a 标签的四种伪类，分别用于定义访问前、访问后、鼠标光标悬停时及用鼠标单击不放开时。

在实际编写代码时，通常只使用“a:link”“a:visited”和“a:hover”定义访问前、访问后和鼠标光标悬停时的样式，且通常对“a:link”和“a:visited”应用相同的样式，使得访问前和访问后的超链接标签样式保持一致。

思考与练习

一、选择题

1. 下列超链接伪类中，（　　）用于设置未访问时超链接的状态。

A. link　　B. visited

C. active　　D. hover

2. 下列超链接伪类中，（　　）用于设置访问后超链接的状态。

A. link　　B. visited

C. active　　D. hover

3. 下列超链接伪类中，（　　）用于设置鼠标光标经过、悬停时超链接的状态。

A. link　　B. visited

C. active　　D. hover

4. 下列超链接伪类中，（　　）用于设置用鼠标单击不放开时超链接的状态。

A. link　　B. visited

C. active　　D. hover

5. 下列关于超链接的叙述错误的是（　　）。

A. 可以链接到一个网址

B. 可以链接文件

C. 可以链接到一个 e-mail

D. 不能链接到当前网页中的一个特定位置

二、判断题

1. 伪类只能作用于超链接。（　　）

2. 使用伪类能有效提升用户体验。（　　）

3. 伪类在网页制作中使用得更频繁。（　　）

三、操作题

1. 使用 CSS 伪类实现图 6-1-7 所示的当光标悬停时改变字体颜色的效果。

2. 使用 CSS 伪类实现图 6-1-8 所示光标悬停时添加下画线的效果。

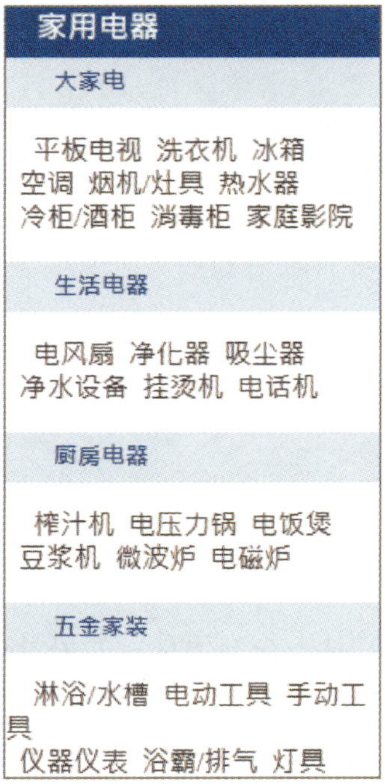

家用电器

大家电

平板电视 洗衣机 冰箱
空调 烟机/灶具 热水器
冷柜/酒柜 消毒柜 家庭影院

生活电器

电风扇 净化器 吸尘器
净水设备 挂烫机 电话机

厨房电器

榨汁机 电压力锅 电饭煲
豆浆机 微波炉 电磁炉

五金家装

淋浴/水槽 电动工具 手动工
具
仪器仪表 浴霸/排气 灯具

图 6-1-7　家用电器效果图

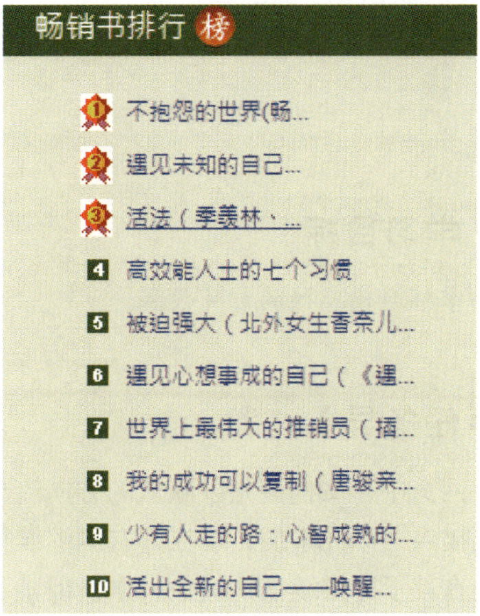

畅销书排行榜

1 不抱怨的世界(畅...
2 遇见未知的自己...
3 活法（季羡林、...
4 高效能人士的七个习惯
5 被迫强大（北外女生香奈儿...
6 遇见心想事成的自己（《遇...
7 世界上最伟大的推销员（插...
8 我的成功可以复制（唐骏亲...
9 少有人走的路：心智成熟的...
10 活出全新的自己——唤醒...

图 6-1-8　畅销书排行榜效果图

任务 2　制作网站主导航栏

学习目标

- 掌握浮动属性的相关设置。

任务导入

在网页中，文档流是以默认的方向流动的，即从上到下、从左往右流动。如果是行内元素，当插入一个元素后，可在其右侧继续插入其他元素。对于块元素而言，当插入一个元素后，会在其下方继续插入其他元素。但是，通常采用这种默认的文档流搭建的结构看起来死板、不美观，达不到网页设计者预期的效果。通过浮动属性的相关设置，设计者可以针对网页进行更加多样化的布局。本任务使用浮动属性制作缤购乐食电子商务网站主导航栏，效果如图 6-2-1 所示。

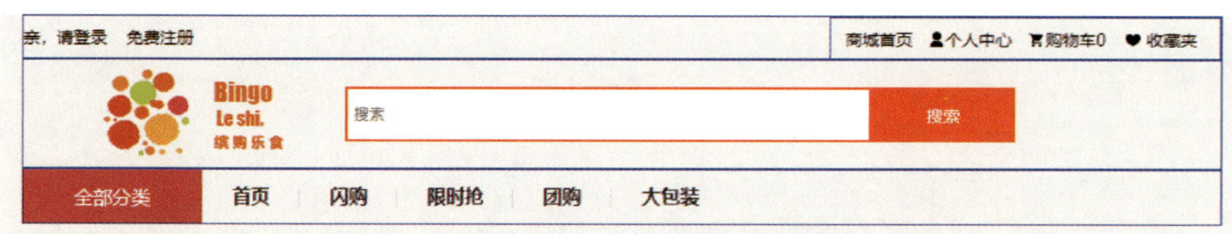

图 6-2-1　缤购乐食电子商务网站主导航栏效果

任务实施

步骤一：

在 body 标签中创建一个顶部盒子 div，命名为“index-header”。然后在顶端盒子里面创建两个子盒子 div，一个命名为“header-left”，另一个命名为“header-right”。最后分别为它们加入相应的文字内容，代码如图 6-2-2 所示。

```
<div class="index-header">
    <div class="header-left">
        <a href="#">亲，请登录</a>
          
```

```
        <a href="#">免费注册</a>
    </div>
    <div class="header-right">
        <ul>
            <li>
                <a href="#">商城首页</a>
            </li>
            <li id="h-person">
                <a href="#">个人中心</a>
            </li>
            <li id="h-shopcart">
                <a href="#">购物车 0</a>
            </li>
            <li id="h-love">
                <a href="#">收藏夹</a>
            </li>
        </ul>
    </div>
</div>
```

图 6-2-2 创建顶部盒子代码

步骤二：

使用 CSS 代码设置顶部盒子样式。要注意的是，要让某标签中的内容水平居中，一般使用“text-align：center;”来实现。要让某标签中的内容垂直居中，一般通过设置高度 height 的值与行高 line-height 的值相同来实现，CSS 代码如图 6-2-3 所示。

```
<style>
    *{
        margin: 0px;  /*初始化标签外边距为 0*/
        padding: 0px;  /*初始化标签内边距为 0*/
    }
    body{
        background-color: #f5f5f5;  /*设置网页背景色*/
        font-size: 14px;
    }
    .index-header{
        width: 1000px;
        height: 35px;
        line-height: 35px;
        margin: 0px auto;  /*设置网页居中*/
        border:1px solid blue;
    }
```

```
    .header-left{
        float: left;  /*向左浮动*/
    }
    .header-right{
        float: right;  /*向右浮动*/
        border:1px solid blue;
        height: 35px;
        line-height: 35px;
    }
    .index-header a{
        text-decoration: none;  /*去掉下画线*/
        color: #000000;
    }
    .header-right ul{
        list-style: none;  /*去掉列表自带样式*/
    }
    .header-right ul li{
        float: left;  /*向左浮动*/
        width: 80px;
        height: 35px;
        line-height: 35px;
        text-align: center;
    }
    #h-person{
            background: url(img/icon-person.png) left center no-repeat;  /*设
置icon图片位置*/
            padding-left: 3px;
        }
        #h-shopcart{
            background: url(img/icon-shopcart.png) left center no-repeat;
/*设置icon图片位置*/
            padding-left: 1px;
        }
        #h-love{
            background: url(img/icon-love.png) left center no-repeat;  /*设
置icon图片位置*/
            padding-left: 0px;
        }
    </style>
```

图 6-2-3　设置顶部盒子样式代码

这里再次解释一下 background 属性后面值的含义，url 用来设置图片路径，left 表示 *X* 方向（水平方向）居左，center 表示 *Y* 方向（垂直方向）居中，no-repeat 表示背景图片不重复显示。网页顶部导航栏的完整效果如图 6-2-4 所示。

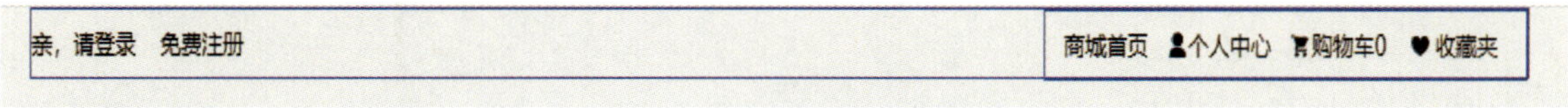

亲，请登录 免费注册 商城首页 个人中心 购物车0 收藏夹

图 6-2-4 网页顶部导航栏的完整效果

步骤三：

接下来制作搜索框图片部分。先将整个悬浮搜索框命名为“ index-search”，搜索框左边放置一张 logo 图片，实现方式为：创建一个 div 盒子，命名为“ index-logo”，里面包含一个 img 标签，把事先准备好的 logo 图片通过 src 属性导入。代码如图 6-2-5 所示。

```
<!-- 悬浮搜索框 -->
<div class="index-search">
    <div class="index-logo">
        <img src="./img/logobig.png"/>
    </div>
</div>
```

图 6-2-5 放置 logo 代码

步骤四：

使用 CSS 代码设置 logo 样式，整个搜索框区域的宽度仍然是 1 000 像素，高度设置为 90 像素，将装 logo 图片的盒子宽度设置为 200 像素，高度设置为 90 像素，距离左侧外边距 50 像素。CSS 代码如图 6-2-6 所示。

```
.index-search{
    width: 1000px;
    height: 90px;
    line-height: 90px;
    margin: 0px auto;  /* 设置网页居中 */
    border:1px solid blue;
}
.index-logo{
    width: 200px;
    height: 90px;
    margin-left: 50px;
    float: left;
}
#searchInput{
    float: left;  /* 左浮动 */
    width:430px;
    height:42px;
```

```
    border:2px solid #F03726;
    padding-left: 5px;
    margin-top: 22px;
    margin-left: 20px;
}
#searchBtn{
    float: left;  /*左浮动*/
    width:120px;
    height:46px;
    border:none;  /*无边框*/
    margin-top: 22px;
    background-color: #F03726;
    color: #F5F5F2;
    font-size: 14px;
    cursor:pointer;  /*鼠标指针悬停时变为手形*/
}
```

图 6-2-6　设置 logo 样式代码

运行图 6-2-6 中的代码，效果如图 6-2-7 所示。

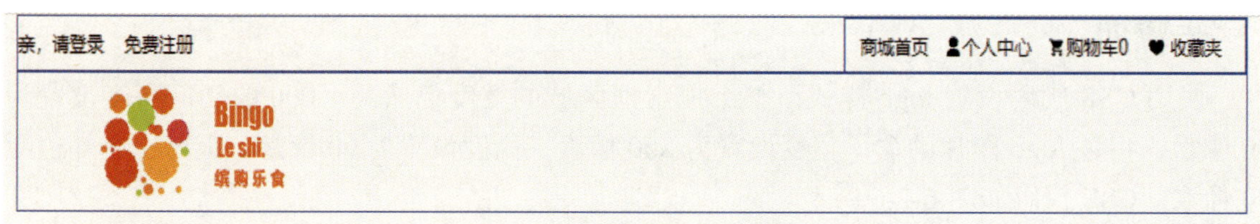

图 6-2-7　设置 logo 效果图

步骤五：

在悬浮搜索框“index-search”里创建包含搜索框和按钮的盒子，命名为“search-bar”，在盒子里面套一个 form 表单。form 表单中包含两个 input 表单控件，一个作为文本搜索框，另一个作为按钮。input 标签里面的 placeholder 属性是用来设置提示语的，可以将提示语设置为 placeholder 的属性值，具体代码如图 6-2-8 所示。

```
<div class="search-bar">
    <form method="get" action="#">
        <input id="searchInput" type="text" placeholder="搜索">
        <input id="searchBtn" value="搜索" type="submit">
    </form>
</div>
```

图 6-2-8　创建包含搜索框和按钮的盒子代码

使用 CSS 代码设置搜索框和按钮样式，如图 6-2-9 所示。

```
#searchInput{
    float: left;    /* 左浮动 */
    width:430px;
    height:42px;
    border:2px solid #F03726;
    padding-left: 5px;
    margin-top: 22px;
    margin-left: 20px;
}
#searchBtn{
    float: left;    /* 左浮动 */
    width:120px;
    height:46px;
    border:none;    /* 无边框 */
    margin-top: 22px;
    background-color: #F03726;
    color: #F5F5F2;
    font-size: 14px;
    cursor:pointer;    /* 光标悬停时鼠标指针变为手形 */
}
```

图 6-2-9　设置搜索框和按钮样式代码

运行图 6-2-9 中的代码，悬浮搜索框效果如图 6-2-10 所示。

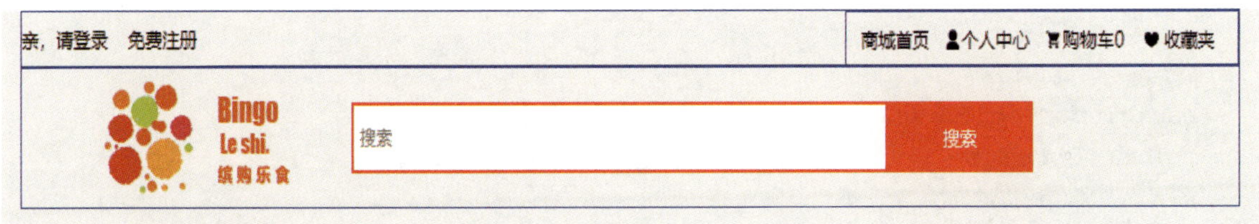

图 6-2-10　悬浮搜索框效果

步骤六：

接下来制作主导航栏，设置主导航栏大盒子 div 的名称为“ index-nav”。它里面包含一个大盒子 div 和一个子 ul 无序列表，主导航栏的布局主要由 ul 无序列表来实现。html 代码如图 6-2-11 所示。

```
<!-- 页面主导航栏 -->
<div class="index-nav">
    <div class="all-sort">
        全部分类
```

```
    </div>
    <ul>
        <li class="index"><a href="#">首页</a></li>
        <li class="qc"><a href="#">闪购</a></li>
        <li class="qc"><a href="#">限时抢</a></li>
        <li class="qc"><a href="#">团购</a></li>
        <li class="qc last"><a href="#">大包装</a></li>
    </ul>
</div>
```

图 6-2-11 创建主导航栏盒子

步骤七：

用 CSS 代码设置主导航栏样式。“ index-nav ”宽度还是设置为 1 000 像素，高度为 45 像素，“全部分类”宽度设置为 150 像素。因为位于最左侧的“首页”的左边没有竖线，所以把除“首页”外的 li 列表项都设置了一个相同的类名“ qc”，以方便统一设置竖线分隔线，竖线使用“ ::before”伪类来实现，优点是无须在 html 中增加任何附加标签。代码如图 6-2-12 所示。

```
.index-nav{
    width: 1000px;
    height: 45px;
    line-height: 45px;
    margin: 0px auto;  /*设置网页居中*/
    border:1px solid blue;
}
.all-sort{
    background-color:#d2364c;
    color:#fff;
    width:150px;
    height: 45px;
    line-height: 45px;
    text-align: center;
    font-size:16px;
    float: left;  /*左浮动*/
}
.index-nav ul{
    list-style: none;
}
.index-nav ul li{
    float: left;  /*左浮动*/
}
```

```
.index-nav ul li a{
    font-size: 16px;
    color: #333;
    line-height: 36px;
    font-weight: 700;
    padding: 0 25px;
    text-decoration: none;
}
.qc::before{
    content: '';  /* 设置内容为空 */
    display: inline-block;
    width: 0;
    height: 16px;
    border-right: 1px solid #d9d9d9;  /* 设置一条高度为 16px 的线 */
    vertical-align: middle;
    margin-left: -1px;
}
```

图 6-2-12　设置主导航栏样式代码

运行图 6-2-12 中的代码，效果如图 6-2-1 所示。

在 CSS 中，通过 float 属性来定义浮动。所谓元素的浮动是指设置了浮动属性的元素会脱离标准文档流的控制，移动到其父元素中的指定位置。其基本语法格式如下。

```
选择器 {float: 属性值 ;}
```

常用 float 属性值的含义如下。

left：对象居左浮动，文本流向对象的右侧。

right：对象居右浮动，文本流向对象的左侧。

none：对象不浮动，该值为默认值。

下面通过一个案例来学习 float 属性的用法，代码如图 6-2-13 所示。

```
<!DOCTYPE html>
<html>
    <head>
        <meta charset="utf-8">
        <title></title>
        <style type="text/css">
            .one{
```

```
            width: 100px;
            height: 100px;
            background: pink;
            /* float: left; */
        }
        .two{
            width: 150px;
            height: 150px;
            background: red;
            /* float: left; */
        }
        .three{
            width: 200px;
            height: 200px;
            background: blue;
            /* float: left; */
        }
    </style>
  </head>
  <body>
    <div class="one">

    </div>
    <div class="two">

    </div>
    <div class="three">

    </div>
  </body>
</html>
```

图 6-2-13 浮动代码

在图 6-2-13 中，分别为三个 div 盒子设置了不同的宽、高和背景颜色。

运行图 6-2-13 中的代码，效果如图 6-2-14 所示。

图 6-2-14 所示为未添加浮动属性前的布局样式，三个盒子依次由上到下排列，符合标准文档流的布局效果。接下来修改第一个盒子的浮动属性值，为其设置左浮动样式，具体代码如下。

```
float: left;
```

保存 html 文件后，刷新页面，第一个盒子浮动效果如图 6-2-15 所示。

图 6-2-14　浮动的应用

图 6-2-15　第一个盒子浮动效果

从图 6-2-15 中可以看出，由于为第一个盒子设置了左浮动样式，所以其脱离了标准文档流，其后的元素会自动向上浮动，直到上边缘与父元素顶部重合。

接下来，修改第二个盒子的浮动属性值，为其添加左浮动样式。具体代码如下。

```
float: left;
```

保存 html 文件后，刷新页面，第二个盒子浮动效果如图 6-2-16 所示。

从 6-2-16 中可以看出，第二个浮动的盒子排列到了第一个盒子的右侧，与第一个盒子在同一行显示，且都脱离了标准文档流。此时第三个盒子自动向上浮动，直到上边缘与父元素顶部重合。

接下来修改第三个盒子的浮动属性值，为其添加左浮动样式，具体代码如下。

```
float: left;
```

保存 html 文件后，刷新页面，第三个盒子浮动效果如图 6-2-17 所示。

图 6-2-16　第二个盒子浮动效果

图 6-2-17　第三个盒子浮动效果

在图 6-2-17 中，三个盒子最终在同一行显示，且依次从左向右排列，均脱离了标准文档流从上到下的排列方式。

思考与练习

一、选择题

1. 下列常用 float 属性值中（　　）用来设置右浮动。

A. left　　　　B. right

C. none　　　　D. 以上都不对

2. 下列用来设置元素浮动的是（　　）。

A. position　　　　B. float

C. text-align　　　　D. margin

3. 常用 float 属性值的默认值是（　　）。

A. left　　　　B. right

C. none　　　　D. height

4. 常用 float 属性值中 left 表示（　　）。

A. 对象居左浮动　　　　B. 对象居右浮动

C. 不浮动　　　　D. 以上都不对

5. 浮动在网页中可以用（　　）次。

A. 1　　　　B. 2

C. 10　　　　D. 不限

二、判断题

1. 文档流是以默认的方向，即从上到下、从左往右流动的。（　　）

2. 浮动不能改变文档流的方向。（　　）

3. 在 CSS 中，通过 float 属性来定义浮动。（　　）

三、操作题

1. 使用 float 属性实现图 6-2-18 所示页面布局。

2. 使用 float 属性实现图 6-2-19 所示页面布局。

最新上架

且以永日（安妮宝贝首...
作者：安妮宝贝 著
出版社：长江文艺出版社
出版时间：2013年08月
定价：￥36.00
当当价：￥24.80

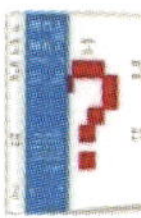

所有人问所有人（韩寒...
作者：韩寒 监制，「一个」工...
出版社：湖南人民出版社
出版时间：2013年08月
定价：￥36.00
当当价：￥21.60

因为有你，所以参差：...
作者：王森 著
出版社：中信出版社
出版时间：2013年08月
定价：￥38.00
当当价：￥27.40

《薄荷日记》（2013夏...
作者：杨昌溢 著
出版社：中国民族摄影艺术出...
出版时间：2013年09月
定价：￥48.00
当当价：￥34.60

我很怕，但我还有勇气...
作者：王伟忠 著
出版社：人民文学出版社
出版时间：2013年08月
定价：￥32.00
当当价：￥21.30

瓦尔登湖（159年来最好...
作者：[美] 亨利·戴维·梭罗...
出版社：天津人民出版社
出版时间：2013年08月
定价：￥39.80
当当价：￥29.90

图 6-2-18　当当网最新上架图书效果图

名人名言

分享名人名言，开始一段触动心灵的智慧之旅跳到内容

登录	关于	名人名言	英文名言(English)	心理杂志	心理书籍	专题活动	发表

图 6-2-19　名人名言效果图

项目七　列表样式控制

任务 1　制作轮播图

学习目标

- 掌握 transform 属性的设置。

任务导入

CSS 3 中提供了 transform 和 transform-origin 两个用于实现 2D 变换的属性。其中 transform 属性用于实现平移、缩放、旋转和倾斜等 2D 变换，而 transform-origin 属性则用于设置变换的中心点。本任务将使用 transform 属性来实现轮播图及其指示器的定位，进而完成缤购乐食电子商务网站首页制作。完成效果如图 7-1-1 所示。

图 7-1-1　缤购乐食电子商务网站首页效果

任务实施

步骤一：

将全部内容设为 div，取名为“ banner-nav”。盒子的宽度与浏览器同宽，设置为 100%，高度为 455 像素。盒子里面包含一个轮播图无序列表 ul，还包含一个居中显示的盒子 div，取名为“nav-center”。具体代码如图 7-1-2 所示。

```
<!-- 侧分类导航栏和轮播区 -->
<div class="banner-nav">
    <ul>
        <li class="banner1">
            <a href="#"><img src="img/ad4.jpg"/></a>
        </li>
    </ul>
    <div class="nav-center">
    </div>
</div>
```

图 7-1-2 banner-nav 代码

接下来将盒子放置在父元素正中间的位置，这其中使用了一个定位技巧，就是先通过“left:50%”把盒子定位到父元素的中间位置，然后再通过平移代码“transform:translate(-50%)”将 .banner-nav 向相反的方向平移 50%，这样就可以让盒子居于父元素的正中间的位置。设置的 CSS 代码如图 7-1-3 所示。

```
.banner-nav{
    position: relative;
    width: 100%;
    height: 455px;
    text-align: center;
}
.banner1{
    background-color: #FF9801;
    border-top:2px solid #d2364c;
    padding-left: 300px;  /*将图片右移 300 像素*/
}
.nav-center{
    width: 1000px;
    height: 450px;
    border: 1px solid blue;
    position: absolute;
    top: 0;  /*距离父元素上部 0 像素位置*/
    left: 50%;  /*向右定位到父元素的一半位置*/
    transform: translate(-50%);  /*将 banner-nav 向反方向平移自己的一半，保持居中
显示*/
}
```

图 7-1-3 CSS 代码

运行图 7-1-3 中的代码，效果如图 7-1-4 所示。

图 7-1-4　轮播区效果图 1

步骤二：

在中间区域设置轮播图圆点指示器。这里设计 6 个圆点，一般情况下，一个元素默认占据一个长方形的空间。要想把这个元素变为圆形，首先这个元素必须是正方形，也就是宽度和高度要相等且为 10 像素。然后要设置一个属性 border-radius，当这个属性值大于或等于正方形边长的一半时，这个元素的形状就变成了圆形。具体代码如图 7-1-5 所示。

```
<div class="nav-center">
<!-- 小圆点 -->
<div class="circle">
    <i class="current"></i>
    <i></i>
    <i></i>
    <i></i>
    <i></i>
    <i></i>
</div>
</div>
```

图 7-1-5　nav-center 代码

设置的 CSS 代码如图 7-1-6 所示。

```
.circle {
    width: 176px;
    height: 20px;
    position: absolute;
    left: 50%;  /* 向右定位到父元素的一半位置 */
    bottom: 15px;  /* 距离父元素下部 15 个像素位置 */
    transform: translate(-50%);  /* 将 .circle 向反方向平移自己的一半，保证居中 */
}
.circle i {
```

```
    display: inline-block;
    width: 10px;
    height: 10px;
    background: rgba(76, 45, 0, 0.4);   /* 设置背景颜色带透明度 */
    margin: 0 5px;
    border-radius: 6px;   /* 设置圆角半径为 6 像素，把 i 标签变为圆形 */
    cursor: pointer;   /* 光标悬停时变为手形 */
}
.circle .current{
    background: rgba(14, 143, 209, 0.9);   /* 设置背景颜色带透明度 */
}
```

图 7-1-6　CSS 代码

在进行具体编码时，有三种方式可以表示颜色：一是用颜色的英文单词，如 white 表示白色；二是用十六进制，如 #FFFFFF 表示白色；三是用 RGB 表示法，如（255，255，255）表示白色。

编码完成后，效果如图 7-1-1 所示。

相关知识

一、transform 属性

在 CSS 3 中，可以利用 transform 属性来实现文字或图像的旋转、缩放、倾斜、移动这四种类型的变化处理。transform 属性的基本语法格式如下。

```
transform:none|transform-functions;
```

transform 的属性值 / 函数及其说明见表 7-1-1。

表 7-1-1　transform 的属性值 / 函数及其说明

属性值 / 函数	说明
none	表示无变换
translate（*x*，*y*）	表示进行 2D 平移。第一个参数对应 *X* 轴，第二个参数对应 *Y* 轴。如果第二个参数未提供，则默认值为 0
translateX（*x*）	表示在 *X* 轴（水平方向）上平移，参数 *x* 表示移动的距离
translateY（*y*）	表示在 *Y* 轴（垂直方向）上平移，参数 *y* 表示移动的距离
scaleX（*x*）	表示在 *X* 轴上进行缩放
scaleY（*y*）	表示在 *Y* 轴上进行缩放
scale（*x*，*y*）	表示进行 2D 缩放。第一个参数对应 *X* 轴（水平方向），第二个参数对应 *Y* 轴（垂直方向）。如果第二个参数未提供，则默认取第一个参数的值
skew（*x*-angle，*y*-angle）	表示进行 2D 倾斜。第一个参数对应 *X* 轴，第二个参数对应 *Y* 轴。如果第二个参数未提供，则默认值为 0

续表

属性值 / 函数	说明
skewX（*angle*）	表示在 *X* 轴上进行倾斜
skewY（*angle*）	表示在 *Y* 轴上进行倾斜
rotate（*angle*）	表示进行 2D 旋转，参数 *angle* 用于指定旋转的角度
matrix（*n*，*n*，*n*，*n*，*n*，*n*）	代表一个基于矩阵变换的函数。它以一个包含 6 个值的变换矩阵的形式指定一个 2D 变换，相当于直接应用一个 6 个值的变换矩阵。也就是基于 *X* 轴（水平方向）和 *Y* 轴（垂直方向）重新定位元素，此属性值的使用涉及数学中的矩阵

二、rotate（　）函数

应用 transform 属性的 rotate（*angle*）函数可以实现 2D 旋转。参数 *angle* 用于指定旋转的角度，其值可取正或负。正值代表顺时针旋转，负值代表逆时针旋转。在使用该函数之前，可以应用 transform-origin（设置旋转元素的基点位置）属性定义变换的中心点。

下面通过具体案例来讲解 rotate（　）函数，代码如图 7-1-7 所示。

```
<!DOCTYPE html>
<html>
    <head>
        <meta charset="utf-8">
        <title></title>
        <style type="text/css">
        .preview{
            background: url(img/hjc.png)
            no-repeat;  /* 设置背景图片，并且不重复 */
            position: absolute;  /* 设置为绝对定位 */
            top: 0px;  /* 设置顶边距 */
            left: 0px;  /* 设置左边距 */
            width: 240px;  /* 设置宽度 */
            height: 210px;  /* 设置高度 */
        }
        #rotate{
            transform:rotate(30deg);  /* 顺时针旋转 30°*/
        }
        #rotate1{
            left:300px;
            transform:rotate(-30deg);  /* 逆时针旋转 30°*/
        }
        </style>
    </head>
    <body style="margin: 0px;">
        <div id="wall"></div>
```

```
        <div class="preview" style="background-image:none;border:1px #000000 
dashed;"></div>
        <div class=" preview" id="rotate"></div>
        <div class="preview" id="rotate1"></div>
    </body>
</html>
```

图 7-1-7 rotate（ ）.html

运行图 7-1-7 中的代码，效果如图 7-1-8 所示。

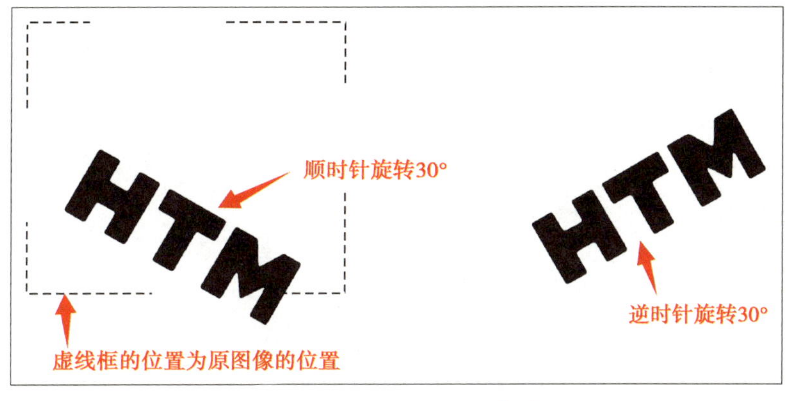

图 7-1-8 rotate（ ）函数效果

三、scale（ ）函数

应用 transform 属性的 scale（*x*，*y*）、scaleX（*x*）、scaleY（*y*）函数可以实现缩放。其中，scale（*x*，*y*）函数可以实现在 *X* 轴和 *Y* 轴上同时缩放，而后面的两个函数则用于单独实现在 *X* 轴或者 *Y* 轴上缩放。当使用 scale（*x*，*y*）函数时，如果只指定一个参数，那么在 *X* 轴和 *Y* 轴都缩放参数所指定的比例。

实现缩放的这三个函数的参数绝对值大于 1，代表放大；参数绝对值小于 1，代表缩小。当参数为负数时，对象反转。当参数为 1 时，表示不进行缩放。

下面通过一个案例来讲解 scale（ ）函数，如图 7-1-9 所示。这里应用 transform 属性的 scale（ ）函数实现在 *X* 轴和 *Y* 轴上同时缩放不同的比例（*X* 轴缩放 70%，*Y* 轴缩放 80%），以及应用 scaleX（ ）函数实现在 *X* 轴上缩放 120%。

```
<!DOCTYPE html>
<html>
    <head>
        <meta charset="utf-8">
        <title></title>
        <style type="text/css">
        .preview{
            background:url(img/html.png) no-repeat;    /*设置背景图片，并且不重复*/
```

```
            position:absolute;   /* 设置为绝对定位 */
            top:0px;   /* 设置顶边距 */
            left: 0px;   /* 设置左边距 */
            width:240px;   /* 设置宽度 */
            height:210px;   /* 设置高度 */
        }
        #xy{
            transform:scale(0.7,0.8);   /* 在 X 轴和 Y 轴上进行缩放 */
        }
        #x{
            left:300px;
            transform:scaleX(1.2);   /* 在 X 轴上进行缩放 */
        }
        </style>
    </head>
    <body style="Margin=0px;">
        <div id="wall"></div>
        <div class="preview" style="background-image:none;border:1px #000000
dashed;"></div>
        <div class=" preview" id="xy"></div>
        <div class="preview" id="x"></div>
    </body>
</html>
```

图 7-1-9　scale（　）.html

运行图 7-1-9 中的代码，效果如图 7-1-10 所示。

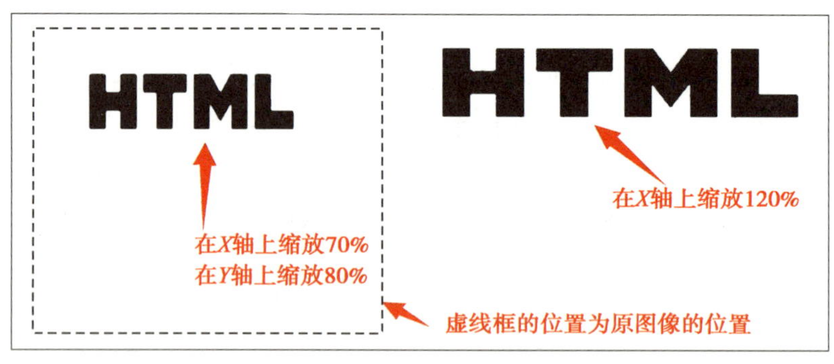

图 7-1-10　scale（　）函数效果

四、transform（　）函数

应用 transform 属性的 translate（*x*，*y*）、translateX（*x*）和 translateY（*y*）函数可以实现 2D 平移。其中，translate（*x*，*y*）函数可以实现在 *X* 轴和 *Y* 轴上同时平移，而后面的两个函数则用于单独实现在 *X* 轴或者 *Y* 轴上平移。如果将 translate（*x*，*y*）函数中的第一个参数设置为 0，那么可以实现 translateY（*y*）函数的效果；如果将第二个参数设置为 0，那么可以实现 translateX（*x*）函数的效果。

实现平移的这三个函数的参数值都是像素值，可以是正值，也可以是负值。*X* 轴参数为正值时，代表向右移动；*X* 轴参数为负值时，代表向左移动。*Y* 轴参数为正值时，代表向下移动；*Y* 轴参数为负值时，代表向上移动。

下面通过一个案例来讲解 translate（ ）函数，如图 7-1-11 所示。这里应用 transform 属性的 translate（ ）函数实现在 *X* 轴和 *Y* 轴上同时平移（*X* 轴上平移 100 像素，*Y* 轴上平移 80 像素），以及应用 translateX（ ）函数实现在 *X* 轴上平移 300 像素。

```
<!DOCTYPE html>
<html>
    <head>
        <meta charset="utf-8">
        <title></title>
        <style type="text/css">
        .preview{
            background:url(img/QQ截图20210412190459.png) no-repeat;  /*设置背景图片，并且不重复*/
            position:absolute;  /*设置为绝对定位*/
            top:0px;  /*设置顶边距*/
            left: 0px;  /*设置左边距*/
            width:240px;  /*设置宽度*/
            height:210px;  /*设置高度*/
        }
        #xy{
            transform:translate(100px,80px);  /*在X轴和Y轴上平移*/
        }
        #x
            {transform:translateX(300px);  /*在X轴上平移*/
        }
        </style>
    </head>
    <body style="margin: 0px;">
        <div id="wall"></div>
        <div class="preview" style="background-image:none;border:1px #000000 dashed;"></div>
        <div class=" preview" id="xy"></div>
        <div class="preview" id="x"></div>
    </body>
</html>
```

图 7-1-11 translate（ ）.html

运行图 7-1-11 中的代码，效果如图 7-1-12 所示。

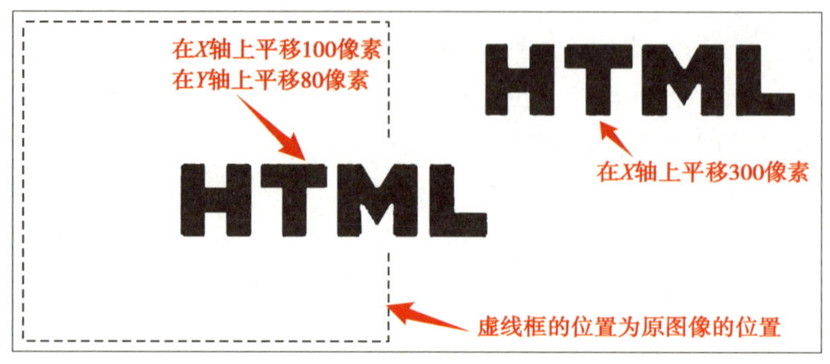

图 7-1-12　translate（　）函数效果

五、border-radius 属性

首先写一个 div，这个 div 默认占据的是一个长方形的区域，取名为“circle”。在将它变为圆形之前要确保它首先是一个正方形，所以设置它的宽度和高度相同。然后将这个正方形变成圆形，将正方形变成圆形的关键在于 border-radius 属性值的大小，若此属性值大于或等于边长的一半，则该 div 将变成一个圆形形状；若此属性值小于边长的一半，则该 div 将变成一个椭圆形状。具体代码如图 7-1-13 所示。

```
<!DOCTYPE html>
<html>
    <head>
        <meta charset="utf-8">
        <title></title>
        <style>
            #circle{
                width:57px;
                height:57px;
                border-radius:50%;
                background-color:#6BDEA7;
            }
        </style>
    </head>
    <body>
        <div id="circle"><div>
    </body>
</html>
```

图 7-1-13　用 border 制作圆形的代码

运行图 7-1-13 中代码，效果如图 7-1-14 所示。

图 7-1-14　圆形效果

一、选择题

1. 在 CSS 中，transform 的属性值 tanslate 用于实现（　　）。

A. 2D 平移　　B. 缩放

C. 2D 旋转　　D. 以上都不对

2. 在 CSS 中，transform 的属性值 scale 用于实现（　　）。

A. 2D 平移　　B. 2D 缩放

C. 2D 倾斜　　D. 2D 旋转

3. 在 CSS 中，transform 的属性值 rotate 用于实现（　　）。

A. 2D 倾斜　　B. 2D 缩放

C. 2D 旋转　　D. 以上都不对

4. 在 CSS 中，transform 的属性值 skew 用于实现（　　）。

A. 2D 平移　　B. 2D 倾斜

C. 2D 旋转　　D. 2D 缩放

5. translate 中有（　　）个参数。

A. 1　　B. 2

C. 10　　D. 无限

二、判断题

1. 在 transform 的属性值中，matrix 表示旋转。（　　）

2. transform 可以实现 3D 转换。（　　）

3. rotate（　）函数的单位可以是 deg。（　　）

三、操作题

1. 利用已学的 CSS 知识，通过改变 div 标签的宽、高以及边框属性，完成图 7-1-15 所示的铜钱图形网页。

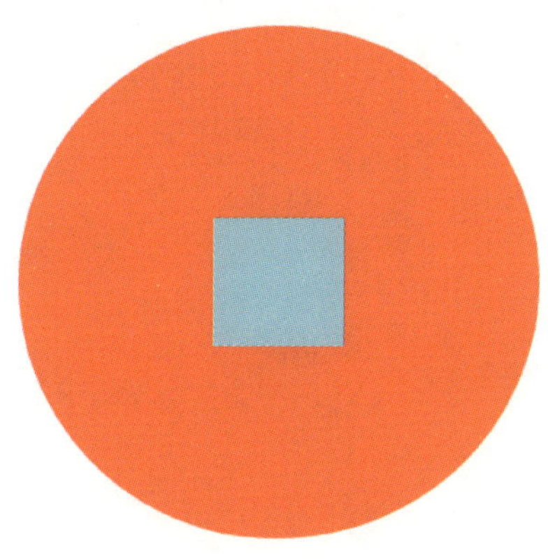

图 7-1-15　铜钱图形网页

2. 利用 CSS 3 中的 transform 函数过渡完成图 7-1-16 所示图形颜色转换（要求：div 旋转 360° 且背景颜色改变）。

图 7-1-16　图形颜色转换

任务 2　绘制 CSS 图形

学习目标

- 掌握用 CSS 绘制图形的方法。

任务导入

在网页中，CSS 图形十分常见，各式各样的 CSS 图形可以使网页的交互更加美观，从而提高用户的体验满意度。那么，CSS 图形是如何制作出来的呢？本任务将重点学习 CSS 图形的制作，并对其进行详细讲解，从而使读者达到在网页设计中灵活运用 CSS 图形的目的。下面将通过学习 CSS 图形绘制，并结合无序列表、盒子模型等知识点来继续完成缤购乐食电子商务网站首页的制作。制作完成的网页效果如图 7-2-1 所示。

图 7-2-1　缤购乐食电子商务网站首页

任务实施

步骤一：

在本项目任务 1 中已经完成了首页网页的轮播图效果，接下来完成首页中剩下的部分。根据对网页的分析，左侧导航栏中每一项包含三项内容：一张图片、一段文字和一个右箭头。这里用 ul 无序列表来进行布局，每个列表项包含以上三项内容。导航菜单一共有 10 个菜单项，插入 10 对 li 标签与之对应。具体代码如图 7-2-2 所示。

```
<!DOCTYPE html>
<html>
    <head>
        <meta charset="utf-8">
        <title></title>
    </head>
    <body>
        <!-- 主侧导航栏 -->
        <div class="nav-slide">
            <ul>
                <li>
                    <i><img src="img/cake.png" width="26" height="26"/></i>
                    <a href="#">点心 / 蛋糕 </a>
                    <em>></em>
                </li>
                <li>
                    <i><img src="img/cookies.png" width="26" height="26"/></i>
                    <a href="#">饼干 / 膨化 </a>
                    <em>></em>
                </li>
                <li>
                    <i><img src="img/meat.png" width="26" height="26"/></i>
                    <a href="#">熟食 / 肉类 </a>
                    <em>></em>
                </li>
                <li>
                    <i><img src="img/bamboo.png" width="26" height="26"/></i>
                    <a href="#">素食 / 卤味 </a>
                    <em>></em>
                </li>
                <li>
                    <i><img src="img/nut.png" width="26" height="26"/></i>
```

```
            <a href="#">坚果 / 炒货 </a>
            <em>></em>
        </li>
        <li>
            <i><img src="img/candy.png" width="26" height="26"/></i>
            <a href="#">糖果 / 蜜饯 </a>
            <em>></em>
        </li>
        <li>
            <i><img src="img/chocolate.png" width="26" height="26"/></i>
            <a href="#">巧克力 </a>
            <em>></em>
        </li>
        <li>
            <i><img src="img/fish.png" width="26" height="26"/></i>
            <a href="#">海味 / 河鲜 </a>
            <em>></em>
        </li>
        <li>
            <i><img src="img/tea.png" width="26" height="26"/></i>
            <a href="#">花茶 / 果茶 </a>
            <em>></em>
        </li>
        <li>
            <i><img src="img/package.png" width="24" height="24"/></i>
            <a href="#">品牌 / 礼包 </a>
            <em>></em>
        </li>
    </ul>
</div>
```

图 7-2-2 导航菜单结构布局

这里将 ul 的宽度设置为 148 像素，每一个 li 的高度设置为 46 像素。每一个 li 列表项设置下边框线，以达到与背景色形成对比效果的目的。具体 CSS 代码如图 7-2-3 所示。

```
a{
    text-decoration: none;
    color: #000000;
}
ul{
    list-style: none;   /*去掉列表自带样式*/
}
```

```
.nav-slide{
    width:148px;
    border: 1px solid #2b2b2b;
    border-top: none;
    background: #2b2b2b;
    box-shadow: 8px 0 7px -3px rgba(0,0,0,0.3);  /* 设置阴影 */
}
.nav-slide ul li{
    height:46px;
    margin-top: -2px;
    border-top: 1px solid #333;
    border-bottom: 1px solid #252525;
    position: relative;
}
```

图 7-2-3　无序列表样式设置

制作左侧导航栏后的网页效果如图 7-2-4 所示。

图 7-2-4　制作左侧导航栏后的网页效果

步骤二：

接着要通过 CSS 代码把图片、文字、箭头设置为垂直方向居中，水平方向对齐，并且使颜色搭配美观。通过使用伪类，当光标悬停在某一项上的时候，背景变为白色，文字变为深色。具体 CSS 代码如图 7-2-5 所示。

```
.nav-slide ul li img{
    position: absolute;  /*定位图片*/
    top: 10px;
    left: 15px;
}
.nav-slide ul li a{
    position: absolute;  /*定位文字*/
    top: 0;
    left: 50px;
    height: 46px;
    line-height: 46px;
    font-size: 14px;
    color: #ffffff;
}
.nav-slide ul li:hover{
    background-color: #ffffff;
}

.nav-slide ul li:hover a{
    color: #4c4c4c;
}
.nav-slide ul li em{
    position:absolute;  /*定位箭头*/
    top:15px;
    right:10px;
    width: 13px;
    height: 13px;
    font: 12px/18px "宋体";
    color: #9b9b9b;
    font-style: normal;
}
```

图 7-2-5 用 CSS 代码设置图片、文字、箭头及伪类

运行图 7-2-5 中的代码，网页效果如图 7-2-6 所示。

步骤三：

下面制作网页中的今日推荐部分。使用 div 盒子模型布局，一个大盒子里面包含四个小盒子，每个小盒子包含对应的图文内容。具体代码如图 7-2-7 所示。

图 7-2-6 设置左侧导航栏格式后的网页效果

```
<!-- 今日推荐 -->
<div class="recommendation">
    <div class="clock">
        <img src="img/2016.png"></img>
        <p> 今日 <br/> 推荐 </p>
    </div>
    <div class="one">
        <div class="info">
            <h3> 真的有鱼 </h3>
            <h4> 开年福利篇 </h4>
        </div>
        <div class="recommendationMain">
            <a href="introduction.html"><img src="img/tj.png"></img></a>
        </div>
    </div>

    <div class="two">
        <div class="info">
            <h3> 囤货过冬 </h3>
            <h4> 让爱早回家 </h4>
        </div>
        <div class="recommendationMain">
            <img src="img/tj1.png"></img>
```

```
        </div>
    </div>
    <div class="three">
        <div class="info">
            <h3> 浪漫情人节 </h3>
            <h4> 甜甜蜜蜜 </h4>
        </div>
        <div class="recommendationMain">
            <img src="img/tj2.png"></img>
        </div>
    </div>
</div>
```

图 7-2-7　今日推荐区部分网页结构布局

步骤四：

为今日推荐部分的网页元素设置 CSS 代码。在 html 代码中，大盒子取名为“recommendation”，宽度为 1 000 像素。它里面包含的四个小盒子宽度均分，即每个小盒子宽度都为 250 像素，且每个小盒子里面都包含一张图片和一段文字信息。这里需要注意，在为每个小盒子里面的元素做绝对定位时，一定不要忘记为它的父元素设置相对定位属性，这样子元素的绝对定位值才是相对于父元素的值。用 CSS 设置今日推荐部分样式的代码如图 7-2-8 所示。

```
.recommendation{
    width: 1000px;  /* 区域宽度保持 1000 像素 */
    height: 145px;  /* 区域高度设置为 145 像素 */
    margin: 0px auto;  /* 设置网页居中 */
    border:1px solid blue;
    padding: 15px 0px;  /* 设置上下内边距为 15 像素 */
}
.clock{
    display: block;
    width: 250px;  /* 第一格区宽度为 250 像素 */
    height: 125px;  /* 第一格区高度为 125 像素 */
    position: relative;
    left: 0;
    top: 10px;
    background:url(img/clockbg.png) repeat;  /* 设置背景图片重复效果 */
    float: left;  /* 向左浮动 */
    color: #FFFFFF;  /* 文字颜色为白色 */
}
.clock img{
    position: absolute;
    right: 8%;  /*2016 图片距离右边 8% 宽度 */
```

```
    width: 120px;  /*2016 图片宽度设置为 120 像素，高度也会自动跟着缩放 */
    top:5px;
}
.clock p{
    font-size:24px;
    position: absolute;
    top:50%;
    margin-top:-31px;
    left:12%;
}
.recommendation .one, .recommendation .two, .recommendation .three{
    width: 250px;  /* 第 2、3、4 格区宽度 250 像素 */
    height: 125px;  /* 第 2、3、4 格区高度 125 像素 */
    position: relative;
    left: 0;
    top: 10px;
    float: left;  /* 向左浮动 */
}
        .recommendationMain img{  /* 设置推荐区图片 */
            width:90px;  /* 设置图片宽度为 90 像素 */
            position: absolute;
            top:15px;
            right: 35%;
            margin-right: -40px;
        }
        .recommendation .info{
            position: absolute;
            left:-3px;
            top:30%;
            border-left: 1px solid #e8e4de;
            padding-left: 15px;
            height:60%;
            z-index: -1;  /* 显示层级设置为 -1，以保证最左边的 border 框线在底下 */
            font-size: 12px;
        }
        .recommendation .info h4{
            font-weight: 400;
        }
```

图 7-2-8　用 CSS 设置今日推荐部分样式的代码

这里详细说明一下 z-index 属性，它的值是用来设置网页元素的层级位置的。z-index 值越大的网页元素在上面，z-index 值越小的网页元素在下面。

运行图 7-2-8 中的代码，此时网页效果如图 7-2-9 所示。

图 7-2-9　制作完成今日推荐部分的网页效果

步骤五：

下面制作网页中活动区的部分。一个大盒子 div 中包含上下两个子盒子，上面的子盒子只包含文字信息，下面的子盒子又包含四个小盒子，每一个小盒子的宽度为 250 像素。每一个小盒子里面有三个更小的盒子，更小的盒子里包含具体的文字和图片信息。具体代码如图 7-2-10 所示。

```
<!-- 热门活动 -->
    <div class="activity">
        <div class="shopTitle">
            <h4> 活动 </h4>
            <h3> 每期活动  优惠享不停  </h3>
            <span class="more">
                <a href="#"> 全部活动 <i>&gt;</i></a>
        </span>
        </div>
        <div class="am-g">
            <div class="am-u-sm-3">
                <div class="icon-sale one"></div>
```

```
                <h4>秒杀</h4>
            <div class="activityMain">
                <img src="img/activity1.jpg"></img>
            </div>
        <div class="info">
            <h3>进口咖啡</h3>
        </div>
    </div>
    <div class="am-u-sm-3">
      <div class="icon-sale two"></div>
        <h4>特惠</h4>
        <div class="activityMain">
            <img src="img/activity2.jpg"></img>
        </div>
        <div class="info">
            <h3>优选水果</h3>
        </div>
    </div>
    <div class="am-u-sm-3">
        <div class="icon-sale three"></div>
        <h4>团购</h4>
        <div class="activityMain">
            <img src="img/activity3.jpg"></img>
        </div>
        <div class="info">
            <h3>休闲食品</h3>
        </div>
    </div>
    <div class="am-u-sm-3">
        <div class="icon-sale"></div>
        <h4>超值</h4>
        <div class="activityMain">
            <img src="img/activity.jpg"></img>
        </div>
        <div class="info">
            <h3>健康益品</h3>
        </div>
    </div>
  </div>
</div>
```

图 7-2-10　活动区部分网页结构布局

步骤六：

接着为活动区的网页元素设置 CSS 代码。最大的盒子命名为“activity”，上面的子盒子命名为“shopTitle”，下面的子盒子命名为“am-g”，下面的子盒子包含的四个小盒子都命名为“am-u-sm-3”。具体 CSS 代码如图 7-2-11 所示。

```
.activity{
    width: 1000px;  /*区域宽度保持 1000 像素*/
    margin: 0px auto;  /*设置网页居中*/
    border:1px solid red;
}
.shopTitle{
    text-align: left;
    position: relative;
    border-bottom:2px solid #000;
    margin-top:10px;
    height: 40px;
}
.shopTitle h4{
    float:left;
    border: none;
    margin:7px 0px;
    font-size:20px;
    font-weight: 700;
}
.shopTitle h3{
    float: left;
    font-size: 14px;
    color: #999;
    margin-left: 10px;
    margin-top:12px;
    font-weight: 400;
}
.shopTitle .more{
    display: block;
    position: absolute;
    right: 0px;
    top:10px;
    font-size: 12px;
    overflow: hidden;
}
.shopTitle .more a i{
    margin-left: 8px;
    font: 10px "宋体";
```

```
    color: #000000;
    font-style: normal;
}
.activity .icon-sale{  /*左上方三角形设计技巧*/
    position: absolute;
    width: 0;  /*宽度为0*/
    height: 0;  /*高度为0*/
    border-top: 90px solid #0087e5;  /*上框线为90像素*/
    border-right: 90px solid transparent;  /*右框线也为90像素，并设置为透明可见*/
}
.activity .icon-sale.one{
    border-top-color: #9b0d5f;
}
.activity .icon-sale.two{
    border-top-color: #7fb113;
}
.activity .am-g{
    width: 1000px;
    overflow: hidden;
}
        .activity .am-g .am-u-sm-3 h4{
            position: absolute;
            color: #fff;
            top:8px;
            left: 5px;
        }
        .am-u-sm-3{
            float: left;
            margin: 10px 2px;
            width: 246px;
            position: relative;
        }
        .am-u-sm-3 .activityMain img{
            width: 246px;
        }
        .activity .info{
            position: absolute;
            font-size: 16px;
            bottom: 10px;
            left: 50%;
            transform: translate(-50%);
            width: 220px;
            height: 25px;
```

```
        line-height: 25px;
        background-color: #eeeeee;
        text-align: center;
    }
    .activity .info h3{
        font-size: 12px;
        font-weight: 500;
    }
```

图 7-2-11 用 CSS 设置活动区网页元素样式的代码

运行图 7-2-11 中的代码，活动区网页效果如图 7-2-12 所示。

图 7-2-12 活动区网页效果

步骤七：

制作商品展示区甜品层。甜品层分为上下两个盒子，下面的盒子中又包含五个子盒子。其中最左侧的图文盒子的样式设置较其他四个图文盒子风格不同，需要单独设置样式。右边的四组图文盒子风格一致，可以一起设置样式。具体代码如图 7-2-13 所示。

```
<!-- 甜品展示区 -->
<div class="goods-container">
    <div class="shopTitle">
        <h4> 甜品 </h4>
        <h3> 每一道甜品都有一个故事 </h3>
        <div class="today-brands">
            <a href="#"> 桂花糕 </a>  
            <a href="#"> 奶皮酥 </a>  
            <a href="#"> 栗子糕  </a>  
            <a href="#"> 马卡龙 </a>  
            <a href="#"> 铜锣烧 </a>  
            <a href="#"> 豌豆黄 </a>  
        </div>
```

```
        <span class="more">
            <a href="#">更多美味<i>&gt;</i></a>
        </span>
    </div>

<div class="f1">
    <div class="list">
        <div class="word">
            <a class="outer" href="#"><span class="inner"><b class="text">核桃
</b></span></a>
            <a class="outer" href="#"><span class="inner"><b class="text">核桃
</b></span></a>
            <a class="outer" href="#"><span class="inner"><b class="text">核桃
</b></span></a>
            <a class="outer" href="#"><span class="inner"><b class="text">核桃
</b></span></a>
            <a class="outer" href="#"><span class="inner"><b class="text">核桃
</b></span></a>
            <a class="outer" href="#"><span class="inner"><b class="text">核桃
</b></span></a>
        </div>
        <a href="#">
            <div class="outer-con">
                <div class="title">
                开抢啦!
                </div>
                <div class="sub-title">
                    零食大礼包
                </div>
            </div>
            <img src="img/act1.png"/>
        </a>
        <div class="triangle-topright"></div>
    </div>
    <div class="g-big">
        <div class="g-small g-top">
            <div class="outer-con">
                <div class="title">
                    进口樱桃
                </div>
                <div class="sub-title">
                    ¥13.8
```

```
            </div>
            <i></i>
        </div>
        <a href="#"><img src="img/1.jpg"/></a>
    </div>
    <div class="g-small">
        <div class="outer-con">
            <div class="title">
                高州龙眼
            </div>
            <div class="sub-title">
                ¥13.8
            </div>
            <i></i>
        </div>
        <a href="#"><img src="img/2.jpg"/></a>
    </div>
</div>
<div class="g-big">
    <div class="outer-con">
        <div class="title">
            赣州脐橙
        </div>
        <div class="sub-title">
            ¥4.8
        </div>
<i></i>
    </div>
    <a href="#"><img src="img/5.jpg"/></a>
</div>
<div class="g-big">
    <div class="g-small g-top">
        <div class="outer-con">
            <div class="title">
                小优布丁
            </div>
            <div class="sub-title">
                ¥4.8
            </div>
            <i></i>
        </div>
        <a href="#"><img src="img/3.jpg"/></a>
```

```
        </div>
        <div class="g-small">
            <div class="outer-con">
                <div class="title">
                    进口蓝莓
                </div>
                <div class="sub-title">
                    ¥4.8
                </div>
                <i></i>
            </div>
            <a href="#"><img src="img/4.jpg"/></a>
        </div>
    </div>
    <div class="g-big">
        <div class="outer-con">
            <div class="title">
                赣州脐橙
            </div>
            <div class="sub-title">
                ¥4.8
            </div>
            <i></i>
        </div>
        <a href="#"><img src="img/5.jpg"/></a>
        </div>
        </div>
        </div>
```

图 7-2-13　甜品层网页结构布局

步骤八：

接着为甜品层设置 CSS 代码。最左侧的图文盒子用到了 CSS 圆形技巧和折角技巧。具体 CSS 代码设置如图 7-2-14 所示。

```
.goods-container{
    width: 1000px;  /* 区域宽度保持 1000 像素 */
    margin: 0px auto;  /* 设置网页居中 */
    border:1px solid red;
}
.shopTitle .today-brands{  /* 设置“更多美味”左侧的超链接内容 */
    position: absolute;
```

```
    top: 11px;
    right: 90px;
    width: 600px;
    height: 20px;
    text-align: right;
    font-size: 12px;
    overflow: hidden;
}
.f1{
    width: 1000px;  /*图文区域的宽度为1000像素*/
    height: 480px;  /*图文区域的高度为480像素*/
}
.f1 .list {  /*设置最左侧图文区*/
    width: 200px;
    height: 480px;
    background-color:#6bdea7;  /*背景颜色为绿色*/
    position: relative;
    float: left;
}
.f1 .list .triangle-topright{  /*设置折角效果*/
    width: 0;
    height: 0;
    border-top: 30px solid #68937f;
    position: absolute;
    bottom:0px;
    border-left: 30px solid #fff;
}
.list .word{
    display: block;
    padding:20px 0 30px 10px;  /*上右下左  内边距*/
}
.list img{  /*设置最左侧的底图位置*/
    position: absolute;
    left: 15px;
    bottom: 20px;
    width: 170px;
}
.word .outer{  /*设置图形内的文字形状*/
    margin: 0 10px 10px 0;
    float: left;
    width: 50px;
    height: 50px;
    text-align: center;
    color: #2f2f2f;
```

```
    background-color: #fff;
    border-radius: 50px;
}
.word .outer .inner{
    display: table-cell;
    vertical-align: middle;
    width:50px;
    height:50px;
}
.word .outer .text{
    display: inline-block;
    max-width:40px;
    margin: 0 auto;
    font-weight: 400;
}
.list .outer-con{  /*设置文字位置*/
    text-align: center;
    font-size: 12px;
    position: absolute;
    left: 50%;
    top: 36%;
    transform: translateX(-50%);
}
.list .outer-con .title{
    color: #FFFFFF;
}
.list .outer-con .sub-title{
    color: #687988;
}
.g-big{  /*设置图文区右边四组的大小*/
    width: 199px;
    height: 480px;
    float: left;
    background-color: #FFFFFF;
    border-left: 1px solid #EEEEEE;
    position: relative;
}
.g-big>a>img{  /*设置大商品区的图片位置*/
    width: 80%;
    position: absolute;
    left: 10%;
    bottom: 30%;
}
.g-big>.outer-con{  /*设置大商品区的文字位置*/
```

```
    width: 80%;
    position: absolute;
    top: 20%;
    left: 10%;
}
.g-small{  /* 设置小商品区的大小 */
    width: 199px;
    height: 239px;
    position: relative;
}
.g-top{
    border-bottom: 1px solid #EEEEEE;
}
.g-small img{  /* 设置小商品区的图片位置 */
    width: 80%;
    position: absolute;
    left: 10%;
    top: 10%;
}
.g-small .outer-con{  /* 设置小商品区的文字位置 */
    width: 86%;
    position: absolute;
    bottom: 5%;
    left: 7%;
}
.outer-con .title{
    font-size: 10px;
    font-weight: bold;
}
.outer-con .sub-title{
    font-size: 8px;
    font-weight: 400;
    color: #666666;
}
.outer-con i{  /* 设置购物篮的位置和大小 */
    display: inline-block;
    width: 32px;
    height: 32px;
    background: url(img/icon-shopping.png);
    position: absolute;
    right: 0;
    bottom: 4%;
}
```

图 7-2-14　用 CSS 设置商品展示区甜品层样式的代码

运行图 7-2-14 中的代码，网页效果如图 7-2-15 所示。

图 7-2-15 商品展示区甜品层网页效果

步骤九：

商品展示区甜品层下面是坚果层，坚果层的文字和图片风格与甜品层风格一致，只是文字内容和颜色选择有一些变化，所以坚果层的样式设置与甜品层可共用。具体代码如图 7-2-16 所示。

```
<!-- 坚果层 -->
<div class="goods-container">
    <div class="shopTitle">
        <h4> 坚果 </h4>
        <h3> 酥酥脆脆，回味无穷 </h3>
        <div class="today-brands">
            <a href="#"> 腰果 </a>  
            <a href="#"> 松子 </a>  
            <a href="#"> 夏威夷果 </a>  
            <a href="#"> 碧根果 </a>  
            <a href="#"> 开心果 </a>  
            <a href="#"> 核桃仁 </a>  
        </div>
        <span class="more">
            <a href="#"> 更多美味 <i>&gt;</i></a>
        </span>
    </div>

    <div class="f2">
```

```
        <div class="word">
            <a class="outer" href="#"><span class="inner">
            <b class="text">饼干</b></span></a>
            <a class="outer" href="#"><span class="inner">
            <b class="text">饼干</b></span></a>
            <a class="outer" href="#"><span class="inner">
            <b class="text">饼干</b></span></a>
            <a class="outer" href="#"><span class="inner">
            <b class="text">饼干</b></span></a>
            <a class="outer" href="#"><span class="inner">
            <b class="text">饼干</b></span></a>
            <a class="outer" href="#"><span class="inner">
            <b class="text">饼干</b></span></a>
        </div>
    </div>
</div>
                <a href="#">
                    <div class="outer-con">
                        <div class="title">
                        开抢啦!
                        </div>
                        <div class="sub-title">
                            雪之恋和风大福
                        </div>
                    </div>
                    <img src="img/act2.png"/>
                </a>
                <div class="triangle-topright"></div>
            </div>
            <div class="g-big">
                <div class="g-small g-top">
                    <div class="outer-con">
                        <div class="title">
                            巧克力
                        </div>
                        <div class="sub-title">
                            ¥13.8
                        </div>
                        <i></i>
                    </div>
                    <a href="#"><img src="img/6.jpg"/></a>
                </div>
                <div class="g-small">
                    <div class="outer-con">
```

```
                <div class="title">
                    火鸡面
                </div>
                <div class="sub-title">
                    ¥13.8
                </div>
                <i></i>
            </div>
            <a href="#"><img src="img/7.jpg"/></a>
        </div>
    </div>
    <div class="g-big">
        <div class="outer-con">
            <div class="title">
                麦香酥
            </div>
            <div class="sub-title">
                ¥4.8
            </div>
            <i></i>
        </div>
        <a href="#"><img src="img/10.jpg"/></a>
    </div>
    <div class="g-big">
        <div class="g-small g-top">
            <div class="outer-con">
                <div class="title">
                    巧克力
                </div>
                <div class="sub-title">
                    ¥4.8
                </div>
                <i></i>
            </div>
            <a href="#"><img src="img/8.jpg"/></a>
        </div>
        <div class="g-small">
            <div class="outer-con">
                <div class="title">
                    巧克力
                </div>
                <div class="sub-title">
                    ¥4.8
                </div>
```

```
                    <i></i>
                </div>
                <a href="#"><img src="img/9.jpg"/></a>
            </div>
            </div>
        <div class="g-big">
            <div class="outer-con">
                        <div class="title">
                    麦香酥
                </div>
                        <div class="sub-title">
                    ¥4.8
                </div>
                <i></i>
            </div>
            <a href="#"><img src="img/10.jpg"/></a>
        </div>
    </div>
</div>
```

图 7-2-16　商品展示区坚果层网页结构布局

坚果层与甜品层的样式完全一样，只是背景颜色有所区别，所以这里 CSS 的代码只需要设置颜色的变化即可。具体设置如图 7-2-17 所示。

```
.f2{
    width: 1000px;  /*图片区域的宽度为1000像素*/
    height: 480px;  /*图片区域的高度为480像素*/
}
.f2 .list {
    background-color:#ff9229;
    width: 200px;
    height: 480px;
    position: relative;
    float: left;
}
.f2 .list .triangle-topright{
    width: 0;
    height: 0;
    border-top: 30px solid #D17B28;
    position: absolute;
    bottom:0px;
    border-left: 30px solid #fff;
}
```

图 7-2-17　用 CSS 设置商品展示区坚果层样式的代码

运行图 7-2-17 中的代码，网页效果如图 7-2-18 所示。

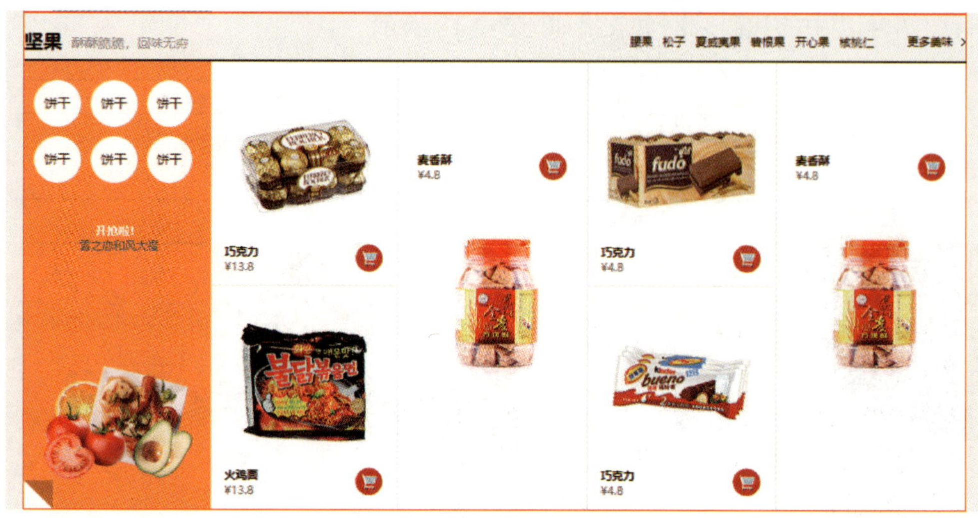

图 7-2-18　商品展示区坚果层网页效果

步骤十：

把“border:1px solid blue;”和“border:1px solid red;”这种帮助看盒子区域大小和位置的红蓝框线的代码去掉，并把之前在注册和登录网页制作的 footer 部分（即网页底部部分）代码添加到首页中来，最终电子商务网站首页的完整效果如图 7-2-1 所示。

相关知识

一、使用 border 制作三角形

三角形属于常见的几何图形，在网页设计中应用较为广泛。在实际应用中，除了采用图片来实现前端图像展示外，纯 CSS 代码也可以实现图像的绘制。这里使用 CSS 中的 border 属性来绘制三角形。用 border 属性绘制三角形是“一门传统手艺”。由于浏览器对该属性的支持性很好，几乎没有兼容性问题，主流的三角形绘制方案一般都基于 border 属性来实现。

下面通过图 7-2-19 详细讲解如何使用 border 制作三角形。

```
<!DOCTYPE html>
<html>
    <head>
        <meta charset="utf-8"/>
        <title></title>
        <style>
            #triangle{
                position: absolute;
                width: 0;  /*宽度为0*/
                height: 0;  /*高度为0*/
```

```
            border-top: 90px solid lightblue;  /*上框线为 90 像素*/
            border-right: 90px solid transparent;  /*右框线也为 90 像素，并设置
为透明不可见*/
        }
      </style>
   </head>
   <body>
      <div id="triangle"></div>
   </body>
</html>
```

图 7-2-19　用 border 制作三角形的代码

运行图 7-2-19 中的代码，效果如图 7-2-20 所示。

图 7-2-20　三角形效果

二、使用 border 制作折叠三角形

这里用一个案例来演示如何使用 border 制作一个折叠三角形。先在 body 里面写一个 div，并设置 id 的属性值为“triangle2”，具体语法格式如下。

```
<div id="triangle2"></div>
```

具体代码如图 7-2-21 所示。

```
<!DOCTYPE html>
<html>
   <head>
      <meta charset="utf-8">
      <title></title>
      <style>
      .outer{
         width: 100px;
         height: 200px;
         background-color: #6bdea7;  /*浅绿色*/
```

```
            position: relative;
        }
        #triangle2{
            width: 0;
            height: 0;
            border-top: 30px solid #68937f;   /* 深绿色 */
            border-left: 30px solid #FFFFFF;   /* 白色 */
            position: absolute;
            left: 0px;
            bottom:0px;
        }
        </style>
    </head>
    <body>
        <div class="outer">
            <div id="triangle2"></div>
        </div>
    </body>
</html>
```

图 7-2-21　用 border 制作折叠三角形的代码

运行图 7-2-21 中的代码，效果如图 7-2-22 所示。

图 7-2-22　折叠三角形效果

三、使用 border-radius 制作圆形

首先写一个 div，这个 div 默认占据的是一个长方形的区域，取名为“ circle”。在把它变为圆形之前要确保它是一个正方形，所以设置它的宽度和高度相同。然后将这个正方形变成圆形，将正方形变成圆形的关键在于 border-radius 属性值的大小，若此属性值大于或等于边长的一半，则该 div 将变成一个圆形形状；若此属性值小于边长的一半，则该 div 将变成一个椭圆形状。具体代码如图 7-2-23 所示。

```
<!DOCTYPE html>
<html>
    <head>
        <meta charset="utf-8">
        <title></title>
        <style>
            #circle{
                width: 57px;
                height: 57px;
                border-radius: 57px;
                background-color: #6BDEA7;
            }
        </style>
    </head>
    <body>
        <div id="circle"></div>
    </body>
</html>
```

图 7-2-23 用 border 制作圆形的代码

运行图 7-2-23 中的代码，效果如图 7-2-24 所示。

图 7-2-24 圆形效果

思考与练习

一、选择题

1. 用于设置 border 样式的是（　　）。

A. width　　B. style

C. color　　D. inherit

2. 通常用（　　）设置 border 的颜色。

A. color　　B. bgcolor

C. background　　D. 以上都不对

3. 通常用（　　）设置对象使用圆边框。

A. border-radius　　B. border-color

C. border-width　　D. border-image

4. 通常用（　　）设置左边框。

A. border-left　　B. border-right

C. border-top　　D. border-bottom

5. 设置边框宽度常用的单位是（　　）。

A. dm　　B. cm

C. px　　D. nm

二、判断题

1. border-width 可以用于设置百分比。　（　　）

2. border 可以给对象设置样式，例如盒子模型上边框。　（　　）

3. border 宽度不可超过盒子模型的高和宽。　（　　）

三、操作题

1. 利用 border 制作直角属性，实现图 7-2-25 所示的六边形图形效果。

2. 利用 border-radius 制作圆形属性，实现图 7-2-26 所示的爱心图形效果。

图 7-2-25　六边形图形效果

图 7-2-26　爱心图形效果

项目八　页面文字样式控制

任务 1　制作网页背景图

学习目标

- 1. 掌握网页背景图像的设置。
- 2. 掌握文本装饰属性的设置。

任务导入

一般而言，网页可通过背景图像给用户留下深刻的印象，如节日题材的网站一般会采用喜庆祥和的图像来突出节日氛围，所以在网页设计中合理地运用背景颜色以及背景图像至关重要。本任务主要通过使用 CSS 设置网页背景图像及运用文本装饰属性，再结合盒子模型来制作缤购乐食电子商务网站商品详情网页。最终网页完成效果如图 8-1-1 所示。

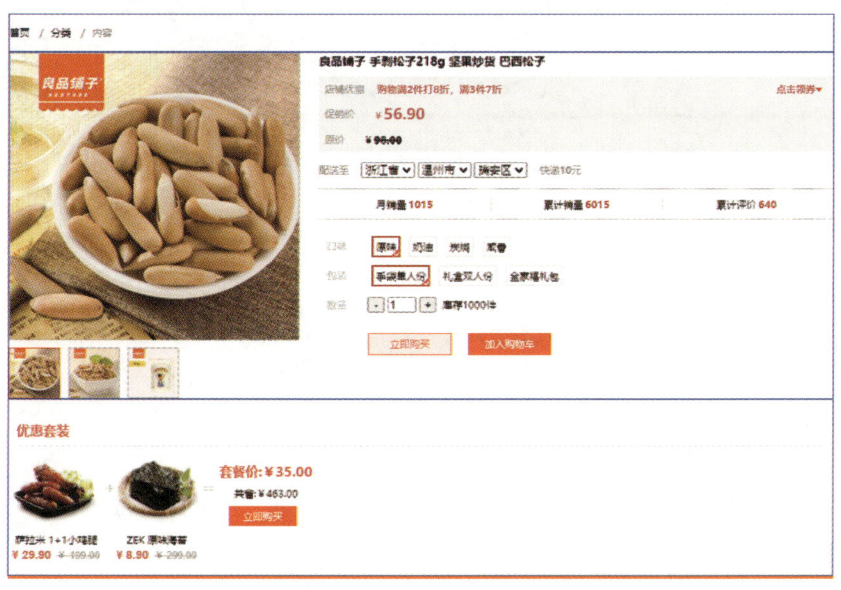

图 8-1-1　缤购乐食电子商务网站商品详情页面

步骤一：

引入网页的公共部分，它包含两个部分，分别为网页上方的搜索导航部分以及网页下方的页底部分，如图 8-1-2 所示。

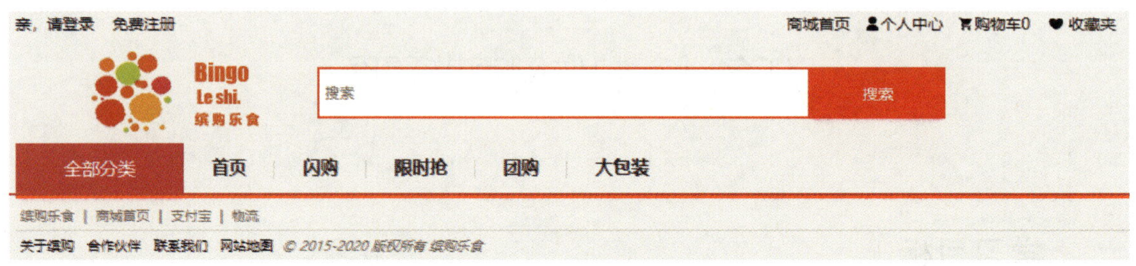

图 8-1-2 网页公共部分效果图

步骤二：

设计并制作“网页位置信息”和“商品详情信息”左侧的图片区。主盒子的宽度仍然是 1 000 像素，居于网页中间位置。“网页位置信息”区使用一个 ul 无序列表标签来实现，每个列表项包含一段位置描述文字，该区横向排列；“商品详情信息”区左侧包含一张大商品图和三张小商品图，三张小商品图也使用 ul 无序列表标签来实现，每个列表项包含一张小图，该区也横向排列。此时网页结构具体代码如图 8-1-3 所示。

```
<!-- 网页位置 -->
<ul class="location">
   <li><a href="#"> 首页 </a></li>
   <li><a href="#"> 分类 </a></li>
   <li class="am-active"> 内容 </li>
</ul>

<!-- 商品详情信息 -->
<div class="item-inform">
   <div class="fixLeft">
      <img class="main-img" src="img/01_mid.jpg"/>
      <ul class="slides">
         <li>
            <img src="img/01_small.jpg"/>
         </li>
         <li>
            <img src="img/02_small.jpg"/>
         </li>
```

```
        <li>
            <img src="img/03_small.jpg"/>
        </li>
    </ul>
  </div>
</div>
```

图 8-1-3 “网页位置信息”和“商品详细信息”左侧图片区结构布局

“:: after”为尾部伪类选择器，它的作用是在标签后面添加内容。“overflow:hidden;”属性的主要作用是将溢出盒子的部分隐藏，同时还可以防止 div 高度塌陷。用 CSS 设置“网页位置信息”和“商品详细信息”左侧图片区样式的代码如图 8-1-4 和图 8-1-5 所示。

```
.location {
    width: 1000px;  /*总宽度为1000像素*/
    margin: 0px auto;  /*居中显示*/
    height: 45px;
    line-height: 45px;
    font-size: 12px;
    border: 1px solid blue;
}
.location li{
    width: 50px;
    float: left;
    color: #777;
    position: relative;
}
.location li a::after{  /*尾部伪类选择器*/
    content: "/";  /*在尾部加上斜杠，并设置颜色*/
    color: #777;
    position: absolute;
    right: 9px;
}

.item-inform{
    width: 1000px;  /*总宽度为1000像素*/
    margin: 0px auto;  /*居中显示*/
    border: 1px solid blue;
    overflow: hidden;  /*溢出隐藏，防止高度塌陷*/
}
```

图 8-1-4 用 CSS 设置“网页位置信息”样式的代码

```
.fixLeft{
    width: 350px;  /* 左侧图片区占据 350 像素 */
    float: left;  /* 向左浮动，右侧文字区才能横向排列 */
}
.fixLeft .main-img{
    width: 350px;  /* 主图的宽度和高度均为 350 像素 */
    height: 350px;
    border: 1px solid #aaa;
}
.fixLeft ul{
    height: 60px;  /* 主图下方小图的高度为 60 像素 */
    margin-top: 5px;
}
.fixLeft ul li{
    width: 60px;  /* 主图下方小图的宽度和高度均为 60 像素 */
    height: 60px;
    float: left;
    margin-right: 10px;
    border: 1px solid #aaa;
}
.fixLeft ul li:first-child{  /* 将三个小图中的第一个小图选择出来 */
    border: 1px solid #ff0000;  /* 为边框重新设置一种颜色 */
}
```

图 8-1-5　用 CSS 设置“商品详细信息”左侧图片样式的代码

运行图 8-1-4 和图 8-1-5 中的代码，效果如图 8-1-6 所示。

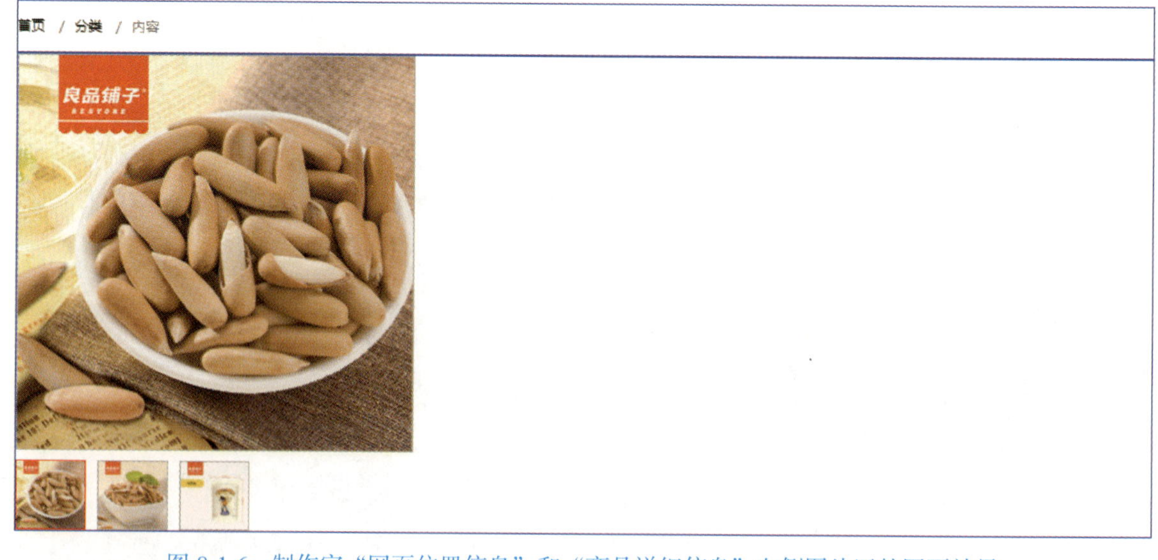

图 8-1-6　制作完“网页位置信息”和“商品详细信息”左侧图片区的网页效果

步骤三：

设计并制作“商品详情信息”右侧的商品价格部分。其主要结构是盒子模型，大盒子代表一行，小盒子包含一行中不同的文字内容。具体代码如图 8-1-7 所示。

```
<!-- 商品详情信息 -->
<div class="item-inform">
    <!-- 左侧图片区 -->
    <div class="fixLeft">
        <img class="main-img" src="img/01_mid.jpg"/>
        <ul class="slides">
            <li>
                <img src="img/01_small.jpg"/>
            </li>
            <li>
                <img src="img/02_small.jpg"/>
            </li>
            <li>
                <img src="img/03_small.jpg"/>
            </li>
        </ul>
    </div>
    <!-- 右侧文字区 -->
    <div class="fixRight">
        <h4>
            良品铺子 手剥松子 218g 坚果炒货 巴西松子
        </h4>
        <!-- 价格 -->
        <div class="tb-detail-price">
            <div class="hot">
                <div class="tb-metatit">店铺优惠 </div>
                <div class="gold-list">
                    <p>购物满 2 件打 8 折，满 3 件 7 折 <span>点击领券 <i class="am-icon-
sort-down"></i></span></p>
                </div>
            </div>
            <div class="cx-price">
                <div class="title">促销价 </div>
                <div class="number"><em>¥</em><b class="sys_item_price">56.90
</b></div>
            </div>
            <div class="old-price">
                <div class="title">原价 </div>
```

```
                <div class="number"><em>¥</em><b class="sys_item_mktprice">
98.00</b></div>
            </div>
        </div>
    </div>
</div>
```

图 8-1-7　商品价格区结构布局

“点击领券”指示箭头的图标为 16 像素宽、16 像素高，图片设置为 8 像素宽、8 像素高，这里需要对 background-size 进行设置，让图片能够根据设置空间给予的宽度和高度进行适应性缩放，设置 background-size 属性为“background-size:100%　100%;”。用 CSS 设置商品价格区样式的代码，如图 8-1-8 所示。

```
.fixRight{
    width: 625px;  /*右侧文字区占据 625 像素*/
    float:left;
    padding-left: 25px;  /*距离左侧图片区 25 像素*/
}
.tb-detail-hd h1 {
    font-size:18px;
}
.tb-detail-price {
    background: #F7F7F7;  /*价格区背景颜色为浅灰色*/
    margin-top: 10px;
    font-size: 12px;
    color: #888888;  /*价格区文字颜色为深灰色*/
    padding-left: 7px;
}
.hot,.cx-price,.old-price{  /*设置行高*/
    height: 30px;
    line-height: 30px;
}
.hot .tb-metatit{  /*店铺优惠区左侧部分*/
    float: left;
}
.hot .gold-list{  /*店铺优惠区右侧部分*/
    width: 540px;
    color: #D2364C;
    font-weight: bold;
    float: left;
    margin-left: 15px;
}
```

```
.hot .gold-list span{
    float: right;
}
.hot .gold-list span i{  /* 设置红色三角形图标 */
    display: inline-block;
    width: 8px;
    height: 8px;
    background: url(img/icon-sort-down.png) left center no-repeat;
    background-size: 100% 100%;  /* 按照宽度和高度缩放图片 */
}

.cx-price .title,.old-price .title{
    float: left;
}
.cx-price .number{
    float: left;
    margin-left: 25px;
    color: #D2364C;
}
.sys_item_price{
    font-size: 18px;
    margin-left: 3px;
}
.old-price{
    clear: both;  /* 清除上一行的浮动对本行造成的影响 */
}
.old-price .number{
    float: left;
    margin-left: 25px;
    color: #000000;
}
.sys_item_mktprice{
    margin-left: 3px;
    text-decoration: line-through;  /* 设置穿越文字中间的一条线 */
}
```

图 8-1-8　用 CSS 设置商品价格区样式的代码

运行图 8-1-8 所示代码，效果如图 8-1-9 所示。

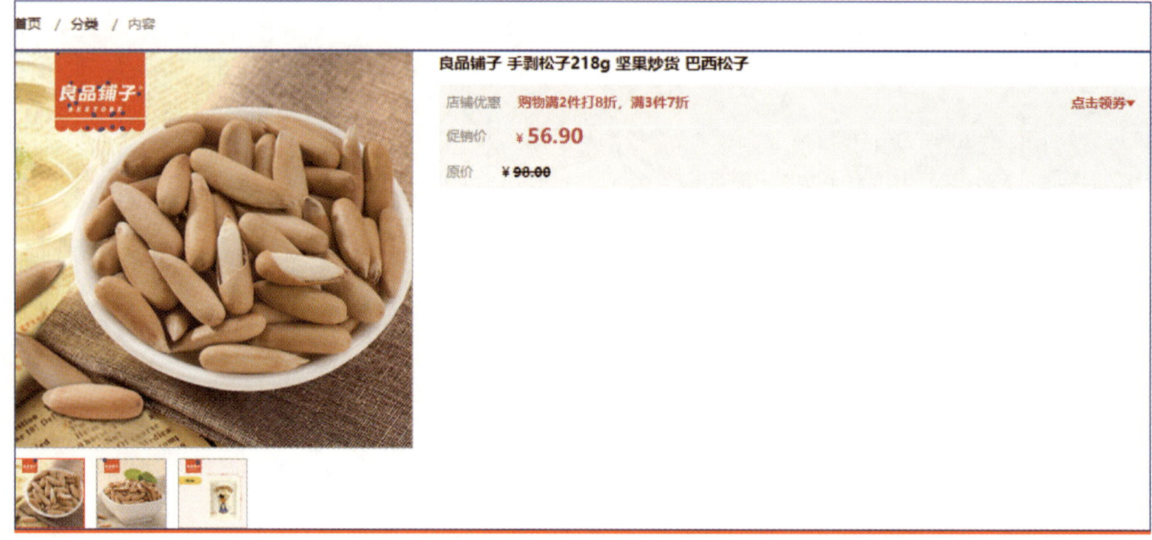

图 8-1-9　制作完商品价格区的网页效果

步骤四：

制作地址选择区和销量信息区。地址选择区主要通过下拉列表 select 标签和 option 标签来实现，销量信息区主要通过 ul 无序列表来实现。具体代码如图 8-1-10 所示。

```
<!-- 地址选择区 -->
<dl class="iteminfo_parameter">
    <dt>配送至</dt>
    <div class="iteminfo_freprice">
        <div class="address">
            <select >
                <option value="a">浙江省</option>
                <option value="b">湖北省</option>
            </select>
            <select>
                <option value="a">温州市</option>
                <option value="b">武汉市</option>
            </select>
            <select>
                <option value="a">瑞安区</option>
                <option value="b">洪山区</option>
            </select>
        </div>
        <div class="pay-logis">
            快递<b class="sys_item_freprice">10</b>元
        </div>
```

```
    </div>
</dl>
<!-- 销量信息区 -->
<ul class="tm-ind-panel">
    <li class="tm-ind-item">
        <div class="tm-indcon"><span class="tm-label">月销量</span><span class=
"tm-count">1015</span></div>
    </li>
    <li class="tm-ind-item">
        <div class="tm-indcon"><span class="tm-label">累计销量</span><span class=
"tm-count">6015</span></div>
    </li>
    <li class="tm-ind-item">
        <div class="tm-indcon"><span class="tm-label">累计评价</span><span class=
"tm-count">640</span></div>
    </li>
</ul>
```

图 8-1-10　地址选择区和销量信息区结构布局

用 CSS 设置地址选择区和销量信息区样式的代码，如图 8-1-11 所示。

```
.iteminfo_parameter{
    font-size: 12px;
    color: #888888;
    height: 45px;
    line-height: 45px;
}
.iteminfo_parameter dt,.address,.pay-logis{
    float: left;
}
.address,.pay-logis{
    margin-left: 15px;
}
.tm-ind-panel{
    font-size: 12px;
    clear: both;
    padding: 10px 0px;
    position: relative;
    overflow: hidden;
    border-top: 1px dotted #888888;  /* 销量区上方虚线分隔线 */
    border-bottom: 1px dotted #888888;  /* 销量区下方虚线分隔线 */
}
```

```
.tm-ind-item {
    float: left;
    width: 33%;  /* 每个销量占据总宽度的三分之一 */
    text-align: center;
    position: relative;
    left: -1px;
    border-left: 1px solid #E5DFDA;
    line-height: 16px;
    cursor: pointer;
}
.tm-ind-panel .tm-count {
    display: inline-block;
    line-height: 16px;
    height: 16px;
    color: #C40000;
    font-weight: 700;
    margin-left: 3px;
}
```

图 8-1-11　用 CSS 设置地址选择区和销量信息区样式的代码

运行图 8-1-11 中的代码，效果如图 8-1-12 所示。

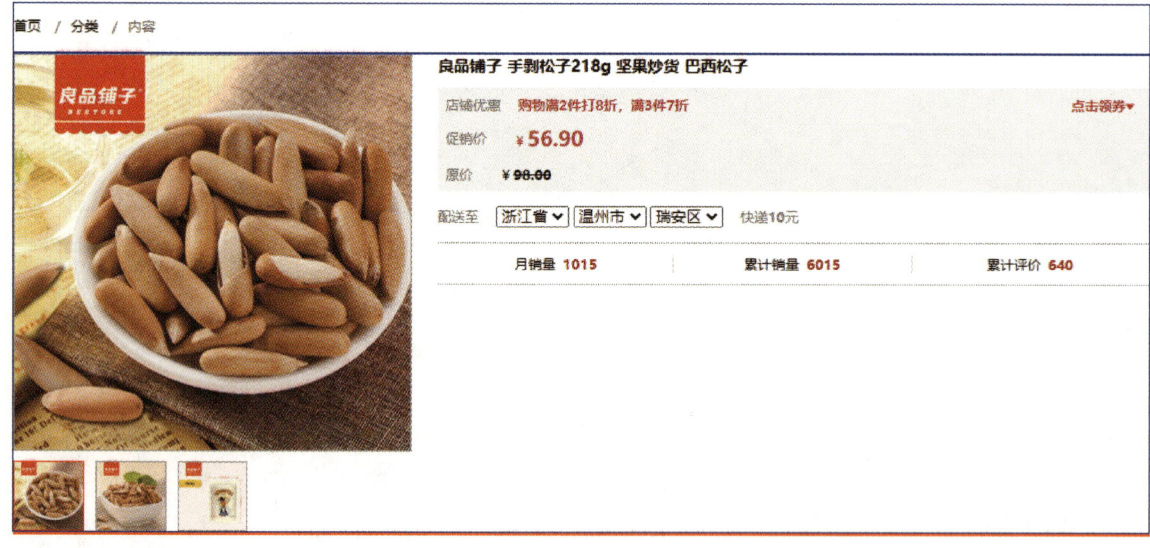

图 8-1-12　制作完地址选择区和销量信息区的网页效果

步骤五：

制作口味、包装和数量选择区。口味和包装区均使用 ul 无序列表实现，数量选择区主要使用 input 表单控件来实现。具体代码如图 8-1-13 所示。

```
<!-- 口味  包装  数量选择区 -->
<div class="theme-signin-left">
    <div class="theme-options">
        <div class="cart-title">口味</div>
        <ul>
            <li class="sku-line selected">原味<i></i></li>
            <li class="sku-line">奶油<i></i></li>
            <li class="sku-line">炭烧<i></i></li>
            <li class="sku-line">咸香<i></i></li>
        </ul>
    </div>
    <div class="theme-options">
        <div class="cart-title">包装</div>
        <ul>
            <li class="sku-line selected">手袋单人份<i></i></li>
            <li class="sku-line">礼盒双人份<i></i></li>
            <li class="sku-line">全家福礼包<i></i></li>
        </ul>
    </div>
    <div class="theme-options">
        <div class="cart-title">数量</div>
        <dd class="number">
            <input id="min" class="am-btn am-btn-default" name="" type="button" 
value="-"/>
            <input id="text_box" name="" type="text" value="1" style="width:
30px;"/>
            <input id="add" class="am-btn am-btn-default" name="" type="button" 
value="+"/>
            <span id="stock" class="tb-hidden">库存<span class="stock">1000
</span>件</span>
        </dd>
    </div>
</div>
```

图 8-1-13 口味、包装和数量选择区结构布局

口味和包装的选项选中状态使用类选择器“.selected”来设置，选中状态时会出现一个红色对勾，此对勾实为一张三角形图片，使用绝对定位将其定位到选项的右下角。用 CSS 设置口味、包装和数量选择区样式的代码如图 8-1-14 所示。

```
.theme-signin-left{
    margin-top: 15px;
}
```

```
.theme-options{
    display: block;
    overflow: hidden;
    padding-left: 10px;
    padding-right: 10px;
}
.theme-signin-left .cart-title{
    font-size:10px;
    font-weight: 300;
    float: left;
    color: #AAAAAA;
    margin-right: 25px;
    margin-top: 10px;
}
.theme-signin-left .sku-line{  /*设置选项默认状态的样式*/
    font-size: 12px;
    float: left;
    margin:5px;
    padding:3px;
    border:2px solid #F5F5F5;  /*灰色边框*/
    color:#000;  /*黑色文字*/
    position: relative;
}
.theme-signin-left .sku-line.selected{  /*设置选项选中状态的样式*/
    border: 2px solid #BE0106;  /*红色边框*/
}
.theme-options .sku-line.selected i{  /*设置选项选中状态的样式*/
    position:absolute;  /*定位红色对勾图片位置*/
    width:10px;
    height:10px;
    font-size:0;
    line-height:0;
    right:-1px;
    bottom:-1px;
    background:url(img/sys_item_selected.gif) no-repeat right bottom;
    z-index:99;  /*优先级较高，显示在最上层*/
}
.theme-options .number{
    margin-top: 7px;
}
.theme-options .number #min,.theme-options .number #add{
    width: 20px;  /*加号和减号的宽度*/
```

```
}
.theme-options .number #stock{
    font-size: 12px;
    margin-left: 3px;
}
```

图 8-1-14 用 CSS 设置口味、包装和数量选择区样式的代码

运行代码，效果如图 8-1-15 所示。

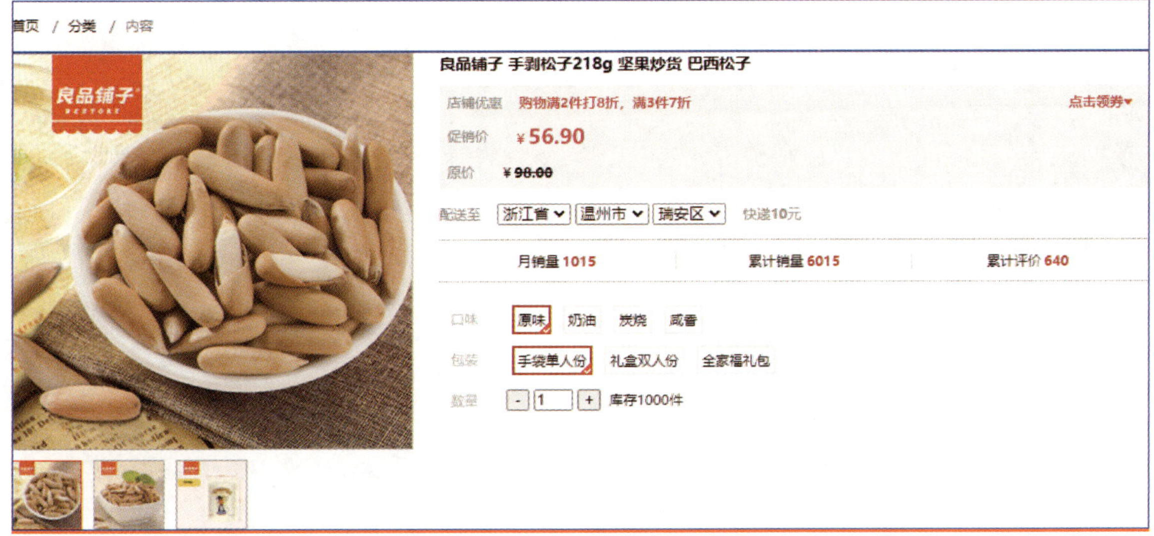

图 8-1-15 制作完成口味、包装和数量选择区的网页效果

步骤六：

制作“立即购买”和“加入购物车”按钮，两个按钮均使用超链接 a 标签来实现，具体代码如图 8-1-16 所示。

```
    <!-- 购买按钮 -->
    <div class="pay">
        <div class="tb-btn-buy">
            <a id="LikBuy" title=" 单击此按钮到下一步确认购买信息 " href="#"> 立即购买 </a>
        </div>
        <div class="tb-btn-basket">
            <a id="LikBasket" title=" 加入购物车 " href="#"><i></i> 加入购物车 </a>
        </div>
    </div>
</div>
```

图 8-1-16 制作“立即购买”和“加入购物车”按钮的代码

用 CSS 代码设置两个按钮样式，如图 8-1-17 所示。

```
.pay{
    margin-top: 25px;
    font-size: 12px;
}
.tb-btn-buy{
    width: 98px;
    height: 25px;
    line-height: 25px;
    text-align: center;
    margin-left:60px;
    margin-right:10px;
    background-color: #FFEDED;
    border: 1px solid #F03726;
    float: left;
}
.tb-btn-buy a{
    color: #F03726;
}
.tb-btn-basket{
    width: 98px;
    height: 25px;
    line-height: 25px;
    text-align: center;
    margin-left:10px;
    background-color: #F03726;
    border: 1px solid #F03726;
    float: left;
}
.tb-btn-basket a{
    color: #FFFFFF;
}
```

图 8-1-17　用 CSS 设置“立即购买”和“加入购物车”按钮样式的代码

运行代码，效果如图 8-1-18 所示。

步骤七：

制作优惠套装区。基本思路还是使用无序列表 ul，每个 li 列表项向左浮动来设置优惠套装区的布局。具体代码如图 8-1-19 所示。

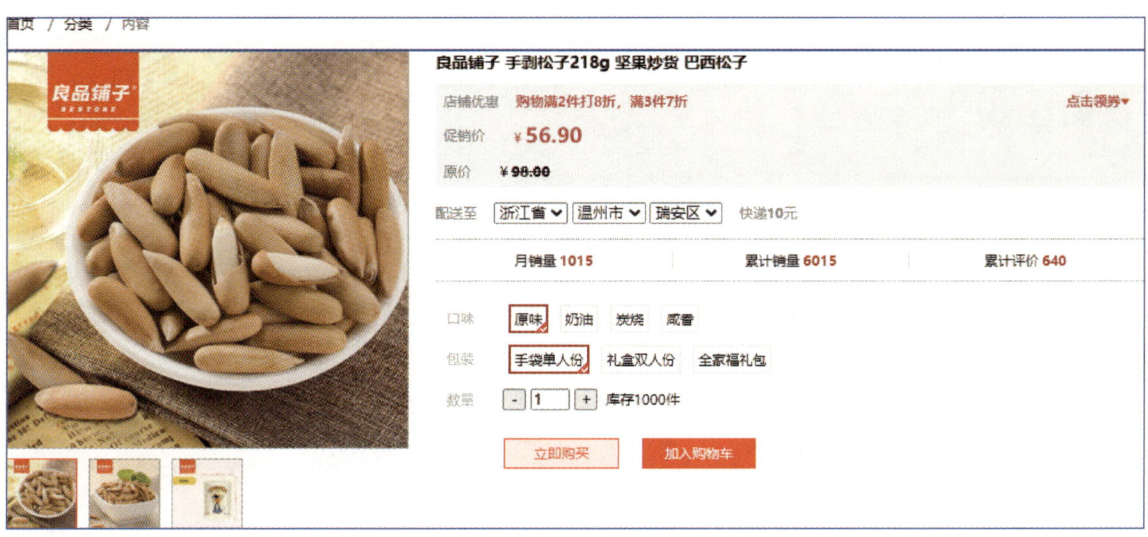

图 8-1-18 “立即购买”和“加入购物车”按钮效果

```
<!-- 优惠套装 -->
<div class="match">
    <div class="match-title">优惠套装</div>
    <div class="match-comment">
        <ul class="like_list">
            <li>
                <div class="s_picBox">
                    <a class="s_pic" href="#"><img src="img/cp.jpg"></a>
                </div>
                <a class="txt" target="_blank" href="#">萨拉米 1+1 小鸡腿</a>
                <div class="info-box"> <span class="info-box-price">¥ 29.90</span>
<span class="info-original-price">¥ 199.00</span> </div>
            </li>
            <li class="plus_icon"><i>+</i></li>
            <li>
                <div class="s_picBox">
                    <a class="s_pic" href="#"><img src="img/cp2.jpg"></a>
                </div> <a class="txt" target="_blank" href="#">ZEK 原味海苔</a>
                <div class="info-box"> <span class="info-box-price">¥ 8.90</span>
<span class="info-original-price">¥ 299.00</span> </div>
            </li>
            <li class="plus_icon"><i>=</i></li>
            <li class="total_price">
                <p class="combo_price"><span class="c-title">套餐价:</span>
<span>¥35.00</span> </p>
                <p class="save_all">共省:<span>¥463.00</span></p> <a href="#"
class="buy_now">立即购买</a> </li>
```

```
        <li class="plus_icon"><i class="am-icon-angle-right"></i></li>
      </ul>
    </div>
</div>
```

图 8-1-19　优惠套装区结构布局

此处需要注意应清除浮动，消除商品详情区代码产生的影响，清除浮动使用的代码是“clear:both;”。用 CSS 设置优惠套装区样式的代码如图 8-1-20 所示。

```
.match{
    clear: both;  /* 消除上面布局对自己的影响 */
    margin:0px auto;
    width: 1000px;  /* 占据宽度依然是 1000 像素 */
    padding-top:20px;
    border: 1px solid blue;
}
.match-title{
    height: 36px;
    line-height: 36px;  /* 行高与高度一致，内容垂直居中 */
    font-size: 16px;
    margin: 0px 10px;
    border-bottom: 1px solid #E6E6E6;  /* 文字下方设置一条线 */
    color:#E4393C;
    font-weight: 700;
}
.like_list{
    overflow: hidden;  /* 此处解决高度塌陷问题 */
}
.like_list li{
    float: left;
    margin-left: 5px;
    margin-right: 5px;
    padding-bottom: 15px;
    text-align: center;
}
.s_picBox {
    width:100px;
    overflow: hidden;
}
.s_picBox img{
    width:100%;  /* 图片随宽度缩放 */
}
.txt{
```

```
    font-size: 12px;
}
.info-box-price {
    color: #E4393C;
    font-size: 14px;
    font-family: arial;
    font-weight: 600;

}
.info-original-price {
    text-decoration: line-through;  /* 横穿文字线 */
    font-size: 12px;
    color: #999;
    margin-left: 2px;
    font-family: arial;
    font-weight: 400;
}
.like_list .plus_icon {  /*+ 符号设置 */
    width: 10px;
    text-align: center;
    font-size: 20px;
    color: #C3C3C3;
    height:100px;
    line-height:100px;
    margin:0px 0px;
}
.like_list .total_price p {
    font-size: 12px;
    padding-bottom: 8px;
    margin-left: 6px;
}
.like_list .total_price .combo_price span {
    font-size: 16px;
    color: #E4393C;
    font-weight: 600;
}
.like_list .total_price {
    margin-top:20px;
}
.like_list .total_price .buy_now {
    background-color: #F03726;
    color: #FFF;
    margin:0px auto;
```

```
    padding: 0px 10px;
    text-align: center;
    width: 62px;
    line-height:24px;
    font-size: 12px;
    display: block;  /*必须把 a 变为块级元素宽高才有效*/
}
.match-comment{
    border-bottom: 1px solid #E6E6E6;
}
```

图 8-1-20　用 CSS 优惠套装样式的代码

运行代码，制作完优惠套装区的网页效果如图 8-1-1 所示。

一、background-position 属性的设置

background-position 属性的默认值为“0　0”或“top　left”，即背景图像位于元素的左上角。

background-position 属性的取值有多种，具体情况如下。

1. 使用不同单位（最常用的是像素 px）的数值：直接设置图像左上角在元素中的坐标，例如，background-position:20px　20px;。

2. 使用预定义的关键字：指定背景图像在元素中的对齐方式。

水平方向值：left、center、right。

垂直方向值：top、center、bottom。

两个关键字的顺序任意，若只有一个值，则另一个值默认为 center。例如，center 相当于 center center（居中显示），top 相当于 top center 或 center top（水平居中且上对齐）。

3. 使用百分比：按背景图像和元素的指定点对齐。

0%　0%：图像左上角与元素左上角对齐。

50%　50%：图像 50%　50% 的中心点与元素 50%　50% 的中心点对齐。

20%　30%：图像 20%　30% 的点与元素 20%　30% 的点对齐。

100%　100%：图像右下角与元素右下角对齐，而不是图像充满元素。

如果只有一个百分数，将作为水平值，垂直值则默认为 50%。

二、text-decoration 属性的设置

text-decoration 属性用于设置文本的下画线、上画线、删除线等装饰效果，其可用属性值如下。

1. none：没有装饰（正常文本默认值）。

2. underline：下画线。

3. overline：上画线。

4. line-through：删除线。

text-decoration 后可以赋多个值，用于给文本添加多种显示效果。例如，希望文字同时有下画线和删除线效果，就可以将 underline 和 line-through 同时赋给 text-decoration。

下面通过案例讲解利用 text-decoration 属性设置下画线，代码如图 8-1-21 所示。

```
<!DOCTYPE html>
<html>
   <head>
      <meta charset="utf-8">
      <title></title>
      <style type="text/css">
         .one{text-decoration: none;}  /* 没有装饰 */
         .two{
            text-decoration: underline;  /* 下画线 */
         }
         .three{
            text-decoration: overline;  /* 上画线 */
         }
         .four{
            text-decoration: line-through;  /* 删除线 */
         }
      </style>
   </head>
   <body>
      <p class="one">缤购乐食电子商务网站</p>
      <p class="two">缤购乐食电子商务网站</p>
      <p class="three">缤购乐食电子商务网站</p>
      <p class=" four">缤购乐食电子商务网站</p>
   </body>
</html>
```

图 8-1-21　text-decoration.html

在图 8-1-21 所示代码中定义了四个段落，使用 text-decoration 属性分别对四个段落进行相应的设置。

运行图 8-1-21 中的代码，效果如图 8-1-22 所示。

缤购乐食电子商务网站

缤购乐食电子商务网站

缤购乐食电子商务网站

缤购乐食电子商务网站

图 8-1-22　文本装饰效果

相关知识

一、选择题

1. text-decoration 中（　　）用来设置下画线。

A. none　　B. underline

C. overline　　D. line-through

2. 定位背景图像时通常使用（　　）。

A. background-color　　B. background-position

C. background-repeat　　D. background-image

3. 可以用（　　）设定背景图像是否平铺。

A. background-color　　B. background-position

C. background-repeat　　D. background-image

4. background-size 通常用来设置背景图片的（　　）。

A. 位置　　B. 尺寸

C. 绘制区域　　D. 背景颜色

5. 下列关于 text-decoration 属性叙述错误的是（　　）。

A. 可以设置双下画线　　B 可以设置下画线

C. 可以设置上画线　　D. 可以设置删除线

二、判断题

1. 定位图像背景时可以使用百分比。（　　）

2. 使用 text-decoration 时，如果后代元素没有自己的装饰，祖先元素上设置的装饰会“延伸”到后代元素中。（　　）

3. text-decoration 只能赋一个值。（　　）

三、操作题

1. 使用 CSS 样式表、text-decoration 属性，实现图 8-1-23 所示效果。

2. 使用无序列表、超链接、伪类等功能，实现图 8-1-24 所示效果。

初相遇 文/席慕蓉

美丽的梦和美丽的诗一样，都是可遇而不可求的，常常在最没能料到的时刻里出现。

我喜欢那样的梦，在梦里，一切都可以重新开始，一切都可以慢慢解释，心里甚至还能感觉到所有被浪费的时光竟然都能重回时的狂喜与感激。***胸怀中满溢着幸福，只因你就在我眼前***，对我微笑，一如当年。

我喜欢那样的梦，明明知道你已为我跋涉千里，却又觉得芳草鲜美，落英缤纷，好像你我才初相遇。

图 8-1-23 “初相遇”完成效果

夏季流行

夏季新品 雪纺裙 铅笔裤 短裤 短袖衫 小脚牛仔裤 开衫 蕾丝/雪纺衫 韩版外套 小西装 中长款裙

上装

情侣衫 雪纺衫 防晒衣 休闲套装 卫衣 背心/吊带

裙子

半身裙 长裙 短袖裙 蕾丝连衣裙 长袖裙 无袖/背心裙 A字裙 牛仔裙 半身中长裙 半身短裙 包臀裙

裤子

休闲裤 牛仔裤 打底裤 长裤 哈伦裤 阔腿裤 连体裤 七/九分裤 牛仔短裤 西装裤

其他女装

婚纱 礼服 旗袍 舞台装 唐装 职业装 羊绒衫 毛衣 呢大衣 羽绒服 真皮皮衣

图 8-1-24 淘宝女装分类页面完成效果

任务 2　设置网页文本显示样式

学习目标

- 掌握 CSS 文本属性的设置。

任务导入

通过前面任务的学习，可以使用 CSS 设置文本的显示样式，从而让网页布局更加美观。本任务主要通过使用 CSS 代码设置文本相关属性的样式来美化缤购乐食电子商务网站商品详情网页。最终网页效果如图 8-2-1 所示。

图 8-2-1 缤购乐食电子商务网站商品详情网页

步骤一：

制作商品介绍区左侧其他商品推荐部分，此部分宽度为 200 像素，使用 ul 无序列表来实现，每个 li 列表项内放置一件商品的图文信息。具体代码如图 8-2-2 所示。

```
<!-- 商品介绍 -->
<div class="introduce">
    <!-- 左侧 -->
    <div class="browse">
        <div class="mc">
            <ul>
                <div class="mt">
                    <h2>看了又看</h2>
                </div>
                 <li class="first">
                   <div class="p-img">
                       <a  href="#"> <img class="" src="img/browse1.jpg"> </a>
                   </div>
                   <div class="p-name"><a href="#">
                      【三只松鼠 _ 开口松子】零食坚果特产炒货东北红松子原味
                   </a>
                   </div>
                   <div class="p-price"><strong>¥35.90</strong></div>
                 </li>

                 <li>
                   <div class="p-img">
                       <a  href="#"> <img class="" src="img/browse1.jpg"> </a>
                   </div>
                   <div class="p-name"><a href="#">
                      【三只松鼠 _ 开口松子】零食坚果特产炒货东北红松子原味
                   </a>
                   </div>
                   <div class="p-price"><strong>¥35.90</strong></div>
                 </li>

                 <li>
                   <div class="p-img">
                       <a  href="#"> <img class="" src="img/browse1.jpg"> </a>
                   </div>
```

```
              <div class="p-name"><a href="#">
                  【三只松鼠 _ 开口松子】零食坚果特产炒货东北红松子原味
              </a>
              </div>
              <div class="p-price"><strong>¥35.90</strong></div>
            </li>

            <li>
              <div class="p-img">
                  <a  href="#"> <img class="" src="img/browse1.jpg"> </a>
              </div>
              <div class="p-name"><a href="#">
                  【三只松鼠 _ 开口松子】零食坚果特产炒货东北红松子原味
              </a>
              </div>
              <div class="p-price"><strong>¥35.90</strong></div>
            </li>

            <li>
              <div class="p-img">
                  <a  href="#"> <img class="" src="img/browse1.jpg"> </a>
              </div>
              <div class="p-name"><a href="#">
                  【三只松鼠 _ 开口松子 218g】零食坚果特产炒货东北红松子原味
              </a>
              </div>
              <div class="p-price"><strong>¥35.90</strong></div>
          </li>
        </ul>
      </div>
    </div>
</div>
```

图 8-2-2 其他商品推荐区结构布局

其他商品推荐区样式代码如图 8-2-3 所示。

图 8-2-3 中的 font-weight 属性用数值来设置，数值越大则字体越粗，用数值来控制的优点是可以更精准地控制字体的粗细。

运行代码，效果如图 8-2-4 所示。

```
.introduce{
    margin: 15px auto;
    max-width:1000px;  /*宽度是1000像素*/
    border:1px solid blue;
    overflow: hidden;
}
.browse{
    float:left;
    width:20%;
}
.browse ul{
    border:1px solid #D4D4D4;
    width: 90%;
}
.browse ul .mt{
    background-color: #f7f7f7;
    text-align: center;
}
.browse ul .mt h2{
    font-weight: 400;
    font-size: 12px;
    padding: 2px 0px;
}
.browse ul li {
    margin:0px 10px;
    padding:12px 0px;
    border-top: 1px dotted #DEDEDE;
    font-size: 12px;
    text-align: center;
}
.browse ul li.first {
    border-top:none;
}
.browse li img{
    width:100%;
}
.browse li .p-price strong {
    color: #E4393C;
    font-weight: 600;
}
```

图 8-2-3　用 CSS 设置其他商品推荐区样式的代码

图 8-2-4　其他商品推荐区网页效果

步骤二：

制作商品详情介绍区部分。此部分的宽度为 800 像素，使用 ul 无序列表嵌套来进行布局。具体代码如图 8-2-5 所示。

```
<!-- 右侧 -->
<div class="in-detail">
    <ul class="am-avg-sm-3 am-tabs-nav am-nav am-nav-tabs">
        <li class="am-active">
            <a href="#">
                <span class="index-needs-dt-txt"> 宝贝详情 </span>
            </a>
        </li>
        <li>
            <a href="#">
                <span class="index-needs-dt-txt"> 全部评价 </span>
            </a>
        </li>
        <li>
            <a href="#">
                <span class="index-needs-dt-txt"> 猜你喜欢 </span>
            </a>
        </li>
    </ul>
    <div class="am-tabs-bd">

        <div class="am-tab-panel am-fade am-in am-active">
            <div class="J_Brand">

                    <div class="attr-list-hd tm-clear">
                        <h4> 产品参数: </h4></div>
                    <div class="clear"></div>
                    <ul id="J_AttrUL">
                        <li title=""> 产品类型 :  烘炒类 </li>
                        <li title=""> 原料产地 :  巴基斯坦 </li>
                        <li title=""> 产地 :  湖北省武汉市 </li>
                        <li title=""> 配料表 :  进口松子、食用盐 </li>
                        <li title=""> 产品规格 : 210g</li>
                        <li title=""> 保质期 : 180 天 </li>
                        <li title=""> 产品标准号 : GB/T 22165</li>
                        <li title=""> 生产许可证编号 : QS4201 1801 0226</li>
                        <li  title=""> 储存方法 :  请放置于常温、阴凉、通风、干燥处
保存 </li>
                        <li title=""> 食用方法 :  开袋去壳即食 </li>
```

```
                </ul>
                <div class="clear"></div>
            </div>

            <div class="details">
                <div class="attr-list-hd after-market-hd">
                    <h4>商品细节</h4>
                </div>
                <div class="twlistNews">
                    <img src="img/tw1.jpg"/>
                    <img src="img/tw2.jpg"/>
                    <img src="img/tw3.jpg"/>
                    <img src="img/tw4.jpg"/>
                    <img src="img/tw5.jpg"/>
                    <img src="img/tw6.jpg"/>
                    <img src="img/tw7.jpg"/>
                </div>
            </div>
            <div class="clear"></div>

        </div>
    </div>
</div>
```

图 8-2-5　商品详情介绍区结构布局

此处使用了将一行均分为三个相同宽度部分的技巧，即设置每个部分的 width 值为 33%。还需要注意的是，这里使用了子代选择器，它的连接符号是“ >”，符号后面的选择器是符号前面选择器的直接下级。用 CSS 设置商品详情介绍区样式的代码如图 8-2-6 所示。

```
.in-detail{
    width: 80%;
    float: left;
}
.in-detail > ul > li{
    float: left;
    width: 33%;
    background-color: #F5F5F5;
    text-align: center;
    height: 30px;
    line-height: 30px;
    font-weight: 550;
    border-top: 2px solid #F5F5F5;
    font-size: 12px;
```

```
}
.am-nav-tabs > li.am-active {
    border-top: 2px solid #F03726;
    border-bottom: none;
}
.am-tabs-bd{
    clear: both;
    padding-top: 20px;
}

.attr-list-hd h4 {
    position: relative;
    height: 35px;
    margin-bottom: -1px;
    padding-right: 10px;
    border-bottom: 1px solid #F70;
    font-size: 12px;
    font-weight: 350;
    width: 100px;
}
#J_AttrUL{
    padding: 0px 20px 18px;
    text-indent: 0px;
    overflow: hidden;
}
#J_AttrUL li {
    float: left;
    width: 33%;
    height: 18px;
    line-height: 18px;
    overflow: hidden;
    margin: 10px 0px 0px 0px;
    vertical-align: top;
    white-space: nowrap;
    text-overflow: ellipsis;
    color: #666;
    font-size:12px;
}
.twlistNews{
    margin-top: 15px;
}
```

图 8-2-6　用 CSS 设置商品详情介绍区样式的代码

运行代码，商品详情介绍区网页效果如图 8-2-1 所示。

相关知识

一、text-indent 属性的设置

text-indent 属性用于设置首行文本的缩进，其属性值可为不同单位的数值。em 表示字符宽度的倍数或相对于浏览器窗口宽度的百分比，允许使用负值。建议使用 em 作为该属性的设置单位。

下面来学习 text-indent 属性的使用，如图 8-2-7 所示。

```
<!DOCTYPE html>
<html>
    <head>
        <meta charset="utf-8">
        <title>首行缩进</title>
        <style type="text/css">
            p{ font-family:"微软雅黑";
                color: red;
                font-size: 14px;
            }
            .two{
                text-indent: 2em;
            }
            .three{
                text-indent: 50px;
            }
        </style>
    </head>
    <body>
        <p class="one">
            段落一：这是正常显示的文本内容，并没有设置段落 1 文本的首行缩进效果
        </p>
        <p class="two">
            段落二：使用 text-indent:2em; 设置段落 2 文本首行缩进 2 个字符的效果
        </p>
        <p class="three">
            段落三：使用 text-indent:50px; 设置段落 3 文本首行缩进 50 像素的效果
        </p>
    </body>
</html>
```

图 8-2-7　首行缩进 .html

在图 8-2-7 中，第一段文本没有设置首行缩进效果，第二段文本使用了“text-indent:

2em;”设置首行文本缩进两个字符，第三段文本使用“text-indent:50px;”设置首行文本缩进 50 像素。

运行图 8-2-7 中的代码，效果如图 8-2-8 所示。

段落一:这是正常显示的文本内容，并没有设置段落1文本的首行缩进效果

段落二:使用text-indent:2em;设置段落2文本首行缩进2个字符的效果

段落三:使用text-indent:50px;设置段落3文本首行缩进50像素的效果

图 8-2-8 首行缩进效果

通过图 8-2-8 可以看出，text-indent 属性可以设置文本不同单位量的首行缩进效果。

二、white-space 属性的设置

使用 html 制作网页时，不论源代码中有多少空格，在浏览器中只会显示一个字符的空白。在 CSS 中，使用 white-space 属性可设置空白符的处理方式，其属性值如下。

1. normal：常规（默认值），文本中的空格、空行无效，满行（到达区域边界）后自动换行。

2. pre：预格式化，按文档的书写格式保留空格，空行原样显示。

3. nowrap：空格、空行无效，强制文本不能换行，遇到换行
 内容超出元素的边界也不换行，若超出浏览器网页则会自动增加滚动条。

三、text-overflow 属性的设置

text-overflow 属性用来设置当文本溢出时应当采取的样式，其属性值如下。

1. clip：直接裁剪掉溢出的文本内容。

2. ellipsis：用省略号来代表溢出的文本内容。

下面通过图 8-2-9 所示的代码来详细讲解 text-overflow 属性的用法。

```
<!DOCTYPE html>
<html>
<head>
      <meta charset="utf-8">
      <title></title>
<style type="text/css">
.test_demo_clip
{
   text-overflow:clip;
      overflow:hidden;
         white-space:nowrap;
         width:200px;
         background:#ccc;
}
```

```
        .test_demo_ellipsis
        {
        text-overflow:ellipsis;
        overflow:hidden;
        white-space:nowrap;
        width:200px;
        background:#ccc;
        }
</style>
</head>
<body>
    <h2>text-overflow : clip </h2>
    <div class="test_demo_clip">不显示省略标签，而是简单的裁切条</div>
    <h2>text-overflow : ellipsis </h2>
    <div class="test_demo_ellipsis">当对象内文本溢出时显示省略标签</div>
</body>
</html>
```

图 8-2-9　文本溢出 .html

运行图 8-2-9 中的代码，效果如图 8-2-10 所示。第一段文字是直接裁剪掉溢出的文本，第二段文字是以省略号代表溢出的文本。

text-overflow : clip

不显示省略标签，而是简单的

text-overflow : ellipsis

当对象内文本溢出时显示...

图 8-2-10　文字溢出效果

一、选择题

1. 下列不属于 text-indent 值的是（　　）。

A. 1 em　　B. 1 px

C. 1%　　D. 1 nm

2. html 的空格符是（　　）。

A.   B. >

C. & D. <

3. white-space 属性中预格式化的是（ ）。

A. normal B. pre

C. nowrap D. 以上都不对

4. text-overflow 属性中修剪文本的是（ ）。

A. clip B. ellipsis

C. pruning D. 以上都不对

5. 下列关于 text-indent 的叙述错误的是（ ）。

A. 可以设置与网页左边的外间距

B. 可以设置首行文本的缩进

C. 可以设置百分比

D. 一个 p 标签里面可以换行缩进

二、判断题

1. text-indent 属性的单位可以是毫米。（ ）

2. 在 pre 标签中可以输入与 Word 文档中一样的效果。（ ）

3. ellipsis 用省略号代表被修剪的文本。（ ）

三、操作题

1. 使用 CSS 文本样式及其属性实现图 8-2-11 所示效果。

中乙队赛前突然换帅仍胜毅腾 高原黑马欲阻击舜天

2017年07月16日20:11 xx体育 评论中大奖 （11人参与） 收藏本文

新浪体育讯 7月16日是燕京啤酒[微博]2017中国足协杯第三轮比赛，丽江嘉云昊队主场迎战哈尔滨毅腾队的比赛日。然而就在比赛日中午，丽江嘉云昊队主帅李虎和另外两名成员悄然向俱乐部提出了辞呈，并且收拾行囊准备离开。在这样的情况下，丽江嘉云昊队不得不由此前的教练员杨贵东代理指挥了本场比赛。

在昨日丽江嘉云昊队主帅李虎就缺席了赛前的新闻发布会，当时俱乐部给出的解释是李虎由于身体欠佳，去医院接受治疗。然而今日李虎出现在俱乐部时，向记者否认了这一说法，并且坦言已经向俱乐部提出了辞呈。

据记者多方了解的情况，李虎[微博]及其教练组近来在执教成绩上承受了不小的压力，在联赛间歇期期间，教练组曾向俱乐部提出能够多引进有实力的球员补强球队，然而由于和俱乐部在投入以及成绩指标上的分歧，李虎最终和教练组一起在比赛日辞职。

这样的情况并没有影响到丽江嘉云昊队[微博]的队员，在比赛中丽江队在主场拼得非常凶，在暴雨之中仍然发挥出了体能充沛的优势，最终凭借点球击败了中超球队哈尔滨毅腾，顺利晋级下一轮比赛。根据中国足协杯的赛程，丽江嘉云昊队将在本月23日迎战江苏舜天队。

图 8-2-11 新闻

2. 结合使用超链接、有序列表等知识点，实现图 8-2-12 所示效果。

联系我们

a. **客户服务**

如果您在使用过程中对功能产生疑问或出现错误提示，请与我们的客服人员联系。
联系电话：111-2222-333
在线客服：http://www.kaixin001.com/t/cronline.html
电子邮箱：contactcorp.kaixin001.com

b. **人力资源**

如果您愿意加入我们，请在邮件主题中注明"职位+姓名"后将简历发送到下面的邮件地址。
电子邮箱：jobabc.defgin001.com

c. **广告销售**

如果您有意在我们平台投放广告，请您将公司名称、公司所代理的品牌、产品名称、推广需求及联系方式发送到下面的邮件地址。
电子邮箱：zizhucorp.kaixin001.com

d. **公司地址**

总公司：xx市xx区xx街10号xx11层　　　　邮编：100080

图 8-2-12　广告

项目九　表单控制

任务 1　制作列表网页

学习目标

- 掌握元素的显示与隐藏方法。

任务导入

一个网页中通常包含多种内容，要在有限的页面空间里展示这些内容，就需要结合多种技术来实现。例如，在对页面进行布局时，为了让页面更美观、布局更合理、功能更强大，加强页面的视觉效果，可以通过设置标签的显示与隐藏，来选择让哪些元素正常显示，让哪些元素通过指针触发显示。

本任务将通过设置背景颜色、设置边框样式以及设置元素显示与隐藏来制作彩妆产品热卖列表网页，网页效果如图 9-1-1 所示。

图 9-1-1　彩妆产品热卖列表网页

步骤一：

在 body 标签中插入一个大的 div 盒子，然后在大盒子中插入一个段落标题和一个 ul 无序列表，彩妆产品热卖列表的布局主要由这个 ul 无序列表来实现。具体代码如图 9-1-2 所示。

```
<div id="cosmetics">
    <p class="title"> 大家都喜欢的彩妆 </p>
    <ul>
        <li><a href="#"><span>1</span>Za 姬芮新能真皙美白隔离霜 35g
            <div>
                <img src="image/icon-1.jpg"  alt="Za 姬芮新能真皙美白隔离霜 "/>
                <p>¥62.00  最近 69122 人购买 </p>
            </div>
            </a></li>
        <li><a href="#"><span>2</span> 美宝莲精纯矿物奇妙新颜乳霜 BB 霜 30mL
            <div>
                <img src="image/icon-2.jpg" alt=" 美宝莲精纯矿物奇妙新颜乳霜 BB 霜 "/>
                <p>¥89.00  最近 13610 人购买 </p>
            </div>
            </a></li>
        <li><a href="#"><span>3</span> 菲奥娜水漾 CC 霜 40g
            <div>
                <img src="image/icon-3.jpg" alt=" 菲奥娜水漾 CC 霜 "/>
                <p>¥59.90  最近 13403 人购买 </p>
            </div>
            </a></li>
        <li><a href="#"><span>4</span>DHC 蝶翠诗橄榄卸妆油 200mL
            <div>
                <img src="image/icon-4.jpg" alt="DHC 蝶翠诗橄榄卸妆油 "/>
                <p>¥169.00  最近 16757 人购买 </p>
            </div>
            </a></li>
    </ul>
</div>
```

图 9-1-2　彩妆产品热卖列表网页

运行图 9-1-2 中的代码，部分网页效果如图 9-1-3 所示。

大家都喜欢的彩妆

- 1Za姬芮新能真皙美白隔离霜 35g

¥62.00 最近69122人购买

- 2美宝莲精纯矿物奇妙新颜乳霜BB霜 30mL

图 9-1-3　部分初始网页效果

步骤二：

进行样式设置。这里需要注意，本任务采用外部样式表。首先把网页中列表的默认样式清除掉，然后去掉超链接 a 标签的下画线，并设置其包含文字的颜色。

具体 CSS 设置代码如图 9-1-4 所示。

```
body, p, ul, li {
    margin:0px;
    padding:0px;
}
 ul, li {
    list-style-type:none;
}
#cosmetics a {
    color:#666666;
    text-decoration:none;
}
```

图 9-1-4　用 CSS 设置基本样式的代码

设置完毕，运行代码，网页效果如图 9-1-5 所示。

图 9-1-5 部分网页效果 1

步骤三：

设置网页文本的字体和网页元素的背景颜色，CSS 代码如图 9-1-6 所示。

```
body, p, ul, li {
    margin:0px;
    padding:0px;
}
 ul, li {
    list-style-type:none;
}
#cosmetics a {
    color:#666666;
    text-decoration:none;
}
body {
    background-color:#eee7e1;
    font-size:12px;
}
img {
    border:0px;
}
```

```
#cosmetics {
   width:255px;
   background-color:#FFF;
}
#cosmetics .title {
   font-size:14px;
   font-weight:bold;
   color:#FFF;
   background-color:#e9185a;
   height:35px;
   line-height:35px;
   padding-left:10px;
}
```

图 9-1-6 设置背景色

设置完毕，运行代码，效果如图 9-1-7 所示。

图 9-1-7 部分网页效果 2

步骤四：

为每个产品设置下边框虚线，将产品与产品间隔开，同时设置每个产品图片默认为隐藏状态，隐藏状态使用“display:none;”来实现。具体 CSS 代码如图 9-1-8 所示。

```
#cosmetics li {
    border-bottom:1px #a8a5a5 dashed;
    line-height:30px;
    padding-left:2px;
}
#cosmetics li div {
    display:none;   /* 此处将 div 元素隐藏 */
    text-align:center;
}
```

图 9-1-8　用 CSS 设置下边框虚线属性的代码

设置完毕，运行代码，效果如图 9-1-9 所示。

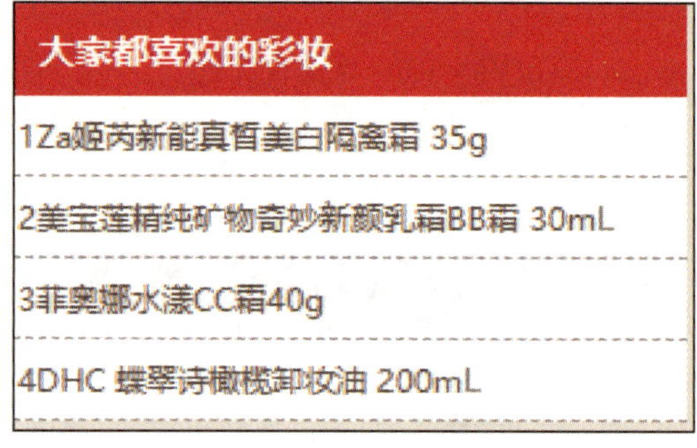

图 9-1-9　设置下边框虚线属性后的网页效果

步骤五：

使用“a:hover”伪类做两处设置，一处为当鼠标光标悬停在列表项时文字颜色变为红色，另一处为当鼠标光标悬停在列表项时将序号图片变为红颜色序号图片，具体 CSS 代码设置如图 9-1-10 所示。

```
#cosmetics a:hover {
    color:#e9185a;
}
#cosmetics a span {
    color:#FFF;
    background:url(../image/dot_01.gif) 0px 5px no-repeat;
    text-align:center;
    padding:10px;
    font-weight:bold;
}
#cosmetics a:hover span {   /* 鼠标光标悬停时的状态 */
    color:#FFF;
    background:url(../image/dot_02.gif) 0px 5px no-repeat;
}
```

图 9-1-10　用 CSS 设置伪类的代码

设置完毕，运行代码，效果如图 9-1-11 所示。

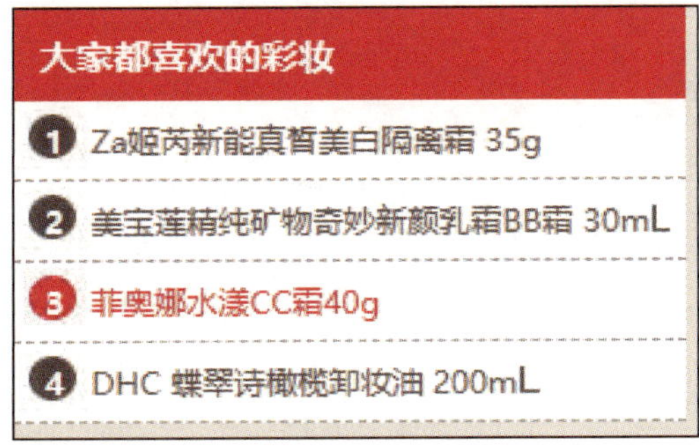

图 9-1-11 设置伪类后的网页效果

步骤六：

利用“a:hover”伪类来实现当鼠标光标悬停在列表项时产品图片变为显示状态。具体 CSS 代码如图 9-1-12 所示。

```
#cosmetics a:hover div {
    display:block;  /* 将 div 元素改变为块元素，此时隐藏状态也会变为显示状态 */
}
```

图 9-1-12 用 CSS 设置产品图片状态的代码

设置完毕，运行代码，彩妆产品热卖列表网页如图 9-1-1 所示。

相关知识

在前面的项目中已经介绍过 display 的转换属性，可以使用 display 属性让元素变为行内元素、块元素或行内块元素。下面将介绍 display 的显示与隐藏属性，即让一个元素在页面中消失或者显示，类似于广告网站，当鼠标光标在图片或文字上面移动时，通过 display 的显示与隐藏属性，来展示对当前内容更加细致的描述；而当鼠标光标移走后，这些内容就隐藏不见了。再比如某些下拉菜单，其在正常情况下是不显示的，只有当鼠标光标经过时，才会显示下拉菜单。display 有关显示与隐藏的属性值及其含义见表 9-1-1。

表 9-1-1　display 有关显示与隐藏的属性值及其含义

属性值	含义
none	隐藏对象
block	除了转换为块级元素之外，同时还有显示元素的作用

下面通过一个案例来学习未使用元素的隐藏与显示的情况，代码如图 9-1-13 所示。

```
<!DOCTYPE html>
<html>
    <head>
        <meta charset="utf-8">
        <title></title>
        <style type="text/css">
        </style>
    </head>
    <body>
        <div class="div1">
            我是 div1
        </div>
    </body>
</html>
```

图 9-1-13　未使用元素的隐藏与显示的代码应用

保存 html 文件，运行效果如图 9-1-14 所示。

```
我是 div1
```

图 9-1-14　未使用元素的隐藏与显示的代码效果

这时 div 标签的内容显示在浏览器上。如果不想让 div 标签的内容显示出来，可以使用"display:none;"将它隐藏，代码如图 9-1-15 所示。

```
<!DOCTYPE html>
<html>
    <head>
        <meta charset="utf-8">
        <title></title>
        <style type="text/css">
            .div1{
                display: none;
            }
        </style>
    </head>
    <body>
        <div class="div1">
            我是 div1
        </div>
    </body>
</html>
```

图 9-1-15　使用 display 的隐藏属性隐藏 div 标签的内容

保存 html 文件，运行效果如图 9-1-16 所示。

图 9-1-16　div 标签的内容被隐藏

这时可以发现浏览器是空白的，没有任何显示，通过使用 display 的隐藏属性，隐藏了 div 标签的内容。同理，如果想显示 div 标签的内容，可以使用“display:block;”将 div 标签内容显示出来。大家可以自己动手操作一下。

思考与练习

一、选择题

1. block 的含义是（　　）。

A. 显示　　B. 隐藏　　C. 绝对　　D. 固定

2.（　　）是隐藏对象的属性值。

A. block　　B. none　　C. fixed　　D. relative

3. 可通过（　　）将标签隐藏。

A. display:none;　　B. display:block;　　C. display:flex;　　D. display:inline;

二、判断题

1. 隐藏元素的属性值是 flex。（　　）

2. 要实现元素的隐藏与显示，可以使用 display 属性中的 none 和 block。（　　）

3. display 的属性值 none 可以用于元素的隐藏。（　　）

4. display 属性只能用于元素的隐藏与显示。（　　）

5. display 的属性值 block 只能用于元素的显示。（　　）

三、操作题

使用元素的显示与隐藏属性实现图 9-1-17 所示网页效果，并使用 CSS 基本属性完善该网页。

图 9-1-17　网页效果

任务 2　制作鼠标指针特效

学习目标

- 掌握用 CSS 设置鼠标指针效果。

任务导入

读者在浏览网页时看到的鼠标指针会有不同的形状，如箭头、手形和 I 字形等，而在 Windows 环境下看到的鼠标指针种类要比这个多很多。CSS 弥补了 html 语言在这方面的不足，通过 cursor 属性可以设置各式各样的鼠标指针样式。

用 CSS 设置鼠标指针样式主要是通过 cursor 属性来实现的。该属性可以在任何标签里使用，从而能够改变各种网页元素的鼠标指针效果。本任务主要使用 cursor 属性中的 pointer 值来改变鼠标指针显示样式、用 ul 列表进行布局来制作缤购乐食电子商务网站购物车网页，最终网页效果如图 9-2-1 所示。

图 9-2-1　缤购乐食电子商务网站购物车网页

步骤一：

整理好缤购乐食电子商务网站购物车网页的公共部分，此时的页底由 1 000 像素缩小至 860 像素，其目的是配合购物车的宽度，效果如图 9-2-2 所示。

图 9-2-2　购物车页面公共部分

制作商品信息标题栏，具体 html 代码如图 9-2-3 所示。

```
<!-- 购物车标题 -->
<div class="cartTable">
    <div class="wp">
        <div class="th th-item">
            <div class="td-inner">商品信息</div>
        </div>
        <div class="th th-price">
            <div class="td-inner">单价</div>
        </div>
        <div class="th th-amount">
            <div class="td-inner">数量</div>
        </div>
        <div class="th th-sum">
            <div class="td-inner">金额</div>
        </div>
        <div class="th th-op">
            <div class="td-inner">操作</div>
        </div>
    </div>
</div>
```

图 9-2-3　用 html 制作商品信息标题栏的代码

用 CSS 设置商品信息标题栏样式的代码，如图 9-2-4 所示。

```
.cartTable{
    width: 860px;
    margin: 0px auto;
    font-size: 12px;
    margin-top: 10px;
    border: #f5f5f5 2px solid;   /* 灰色边框 */
}
.wp{
    overflow: hidden;
}
.th{
    float: left;
    width: 12.5%;  /* 其余标题每种占据 12.5% 的宽度 */
    height: 40px;
    line-height: 40px;
    text-align: center;   /* 居中显示 */
}
.th-item{
    width: 50%;  /* 商品信息标题占据一半的宽度 */
    text-align: left;
}
.th-item .td-inner{
    padding-left: 35px;
}
```

图 9-2-4　用 CSS 设置商品信息标题栏样式的代码

运行代码，效果如图 9-2-5 所示。

商品信息	单价	数量	金额	操作

图 9-2-5　制作完商品信息标题栏的网页效果

步骤二：

制作页面优惠信息栏，具体 html 代码如图 9-2-6 所示。

```
<!-- 购物优惠信息显示 -->
<div class="bundle-hd">
    <div class="bd-has-promo">
        已享优惠：
        <span class="bd-has-promo-content">
            省 ¥19.50
        </span>  
    </div>
```

```
    <div class="act-promo">
        <a href="#" target="_blank">
            第二支半价，第三支免费
            <span class="gt">&gt;&gt;</span>
        </a>
    </div>
</div>
```

图 9-2-6 用 html 制作页面优惠信息栏的代码

用 CSS 设置页面优惠信息栏样式的代码，如图 9-2-7 所示。

```
/* 优惠信息栏 */
.bundle-hd{
    width: 860px;
    height: 30px;
    line-height: 30px;
    margin: 0px auto;
    font-size: 12px;
    background-color: #F5F5F5;   /* 背景颜色和边框同色 */
    border: 2px solid #f5f5f5;
}
.bd-has-promo {
    color: #F40;
    float: left;
    margin-left: 50px;
}
.act-promo {
    margin-right: 20px;
    float: left;
}
```

图 9-2-7 用 CSS 设置页面优惠信息栏样式的代码

运行代码，效果如图 9-2-8 所示。

图 9-2-8 优惠栏效果图

步骤三：

制作一行商品购物信息，具体 html 代码如图 9-2-9 所示。

```
<!-- 商品购物信息显示 -->
<div class="bundle-main">
    <ul class="item-content clearfix">
        <li class="td td-chk">
            <div class="cart-checkbox">
                <input class="check" id="J_CheckBox_170037950254" name="items[]"
                value="170037950254" type="checkbox">
                <label for="J_CheckBox_170037950254"></label>
            </div>
        </li>
        <li class="td td-item">
            <div class="item-pic">
                <a href="#" target="_blank"
                data-title="美康粉黛醉美东方唇膏口红正品 持久保湿滋润防水不掉色护唇彩妆"
                class="J_MakePoint" data-point="tbcart.8.12">
                    <img src="img/kouhong.jpg_80×80.jpg" class="itempic J_
ItemImg"></a>
            </div>
            <div class="item-info">
                <div class="item-basic-info">
                    <a href="#" target="_blank" title="美康粉黛醉美唇膏 持久保湿滋
润防水不掉色"
                    class=" J_MakePoint" data-point="tbcart.8.12">
                        美康粉黛醉美唇膏 持久保湿滋润防水不掉色
                    </a>
                </div>
            </div>
        </li>
        <li class="td td-info">
            <div class="item-props item-props-can">
                <span class="sku-line">颜色：12# 川南玛瑙</span>
                <span class="sku-line">包装：裸装</span>
                <span tabindex="0" class="btn-edit-sku">修改</span>
            </div>
        </li>
        <li class="td td-price">
            <div class="item-price price-promo-promo">
                <div class="price-content">
                    <div class="price-line">
                        <em class="price-original">78.00</em>
                    </div>
                    <div class="price-line">
                        <em class="J_Price price-now" tabindex="0">39.00</em>
```

```
                </div>
            </div>
        </div>
    </li>
    <li class="td td-amount">
        <div class="amount-wrapper">
            <div class="item-amount">
                <div class="sl">
                    <input class="min am-btn" name=""
                    type="button" value="-"/>
                    <input class="text_box" name=""
                    type="text" value="3" style="width:30px;"/>
                    <input class="add am-btn" name=""
                    type="button" value="+"/>
                </div>
            </div>
        </div>
    </li>
    <li class="td td-sum">
        <div class="td-inner">
            <em tabindex="0" class="J_ItemSum number">117.00</em>
        </div>
    </li>
    <li class="td td-op">
        <div class="td-inner">
            <a title=" 移入收藏夹 " class="btn-fav" href="#"> 移入收藏夹 </a>
            <a href="javascript:;" data-point-url="#" class="delete"> 删除 </a>
        </div>
    </li>
  </ul>
</div>
```

图 9-2-9　用 html 制作一行商品购物信息的代码

用 CSS 设置一行商品购物信息样式的代码，如图 9-2-10 所示。

```
/* 商品购物列表 */
.bundle-main{
   width: 860px;
   margin: 0px auto;
   font-size: 12px;
   border: 2px solid #f5f5f5;
}
.item-content{   /* 无序列表 ul 的设置 */
```

```
    width:100%;
    overflow: hidden;
    position: relative;
    padding-bottom:5px;
    border-top: 1px solid #F5F5F5;
    margin-top: -1px;
}
.item-content .td {  /*列表项 li 向左浮动*/
    text-align: center;
    float: left;
}
.td-chk {  /*设置复选框的位置*/
    position: absolute;
    top: 17px;
    left:12px;
}
.td.td-item {  /*设置商品名称的宽度*/
    width: 30%;
}
.item-content .item-pic {  /*设置商品图片的宽度及位置*/
    width: 80px;
    height: 80px;
    float: left;
    border: 1px solid #EEE;
    overflow: hidden;
    margin: 20px 5px 0px 40px;
}
.item-basic-info {  /*设置商品图片旁文字的位置*/
    margin-top:20px;
    text-align:left;
}
.td-info{  /*颜色与包装设置*/
    width:20%;
    color: #777777;
}
.td-price,.td-sum{  /*单价与总价设置*/
    width:11%;
    margin-top:20px;
    text-align: center;
}
.td-amount,.td-op{  /*数量与操作设置*/
    width:14%;
    margin-top:20px;
```

```
    text-align: center;
}
.item-props-can{  /* 设置修改框大小，此时无颜色 */
    height:100px;
    border: 1px dashed transparent;
    position: relative;
    padding-top:20px;
}
.item-props.item-props-can:hover{  /* 当鼠标指针移入时设置颜色 */
    border-color:#F60;
}
.item-props.item-props-can .btn-edit-sku {
    display: none;
}
.item-props.item-props-can:hover .btn-edit-sku {  /* 当鼠标指针移入时出现修改按钮 */
    display: block;
    position: absolute;
    right: -1px;
    top:-1px;
    color: #FFF;
    cursor: pointer;
    background: #F60 none repeat scroll 0% 0%;
    padding: 2px 4px;
}
.price-original {  /* 原单价 */
    color: #9C9C9C;
    text-decoration: line-through;
    font-size:10px;
}
.price-now {  /* 现价 */
    color: #3C3C3C;
    font-weight: 600;
    font-size:14px;
}
.min,.add{  /* 加号和减号的宽、高 */
    width: 20px;
    height: 20px;
}
```

图 9-2-10　用 CSS 设置一行商品购物信息样式的代码

运行代码，效果如图 9-2-11 所示。

图 9-2-11　制作完一行商品购物信息的网页效果

步骤四：

通过复制、粘贴再设计一行优惠信息和两行商品购物信息，这样购物车场景看起来更加真实。效果如图 9-2-12 所示。

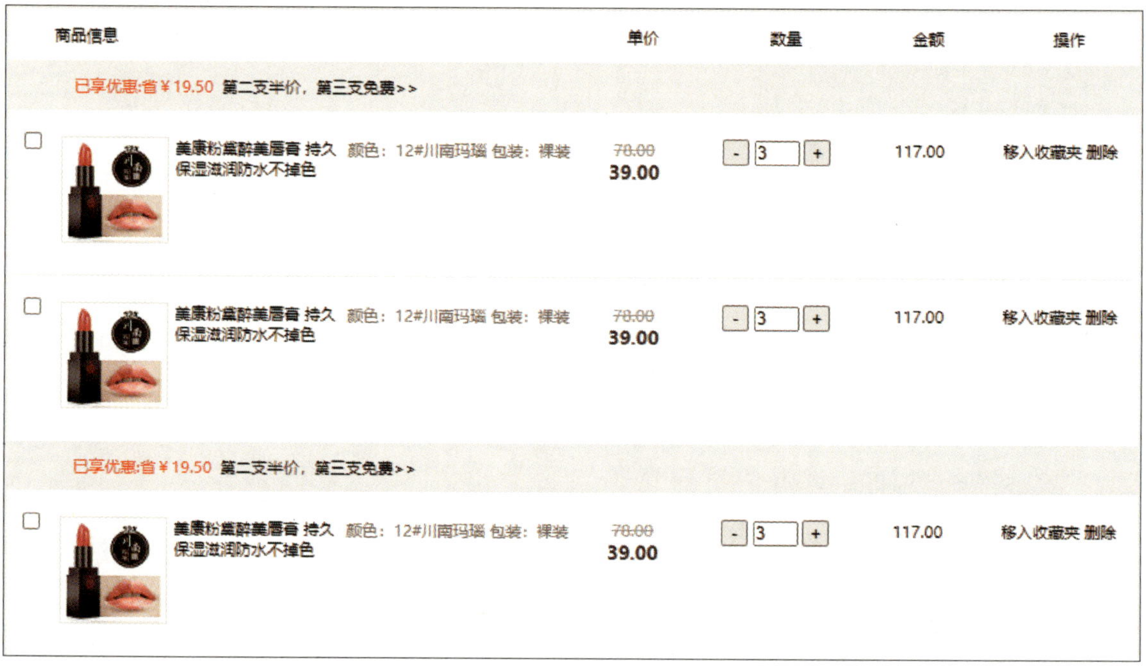

图 9-2-12　制作完多行商品购物信息的网页效果

步骤五：

制作全选与结算栏，具体 html 代码如图 9-2-13 所示。

```
<div class="float-bar-wrapper">
    <div id="J_SelectAll2" class="select-all J_SelectAll">
        <div class="cart-checkbox">
            <input class="check-all check" id="J_SelectAllCbx2"
            name="select-all" value="true" type="checkbox">
            <label for="J_SelectAllCbx2"></label>
```

```
        </div>
        <span> 全选 </span>
    </div>
    <div class="operations">
        <a href="#" hidefocus="true" class="deleteAll"> 删除 </a>
        <a href="#" hidefocus="true" class="J_BatchFav"> 移入收藏夹 </a>
    </div>
    <div class="float-bar-right">
        <div class="amount-sum">
            <span class="txt"> 已选商品 </span>
            <em id="J_SelectedItemsCount">0</em><span class="txt"> 件 </span>
            <div class="arrow-box">
                <span class="selected-items-arrow"></span>
                <span class="arrow"></span>
            </div>
        </div>
        <div class="price-sum">
            <span class="txt"> 合计 :</span>
            <strong class="price">¥<em id="J_Total">0.00</em></strong>
        </div>
        <div class="btn-area">
            <a href="pay.html" id="J_Go" class="submit-btn submit-btn-disabled"
            aria-label=" 请注意如果没有选择宝贝，将无法结算 "><span> 结   算 </span>
            </a>
        </div>
    </div>
</div>
```

图 9-2-13　用 html 制作全选与结算栏的代码

用 CSS 设置全选与结算栏样式的代码，如图 9-2-14 所示。

```
/* 全选与结算栏 */
.float-bar-wrapper{
    width: 860px;
    margin: 10px auto;
    border: 2px solid #F5F5F5;
    background-color: #F5F5F5;
    font-size: 12px;
    height: 45px;
    line-height: 45px;
    overflow: hidden;
}
.select-all{  /* 全选复选框与文字 */
```

```
    float: left;
    height: 45px;
    line-height: 45px;
    padding-left: 13px;
    margin-right: 15px;
}
.cart-checkbox {  /* 全选复选框 */
    display: inline-block;
    margin-right: 5px;
}
.operations {  /* 删除与移入收藏夹 */
    float: left;
    height: 45px;
    line-height: 45px;
}
.float-bar-right {  /* 右边结算部分 */
    float: right;
}
.amount-sum,.price-sum,.btn-area {  /* 右边结算部分 */
    float: left;
    height: 48px;
    color: #3C3C3C;
    line-height:45px;
    padding: 0px 10px;
}
.price-sum .price {  /* 设置合计总价格式 */
    color: #F40;
    font-weight: 600;
}
.btn-area{  /* 结算按钮 */
    width:80px;
    background:#F40;
    text-align: center;
}
.submit-btn {  /* 结算按钮文字颜色与大小 */
    font-size:16px;
    color: #fff;
}
```

图 9-2-14　用 CSS 设置全选与结算栏样式的代码

全部设置完毕，整个购物车网页效果如图 9-2-1 所示。

用 CSS 控制鼠标指针特效主要是通过 cursor 属性来实现的，该属性可以在任何标签里使用，从而可改变各种页面元素的鼠标指针效果。

下面通过一个案例来具体演示 cursor 属性的使用，如图 9-2-15 所示。

```
<html>
<body>
<p> 请把鼠标光标移动到单词上，可以看到鼠标指针发生变化：</p>
<span style="cursor:auto">
auto</span><br/>
<span style="cursor:crosshair">
crosshair</span><br/>
<span style="cursor:default">
default</span><br/>
<span style="cursor:pointer">
pointer</span><br/>
<span style="cursor:move">
move</span><br/>
<span style="cursor:e-resize">
e-resize</span><br/>
<span style="cursor:ne-resize">
ne-resize</span><br/>
<span style="cursor:nw-resize">
nw-resize</span><br/>
<span style="cursor:n-resize">
n-resize</span><br/>
<span style="cursor:se-resize">
se-resize</span><br/>
<span style="cursor:sw-resize">
sw-resize</span><br/>
<span style="cursor:s-resize">
s-resize</span><br/>
<span style="cursor:w-resize">
w-resize</span><br/>
<span style="cursor:text">
text</span><br/>
<span style="cursor:wait">
wait</span><br/>
<span style="cursor:help">
help</span>
</body>
</html>
```

图 9-2-15 cursor 属性的使用代码

运行图 9-2-15 中的代码，效果如图 9-2-16 所示。

请把鼠标光标移动到单词上，可以看到鼠标指针发生变化：
auto
crosshair
default
pointer
move
e-resize
ne-resize
nw-resize
n-resize
se-resize
sw-resize
s-resize
w-resize
text
wait
help

图 9-2-16　cursor 效果

在上面的 CSS 代码中，由于给 span 标签设置了 cursor 属性，因此，当光标位于内容处时，显示为所定义的鼠标指针形状。cursor 属性有很多预设的鼠标指针效果，见表 9-2-1。

表 9-2-1　　cursor 属性的鼠标指针效果

值	指针效果	值	指针效果
auto	浏览器默认设置	nw-resize	
crosshair		pointer	
default		se-resize	
e-resize		s-resize	
help		sw-resize	
inherit	继承	text	
move		wait	
ne-resize		w-resize	
n-resize			

表 9-2-1 中所列的鼠标指针样式是在 Windows 7 IE9 浏览器中的效果，不同的机器或者不同的操作系统之间可能存在差异。

一、选择题

1. 在 cursor 属性中，（　　）指针效果为小手。

A. pointer　　B. e-resize

C. move　　D. wait

2. 在 cursor 属性中，（　　）指针效果为十字架。

A. pointer　　B. e-resize

C. crosshair　　D. move

3. 在 cursor 属性中，（　　）指针效果为文本。

A. pointer　　B. text

C. move　　D. w-resize

4. 在 cursor 属性中，（　　）指针效果为时间漏斗。

A. pointer　　B. e-resize

C. se-resize　　D. wait

5. 在 cursor 属性中，（　　）指针效果为浏览器默认设置。

A. pointer　　B. auto

C. move　　D. wait

二、判断题

1. 网页中的鼠标指针样式是可以改变的。（　　）

2. 不同的功能对应不同的鼠标样式，能够给用户更好的体验。（　　）

3. 通常访问超链接时 cursor 属性会设置为 crosshair。（　　）

三、操作题

1. 利用 CSS 控制鼠标指针效果，实现图 9-2-17 所示的“当鼠标光标移动到红色部分鼠标指针变为十字形状”效果。

2. 利用 CSS 控制鼠标指针效果，实现图 9-2-18 所示的“当鼠标光标移动到红色序号上鼠标指针变为手指形状”效果。

图 9-2-17　练习使用 CSS 控制鼠标指针效果

图 9-2-18　练习使用 CSS 控制鼠标指针效果

项目十　html5 新增结构元素和属性

任务 1　制作订单支付网页地址区

学习目标

- 掌握 html5 新增结构元素的用法。

任务导入

为了使文档的结构更加清晰、明确，html5 新增加了一些可以改善文档结构的元素，如 header、footer、article、aside、section 等。这些结构元素能够让网页设计者更加语义化地创建文档。而在之前的 html4 中，设计者要实现这些语义化的功能，需要使用 div 标签的额外属性，且由于设计者编码习惯不同，很难做到统一。

本任务主要使用 section 元素实现网页语义化，并用 nav 标签设置导航栏来制作缤购乐食电子商务网站订单支付网页地址。网页效果如图 10-1-1 所示。

图 10-1-1　订单支付网页地址区效果图

任务实施

步骤一：

在 body 标签中插入一个大的 section 模块，里面包含两个小 section 模块，第二个 section 模块包含一个 ul 无序列表。网页的导航列表主要用 ul 无序列表来布局，为了更加语义化地表达网页内容，在 ul 外层包裹一组 nav 标签。在导航列表下方使用 div 标签和 span 标签的嵌套来完成“收货地址”区域的布局。具体 html 代码如图 10-1-2 所示。

```
<!-- 顶部导航栏 -->
<section class="index-header">
    <section class="header-left">
        <a href="#">亲，请登录</a>
          
        <a href="#">免费注册</a>
    </section>
    <section class="header-right">
        <nav>
            <ul>
                <li>
                    <a href="#">商城首页</a>
                </li>
                <li id="h-person">
                    <a href="#">个人中心</a>
                </li>
                <li id="h-shopcart">
                    <a href="#">购物车 0</a>
                </li>
                <li id="h-love">
                    <a href="#">收藏夹</a>
                </li>
            </ul>
        </nav>
    </section>
</section>
<!-- 悬浮搜索框 -->
<div class="index-search">
    <div class="index-logo">
        <img src="./img/logobig.png"/>
    </div>
    <div class="search-bar">
        <form method="get" action="#">
```

```
            <input id="searchInput" type="text" placeholder="搜索">
            <input id="searchBtn" value="搜索" type="submit">
        </form>
    </div>
</div>
<!--地址-->
<div class="address">
    <h3>确认收货地址</h3>
    <div class="control">
        <div class="tc-btn createAddr theme-login am-btn am-btn-danger">使用新
地址</div>
    </div>
    <!--地址选择项-->
    <ul>
        <li class="user-addresslist defaultAddr">
            <div class="address-left">
                <div class="user DefaultAddr">

                    <span class="buy-address-detail">
                    <span class="buy-user">艾迪 </span>
                    <span class="buy-phone">158××××5629</span>
                    </span>
                </div>
                <div class="default-address DefaultAddr">
                    <span  class="buy-line-title  buy-line-title-type">收货地址:
</span>
                    <span class="buy-address-detail">
                    <span class="province">湖北</span>省
                    <span class="city">武汉</span>市
                    <span class="dist">洪山</span>区
                    <span class="street">雄楚大道666号(中南财经政法大学)</span>
                    </span>
                </div>
                <ins class="deftip">默认地址</ins>
            </div>
            <div class="new-addr-btn">
                <a href="#">编辑</a>
                <span class="new-addr-bar">|</span>
                <a href="javascript:void(0);" onclick="delClick(this);">删除</a>
            </div>
        </li>
        <li class="user-addresslist">
            <div class="address-left">
```

```
            <div class="user DefaultAddr">
                <span class="buy-address-detail">
                <span class="buy-user">艾迪 </span>
                <span class="buy-phone">158××××5629</span>
                </span>
            </div>
            <div class="default-address DefaultAddr">
                <span  class="buy-line-title  buy-line-title-type">收货地址：
</span>
                <span class="buy-address-detail">
        <span class="province">湖北 </span>省
                <span class="city">武汉 </span>市
                <span class="dist">武昌 </span>区
                <span class="street">东湖路 75 号众环大厦 2 栋 9 层 902</span>
                </span>
            </div>
        </div>
        <div class="new-addr-btn">
            <a href="#">设为默认 </a>
            <span class="new-addr-bar">|</span>
            <a href="#">编辑 </a>
            <span class="new-addr-bar">|</span>
            <a href="javascript:void(0);" onclick="delClick(this);">删除 </a>
        </div>
    </li>
  </ul>
</div>
<div class="login-footer">
    <div class="login-ftop">
        <p>
            <a href="#">缤购乐食 </a>
            <b>|</b>
            <a href="#">商城首页 </a>
            <b>|</b>
            <a href="#">支付宝 </a>
            <b>|</b>
            <a href="#">物流 </a>
        </p>
    </div>
    <div class="login-fbottom">
        <p>
            <a href="#">关于缤购 </a>
            <a href="#">合作伙伴 </a>
```

```
            <a href="#">联系我们</a>
            <a href="#">网站地图</a>
            <em>© 2015-2020 版权所有 缤购乐食</em>
        </p>
    </div>
</div>
```

图 10-1-2 支付网页导航列表结构布局

步骤二:

设置相应的 CSS 样式代码。这里要注意,"默认地址"标志设置了半透明的效果,这是使用" opacity:0.7"来实现的,此处的值只能取 0 ~ 1 之间,值越小,透明度越高。用 CSS 设置支付网页导航列表样式的代码如图 10-1-3 所示。

```
<style>
*{
    margin: 0px;  /*初始化标签外边距为0*/
    padding: 0px;  /*初始化标签内边距为0*/
    font-style: normal;
    list-style: none;
}
a{
    text-decoration: none;
    color: #000000;
}
body{
    background-color: #ffffff;  /*设置网页背景色*/
    font-size: 14px;
}
.index-header{
    width: 1000px;
    height: 35px;
    line-height: 35px;
    margin: 0px auto;  /*设置网页居中*/
    /* border:1px solid blue; */
}
.header-left{
    float: left;  /*向左浮动*/
}
.header-right{
    float: right;  /*向右浮动*/
    /* border:1px solid blue; */
    height: 35px;
```

```
    line-height: 35px;
}
.index-header a{
    text-decoration: none;  /* 去掉下画线 */
    color: #000000;
}
ul{
    list-style: none;  /* 去掉列表自带样式 */
}
.header-right ul li{
    float: left;  /* 向左浮动 */
    width: 80px;
    height: 35px;
    line-height: 35px;
    text-align: center;
}
#h-person{
    background: url(img/icon-person.png) left center no-repeat;  /* 设置 icon 图
片位置 */
    padding-left: 3px;
}
#h-shopcart{
    background: url(img/icon-shopcart.png) left center no-repeat;  /* 设置 icon
图片位置 */
    padding-left: 1px;
}
#h-love{
    background: url(img/icon-love.png) left center no-repeat;  /* 设置 icon 图片
位置 */
    padding-left: 0px;
}

.index-search{
    width: 1000px;
    height: 90px;
    line-height: 90px;
    margin: 0px auto;  /* 设置网页居中 */
    /* border:1px solid blue; */
}
.index-logo{
    width: 200px;
    height: 90px;
    margin-left: 50px;
```

```
    float: left;
}
#searchInput{
    float: left;  /*左浮动*/
    width:430px;
    height:42px;
    border:2px solid #F03726;
    padding-left: 5px;
    margin-top: 22px;
    margin-left: 20px;
}
#searchBtn{
    float: left;  /*左浮动*/
    width:120px;
    height:46px;
    border:none;  /*无边框*/
    margin-top: 22px;
    background-color: #F03726;
    color: #F5F5F2;
    font-size: 14px;
    cursor:pointer;  /*光标悬停时变为手形*/
}
.login-footer{
    width: 860px;
    margin: 0px auto;
    padding: 7px 0px 9px 0px;
    font-size: 12px;  /*设置字体大小为12像素*/
    color: #777;  /*设置字体颜色为灰色*/
    border-top:3px solid #ff5400;
}
.login-ftop{
    border-bottom: 1px solid #ddd;  /*设置下边框线*/
    padding-bottom: 5px;
    margin-bottom: 5px;
}
.login-ftop a{
    margin: 0px 4px;
    color: #777;
}
.login-fbottom a{
    margin: 0px 4px;
    color: #000000;
}
```

```
/* 地址 */
.address{
   width: 860px;
   margin: 0px auto;
   overflow: hidden;
}
.address h3{  /* 确认收货地址文字 */
   float: left;
   border: none;
   height: 30px;
   line-height: 30px;
   font-weight: 530;
   font-size: 12px;
}
.control{  /* 使用新地址按钮 */
   float: left;
   margin-left: 20px;
   width:80px;
   height: 30px;
   line-height: 30px;
   background:#F40;
   text-align: center;
   font-size:12px;
   color: #fff;
   cursor: pointer;
}
.address ul{  /* 地址项列表 */
   clear: both;
   font-size: 12px;
   padding-top: 15px;
   line-height: 18px;
}

.address li.user-addresslist{  /* 地址项大小及背景 */
   width: 200px;
   height: 120px;
   float: left;
   background: url(img/peraddbg.png) no-repeat scroll 0% 0%;
   margin-right:20px;
   padding:10px;
   background-size: 100%;
   position: relative;
}
```

```
.address li.user-addresslist.defaultAddr{  /* 默认地址项背景 */
    background: url(img/peraddressbg.png) no-repeat scroll 0% 0%;
    background-size: 100%;
}
.user.DefaultAddr {
    font-size: 12px;font-weight: 700;
}
.deftip {  /* 默认地址标识设定 */
    position: absolute;
    top: 7px;
    right: 4px;
    padding: 0px 3px;
    text-decoration: none;
    opacity: 0.7;  /* 设置透明度为 70%*/
    background: #CCC no-repeat scroll 0% 0%;
    color: #FFF;
}

.new-addr-btn {  /* 编辑和删除地址操作区 */
    position: absolute;
    bottom:25px;
    right:15px;
}
</style>
```

图 10-1-3　用 CSS 设置支付网页导航列表样式代码

运行代码，效果如图 10-1-4 所示。

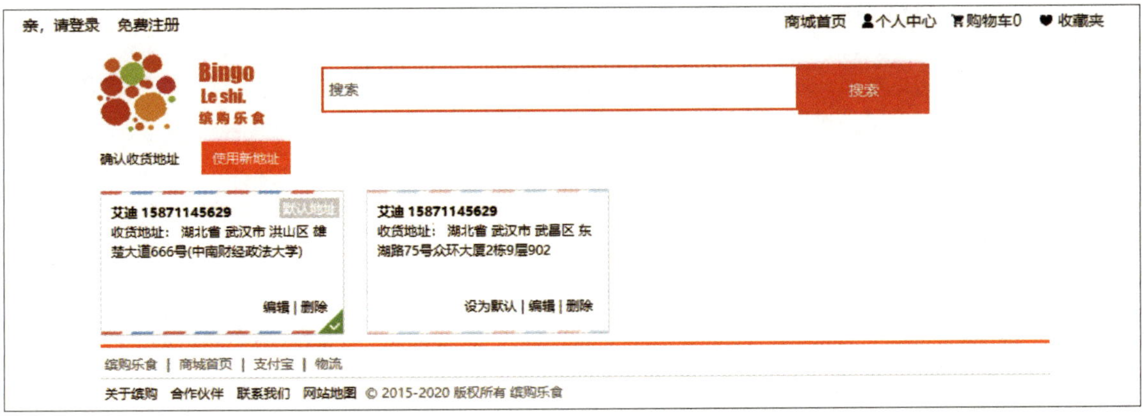

图 10-1-4　制作完订单支付网页地址区导航列表的网页效果

步骤三：

制作物流选择区和支付方式选择区。物流品牌的图片用到了雪碧图技术，雪碧图技术就是将很多图标都放在一张大图上，然后通过控制 background-position 来显示大图中的某个小图。具体 html 代码如图 10-1-5 所示。

```
<div class="logistics">
    <h3>选择物流方式</h3>
    <ul class="op_express_delivery_hot">
        <li data-value="yuantong" class="OP_LOG_BTN selected">
            <i class="c-gap-right" style="background-position:0px -468px"></i>
            圆通
            <span></span>
        </li>
        <li data-value="shentong" class="OP_LOG_BTN">
            <i class="c-gap-right" style="background-position:0px -1008px"></i>
            申通
            <span></span>
        </li>
        <li data-value="yunda" class="OP_LOG_BTN">
            <i class="c-gap-right" style="background-position:0px -576px"></i>
            韵达
            <span></span>
        </li>
        <li data-value="zhongtong" class="OP_LOG_BTN op_express_delivery_hot_
last">
            <i class="c-gap-right" style="background-position:0px -324px"></i>
            中通
            <span></span>
        </li>
        <li data-value="shunfeng" class="OP_LOG_BTN op_express_delivery_hot_
bottom">
            <i class="c-gap-right" style="background-position:0px -180px"></i>
            顺丰
            <span></span>
        </li>
    </ul>
</div>
<!-- 支付方式 -->
<div class="logistics">
    <h3>选择支付方式</h3>
    <ul class="pay-list">
        <li class="pay card"><img src="img/wangyin.jpg"/>银联<span></span></li>
```

```
        <li class="pay qq selected"><img src="img/weizhifu.jpg"/>微信<span>
</span></li>
        <li class="pay taobao"><img src="img/zhifubao.jpg"/>支付宝<span></span>
</li>
    </ul>
</div>
```

图 10-1-5　物流选择区和支付方式选择区结构布局

用 CSS 设置物流选择区和支付方式选择区样式的代码，如图 10-1-6 所示。

```
/*物流及支付设置*/
.logistics{
    width: 860px;
    margin: 0px auto;
    overflow: hidden;
    font-size: 12px;
}
.logistics h3{  /*标题设置，下带横线*/
    border-bottom: 2px solid #F1F1F1;
    padding-bottom: 7px;
    padding-top: 7px;
    font-weight: 550;
    font-size: 12px;
}
.logistics li {  /*设置每个地址区的宽度*/
    float:left;
    border: 1px solid transparent;
    width:17%;
    margin-right: 15px;
    cursor: pointer;
}
.logistics li i{  /*设置图标的间距*/
    margin:5px 10px;
}
.logistics li.selected {  /*选中项有红色外框*/
    border-color:#F03726;
    position:relative;
}
.logistics li.selected span {  /*设置红色对勾*/
    position: absolute;
    right: 0px;
    bottom: -1px;
    width: 10px;
```

```
    height: 10px;
    background: url(img/sys_item_selected.gif) no-repeat;
}
.op_express_delivery_hot i {  /*设置快递图标*/
    background: transparent url(img/kuaidi.png) no-repeat scroll 0px 0px;
    display: inline-block;
    width: 36px;
    height: 36px;
    vertical-align: middle;
    overflow: hidden;
}
.pay-list img{  /*设置支付图标*/
    width: 54px;
    height: 36px;
    vertical-align: middle;
}
```

图 10-1-6　用 CSS 设置物流选择区和支付方式选择区样式的代码

运行代码，效果如图 10-1-1 所示。

相关知识

一、section 元素

section 元素是区块元素，用于对网页中的内容分块，它往往是文章中的一段，通常由标题和内容组成。

section 元素强调分段和分块，而 article 元素则强调独立性。没有标题的内容不推荐使用 section 元素，可以使用 html 轮廓工具检查网页中是否存在没有标题的 section 元素。html5 轮廓工具网址为“http://gsnedders.html5.org/outliner”。

section 元素演示代码如图 10-1-7 所示。其中 h1 标签包含的是标题部分，p 标签包含的是内容部分。

```
<section>
    <h1>html5</h1>
    <p>hypertextmarkuplanguage5</p>
</section>
```

图 10-1-7　section 元素演示代码

二、nav 标签

nav 标签用来定义网页导航列表的部分。nav 标签的使用场合主要有传统导航条、侧边栏导航、页内导航、翻页操作。nav 标签只起语义化的作用，没有实际的显示效果。

需要注意的是，不要用 menu 标签代替 nav 标签，nav 标签包含帮助用户浏览网页的链接，menu 标签则包含一组菜单命令，帮助用户执行某些任务。nav 标签演示代码如图 10-1-8 所示。

```
<nav>
    <ul>
        <li>
            <a href="#"> 首页 </a>
            <a href="#"> 课程介绍 </a>
        </li>
    </ul>
</nav>
```

图 10-1-8　nav 标签演示代码

思考与练习

一、选择题

1. 下列属于 html5 中新增标签的是（　　）。

A. section　　B. h1

C. div　　D. span

2. section 元素的主要功能是（　　）。

A. 区域分块　　B. 设置网页宽和高

C. 定义字体　　D. 以上都不对

3. nav 标签通常用于 html 的（　　）。

A. 头部　　B. 尾部

C. 主体　　D. 导航

4. 下列关于 html 中 section 元素叙述错误的是（　　）。

A. 可以分区域管理代码

B. 可以使代码阅读起来更加流畅

C. 可以随意添加样式

D. 可以优化性能

二、判断题

1. section 元素功能类似于 div 标签。（　　）

2. nav 标签可以用于除网页导航列表以外的其他地方。（　　）

3. html5 新增了很多语义化标签。（　　）

三、操作题

1. 利用 section 元素和 nav 标签实现图 10-1-9 所示淘宝网页导航栏效果。

图 10-1-9　淘宝网页导航栏效果

2. 利用 section 元素和 nav 标签实现图 10-1-10 所示某学校官网效果。

图 10-1-10　某学校官网效果

任务 2　制作订单支付网页

学习目标

- 掌握 html5 表单新属性的特征。

任务导入

html 表单一直都是 web 的核心技术之一，依靠它可以完成 web 上各种应用的输入界面，从而使客户端和服务器进行方便快捷的交互。html5 表单新增了许多属性，方便设计者应对更加多样的场景，而不用借助其他前端脚本语言。在缤购乐食电子商务网站订单支付网页上，需要通过 html 表单做出供用户选择的收货地址、快递公司、支付方式等，并通过 html 表单将信息传输到服务器完成下单操作。本任务通过之前学习的 html 表单相关知识以及 html5 表单控件的新属性来完成订单支付网页，网页效果如图 10-2-1 所示。

确认订单信息

商品信息	单价	数量	金额	配送方式
美康粉黛醉美唇膏 持久保湿滋润防水不掉色 颜色：12#川南玛瑙 包装：裸装	39.00	- 3 +	117.00	快递10元
美康粉黛醉美唇膏 持久保湿滋润防水不掉色 颜色：12#川南玛瑙 包装：裸装	39.00	- 3 +	117.00	包邮

买家留言：选填,建议填写和卖家达成一致的说明

优惠券 ¥3【无使用门槛】

红包 ¥50.00元 还剩50.00元

合计（含运费）¥244.00

实付款：¥ 244.00

寄送至：湖北省 武汉市 洪山区 雄楚大道666号(中南财经政法大学)

收货人：艾迪 15871145629

提交订单

图 10-2-1　订单支付网页效果

任务实施

步骤一：

首先制作订单表格标题，图 10-2-2 所示为订单表格标题的 html 代码。

```
<!-- 订单标题 -->
<div class="cartTable">
    <h3> 确认订单信息 </h3>
    <div class="wp">
        <div class="th th-item">
            <div class="td-inner"> 商品信息 </div>
        </div>
        <div class="th th-price">
            <div class="td-inner"> 单价 </div>
        </div>
        <div class="th th-amount">
            <div class="td-inner"> 数量 </div>
        </div>
        <div class="th th-sum">
            <div class="td-inner"> 金额 </div>
        </div>
        <div class="th th-op">
            <div class="td-inner"> 配送方式 </div>
        </div>
    </div>
</div>
```

图 10-2-2　订单表格标题的 html 代码

接着设置 CSS 代码，如图 10-2-3 所示。

```
/* 订单标题 */
.cartTable{
    width: 864px;
    margin: 0px auto;
    margin-top: 15px;
}
.cartTable h3{
    font-size: 12px;
    font-weight: 550;
}
.wp{
```

```
    font-size: 12px;
    margin-top: 10px;
    background-color: #F5F5F5;
    border: #f5f5f5 2px solid;  /*灰色边框*/
    overflow: hidden;
}
.th{
    float: left;
    width: 12.5%;  /*其余标题每样占据 12.5%的宽度*/
    height: 40px;
    line-height: 40px;
    text-align: center;  /*居中显示*/
}
.th-item{
    width: 50%;  /*商品信息标题占据一半的宽度*/
}
.th-item .td-inner{
    padding-left: 35px;
}
```

图 10-2-3　订单表格标题 CSS 样式代码

运行代码，订单表格标题效果如图 10-2-4 所示。

图 10-2-4　订单表格标题效果

步骤二：

制作订单商品信息列表部分。每一行的布局是由一个单独的 ul 无序列表来完成的，每一行要显示的图文信息分别放在 li 列表项中，所有的 li 列表项都设置为左浮动，并排列成一行。具体 html 代码如图 10-2-5 所示。

```
<!-- 订单商品列表 -->
<div class="bundle-main">
    <ul class="item-content clearfix">
        <li class="td td-item">
            <div class="item-pic">
                <a href="#" target="_blank"
data-title="美康粉黛醉美东方唇膏口红正品
持久保湿滋润防水不掉色护唇彩妆"
class="J_MakePoint" data-point="tbcart.8.12">
```

```
                <img src="img/kouhong.jpg_80×80.jpg"
class="itempic J_ItemImg"></a>
          </div>
          <div class="item-info">
             <div class="item-basic-info">
                <a href="#" target="_blank"
title="美康粉黛醉美唇膏 持久保湿滋润防水不掉色"
class="item-title J_MakePoint" data-point="tbcart.8.11">
美康粉黛醉美唇膏 持久保湿滋润防水不掉色</a>
             </div>
             <div class="item-props item-props-can">
                <span class="sku-line">颜色：12# 川南玛瑙</span>
                <span class="sku-line">包装：裸装</span>
             </div>
          </div>
       </li>
       <li class="td td-price">
          <div class="item-price price-promo-promo">
             <div class="price-content">
                <div class="price-line">
                   <em class="J_Price price-now"
tabindex="0">39.00</em>
                </div>
             </div>
          </div>
       </li>
       <li class="td td-amount">
          <div class="amount-wrapper">
             <div class="item-amount">
                <div class="sl">
                   <input class="min am-btn"
name="" type="button" value="-"/>
                   <input class="text_box"
type="search" name="" placeholder="3" value="" style="width: 30px;"/>
                   <input class="add am-btn"
name="" type="button" value="+"/>
                </div>
             </div>
          </div>
       </li>
       <li class="td td-sum">
          <div class="td-inner">
             <em tabindex="0" class="J_ItemSum number">117.00</em>
```

```
            </div>
        </li>
        <li class="td td-op">
            <div class="td-inner">
                <a title=" 移入收藏夹 " class="btn-fav"
href="#"> 快递 10 元 </a>
            </div>
        </li>
    </ul>
    <ul class="item-content clearfix">
        <li class="td td-item">
            <div class="item-pic">
                <a href="#" target="_blank"
data-title=" 美康粉黛醉美东方唇膏口红正品 持久保湿滋润防水不掉色护唇彩妆 "
class="J_MakePoint" data-point="tbcart.8.12">
                    <img src="img/kouhong.jpg_80×80.jpg"
class="itempic J_ItemImg"></a>
            </div>
            <div class="item-info">
                <div class="item-basic-info">
                    <a href="#" target="_blank" title=" 美康粉黛醉美唇膏
持久保湿滋润防水不掉色 " class="item-title J_MakePoint"
data-point="tbcart.8.11">
美康粉黛醉美唇膏 持久保湿滋润防水不掉色 </a>
                </div>
                <div class="item-props item-props-can">
                    <span class="sku-line"> 颜色：12# 川南玛瑙 </span>
                    <span class="sku-line"> 包装：裸装 </span>
                </div>
            </div>
        </li>
        <li class="td td-price">
            <div class="item-price price-promo-promo">
                <div class="price-content">
                    <div class="price-line">
                        <em class="J_Price price-now"
tabindex="0">39.00</em>
                    </div>
                </div>
            </div>
        </li>
        <li class="td td-amount">
            <div class="amount-wrapper">
```

```
            <div class="item-amount">
                <div class="sl">
                    <input class="min am-btn"
                    name="" type="button" value="-"/>
                    <input class="text_box" type="search"
                    name="" placeholder="3" value=""
                    style="width: 30px;"/>
                    <input class="add am-btn"
                    name="" type="button" value="+"/>
                </div>
            </div>
        </div>
    </li>
    <li class="td td-sum">
        <div class="td-inner">
            <em tabindex="0" class="J_ItemSum number">117.00</em>
        </div>
    </li>
    <li class="td td-op">
                <div class="td-inner">
            <a title=" 移入收藏夹 " class="btn-fav" href="#"> 包邮 </a>
        </div>
    </li>
</ul>
</div>
```

图 10-2-5　订单商品信息列表布局

接着设置 CSS 代码，宽度和高度的属性值不仅可以使用具体的像素值，也可以设置百分比，当需要按比例去分配高度和宽度的时候，建议使用百分比；当宽度和高度为具体确定的值时，建议使用像素值。用 CSS 设置订单商品信息列表样式的代码如图 10-2-6 所示。

```
/* 订单商品列表 */
.bundle-main{
    width: 860px;
    margin: 0px auto;
    font-size: 12px;
    border: 2px solid #f5f5f5;
}
.item-content{  /* 无序列表 ul 的设置 */
    width:100%;
    overflow: hidden;
    position: relative;
```

```
    padding-bottom:5px;
    border-top: 1px solid #F5F5F5;
    margin-top: -1px;
}
.item-content .td {  /*列表项 li 向左浮动*/
    text-align: center;
    float: left;
}
.td.td-item {  /*设置商品名称的宽度*/
    width: 50%;
}
.item-content .item-pic {  /*设置商品图片的宽度及位置*/
    width: 80px;
    height: 80px;
    float: left;
    border: 1px solid #EEE;
    overflow: hidden;
    margin: 20px 5px 0px 40px;
}
.item-basic-info {  /*设置商品图片旁文字的位置*/
    margin-top:20px;
    text-align:left;
}
.item-props{  /*颜色与包装设置*/
    color: #777777;
    margin-top: 10px;
}
.td-price,.td-sum{  /*单价与总价设置*/
    width:11%;
    margin-top:20px;
    text-align: center;
}
.td-amount,.td-op{  /*数量与配送方式设置*/
    width:14%;
    margin-top:20px;
    text-align: center;
}
.price-now {  /*现价*/
    color: #3C3C3C;
    font-weight: 600;
    font-size:14px;
}
.min,.add{  /*减号和加号的宽度、高度*/
```

```
    width: 20px;
    height: 20px;
}
```

图 10-2-6　用 CSS 设置订单商品信息列表样式的代码

运行代码，效果如图 10-2-7 所示。

确认订单信息

商品信息	单价	数量	金额	配送方式
美康粉黛醉美唇膏 持久保湿滋润防水不掉色 颜色：12#川南玛瑙 包装：裸装	39.00	- 3 +	117.00	快递10元
美康粉黛醉美唇膏 持久保湿滋润防水不掉色 颜色：12#川南玛瑙 包装：裸装	39.00	- 3 +	117.00	包邮

图 10-2-7　订单商品信息列表效果

步骤三：

制作买家留言和商品优惠信息部分，买家留言部分用文本输入框实现，商品优惠信息部分用 select 下拉列表控件实现。具体 html 代码如图 10-2-8 所示。

```
<!-- 留言 -->
<div class="order-extra">
    <div class="order-user-info">
        <div id="holyshit257" class="memo">
            <label>买家留言：</label>
            <input type="text" title="选填，对本次交易的说明
             （建议填写已经和卖家达成一致的说明）"
             placeholder="选填，建议填写和卖家达成一致的说明"
             class="memo-input J_MakePoint c2c-text-default memo-close">
        </div>
    </div>
    <!-- 优惠券 -->
    <div class="buy-agio">
        <li class="td td-coupon">
            <span class="coupon-title">优惠券</span>
            <select data-am-selected>
                <option value="a">
                    <div class="c-price">
                        <strong>¥8</strong>
```

```
                </div>
                <div class="c-limit">
                    【消费满 95 元可用】
                </div>
            </option>
            <option value="b" selected>
                <div class="c-price">
                    <strong>¥3</strong>
                </div>
                <div class="c-limit">
                    【无使用门槛】
                </div>
            </option>
        </select>
    </li>
    <li class="td td-bonus">
        <span class="bonus-title">红包</span>
        <select data-am-selected>
            <option value="a">

                <div class="item-info">
                    ¥50.00<span>元</span>
                </div>
                <div class="item-remainderprice">
                    <span>还剩</span>10.40<span>元</span>
                </div>
            </option>
            <option value="b" selected>
                <div class="item-info">
                    ¥50.00<span>元</span>
                </div>
                <div class="item-remainderprice">
                    <span>还剩</span>50.00<span>元</span>
                </div>
            </option>
        </select>
    </li>
  </div>
</div>
</div>
```

图 10-2-8　买家留言和商品优惠信息部分结构布局

用 CSS 设置买家留言和商品优惠信息部分样式的代码，如图 10-2-9 所示。

```
/*留言*/
.order-extra{
   width: 850px;
   margin: 0px auto;
   border: 2px solid #F5F5F5;
   border-top: none;
   font-size: 12px;
   line-height: 40px;
   padding: 5px 5px;
     overflow: hidden;
}
.order-extra input, .order-extra option{  /*输入框和选择框*/
     font-size: 12px;
     width: 200px;
}
.order-user-info{
     float: left;
}
.buy-agio{
     float: right;
     text-align: right;
}
/*含运费小计*/
.buy-point-discharge{
     width: 860px;
     margin: 0px auto;
     text-align: right;
     padding: 10px 0px;
     font-size: 12px;
     font-weight: 550;
}
.pay-sum{
     color: #F03726;
     margin-left: 3px;
}
```

图 10-2-9　用 CSS 设置买家留言和商品优惠信息部分样式的代码

运行代码，效果如图 10-2-10 所示。

图 10-2-10　买家留言和商品优惠信息部分效果

步骤四：

制作支付信息及提交订单部分。支付信息由大 div 盒子中嵌套小 div 盒子及 span 标签来实现，“提交订单”按钮使用超链接 a 标签来实现其样式，此按钮也可以使用“表单提交”按钮来实现，读者可自行尝试。具体 html 代码如图 10-2-11 所示。

```
<!-- 含运费小计 -->
<div class="buy-point-discharge">
    <p class="price g_price">
        合计（含运费）<span> ¥ </span><em class="pay-sum">244.00</em>
    </p>
</div>
<!-- 信息 -->
<div class="order-go clearfix">
    <div class="pay-confirm clearfix">
        <div class="box">
            <div tabindex="0" id="holyshit267" class="realPay">
            <em class="t">实付款：</em>
                <span class="price g_price">
                <span>¥</span> <em class="style-large-bold-red "
                id="J_ActualFee">244.00</em>
                </span>
            </div>
            <div id="holyshit268" class="pay-address">
                <p class="buy-footer-address">
                    <span class="buy-line-title
buy-line-title-type">寄送至：</span>
                    <span class="buy--address-detail">
                    <span class="province">湖北</span>省
                    <span class="city">武汉</span>市
                    <span class="dist">洪山</span>区
                    <span class="street">
雄楚大道 666 号（中南财经政法大学）</span>
                    </span>
                </p>
                <p class="buy-footer-address">
                    <span class="buy-line-title">收货人：</span>
                    <span class="buy-address-detail">
                <span class="buy-user">艾迪 </span>
                    <span class="buy-phone">158××××5629</span>
                    </span>
                </p>
            </div>
```

```
        </div>
        <div id="holyshit269" class="submitOrder">
            <div class="go-btn-wrap">
                <a id="J_Go" href="success.html"
class="btn-go" tabindex="0" title=" 单击此按钮，提交订单 "> 提交订单 </a>
            </div>
        </div>
    </div>
</div>
```

图 10-2-11　支付信息及提交订单部分结构布局

接着设置 CSS 代码，这里需要注意 outline 属性和 border 属性的区别：border 指网页元素的边框，outline 指网页元素边框的边缘，设置无边框使用“ border:none”，设置无轮廓使用“outline:0”。具体代码如图 10-2-12 所示。

```
/* 支付信息 */
.order-go{
    width: 860px;
    margin: 0px auto;
    text-align: right;
    font-size: 12px;
    overflow: hidden;
}
.box{  /* 合计信息外框 */
    width:43%;
    line-height:40px;
    border: 2px solid #f40;
    float: right;
    padding: 0px 3px;
}
.box .g_price{  /* 金钱符号大小设置 */
    font-size: 18px;
    font-weight: 600;
}
#J_ActualFee{  /* 合计金额颜色设置 */
    color: #F03726;
    margin-left: 3px;
}
.buy-line-title{
    font-weight: 550;
}
```

```
.submitOrder{  /* 提交订单按钮父盒子 */
    clear: both;
    float: right;
    margin: 15px 0px;
    margin-bottom: 30px;
}
.submitOrder .btn-go {  /* 提交订单按钮 */
    display: block;
    padding: 0 26px;
    width: 60px;
    height: 32px;
    line-height: 32px;
    font: 400 18px/36px arial;
    font-size: 15px;
    background-color: #f50;
    color: #fff;
    text-align: center;
    cursor: pointer;
    outline: 0;
}
```

图 10-2-12　用 CSS 设置支付信息及提交订单部分的代码

运行代码，支付页面效果如图 10-2-1 所示。

一、required/pattern 属性

required 属性规定必须在提交之前填写输入域，即输入域不能为空。required 属性适用于以下类型的 input 标签：text、search、url、telephone、email、password、datepickers、number、checkbox、radio 和 file。格式如下。

```
<input type="" name="require" id="" required="required"/>
```

pattern 属性规定用于验证 input 域的模式，pattern 类型为正则验证，它可以完成各种复杂的验证。pattern 属性适用于以下类型的 input 标签：text、search、url、telephone、email 和 password。格式如下。

```
<input type="text" name="country_code" pattern="[A-z]{3}" title=""/>
```

二、autofocus 属性

autofocus 属性规定在页面加载时，域自动获得焦点，可在页面加载完成时聚焦到指定的表单控件上，类似于 Javascript 的 focus（　）方法。autofocus 属性适用于所有类型的 input 表单控件。格式如下。

```
<input autofocus="true"/>
```

三、outline 属性

outline 属性用于在元素周围绘制一条线，该线位于边框边缘的外围，可起到突出元素的作用。

一、选择题

1. palaceholder 属性不适用于（　　）。

A. text　　B. search

C. div　　D. password

2. 下列关于 html 表单新属性叙述错误的是（　　）。

A. html 里面的属性不可用　　B. 新增了更多功能

C. password 是密码框　　D. 可以在 text 里输入文本

3. 下列关于表单元素叙述正确的是（　　）。

A. text 是文本框　　B. password 是单选框

C. radio 是复选框　　D. submit 是图片按钮

4. 下列表示提交按钮的是（　　）。

A. button　　B. reset

C. submit　　D. image

5. 下列关于 html 中 reset 按钮功能叙述正确的是（　　）。

A. 重置按钮　　B. 普通按钮

C. 提交按钮　　D. 图片按钮

二、判断题

1. palaceholder 属性提供一种提示，描述输入域所期待的值。（　　）

2. required 属性规定可以不在提交之前填写输入域。（　　）

3. autofocus 属性规定在页面加载时域不会获得焦点。（　　）

三、操作题

1. 利用所学 html 中盒子模型、表单控件以及本任务学习的 html 中的表单新属性完成图 10-2-13 所示的登录页面。

图 10-2-13　登录页面

2. 利用所学 html 中盒子模型、表单控件以及本任务学习的 html 中的表单新属性完成图 10-2-14 所示的微博个人资料页面。

个人资料　修改头像　绑定手机　隐私设置　个性设置　我的勋章　应用授权

基本信息 ｜ 修改密码 ｜ 教育信息 ｜ 职业信息 ｜ 个人标签 ｜ 个性域名 ｜ 收货地址

以下信息将显示在你的个人资料页，方便大家了解你。　*为必填项

*昵称：

真实姓名：

*所在地：北京市　海淀区

*性别：○男　○女　○保密

生日：　年　月　日

博客地址：

常用邮箱：student@moji.cn　不可修改

QQ：

MSN：

一句话介绍：

以下信息，可作为通过客服取回账号的依据

证件类型：身份证

证件号码：

保存

图 10-2-14　微博个人资料页面

项目十一　html5 新增标签的使用

任务 1　制作支付成功网页

学习目标

- 掌握 html5 新增 bdi 标签的用法。

任务导入

1999 年以后，html4.01 标准开始被广泛使用。如今，html5 标准已经全面替代 html4.01 标准，html4.01 中的许多元素已经过时，这些过时的元素在 html5 中已被重新定义或删除。

支付成功网页是电子商务网站非常重要的组成部分，是用户成功购买商品的确认网页。本任务将通过使用 CSS 设置支付成功图文信息的样式，利用 html5 新增 bdi 标签共同完成支付成功网页，网页效果如图 11-1-1 所示。

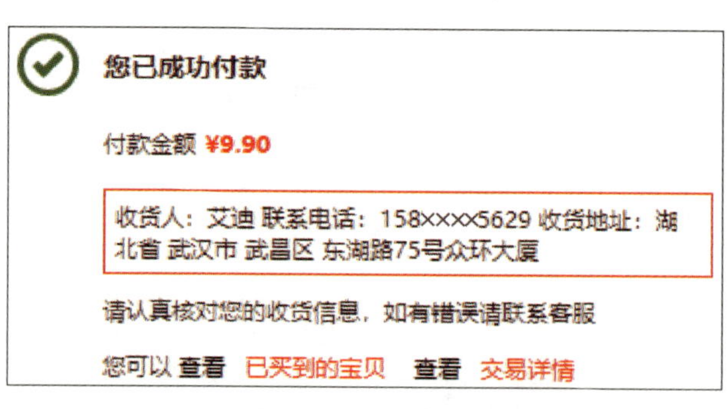

图 11-1-1　支付成功网页效果

任务实施

步骤：

制作支付成功网页。使用 div 盒子进行嵌套布局，在制作收件人信息部分使用了 bdi 标签，用于隔离父元素样式对子元素样式的影响。具体 html 代码如图 11-1-2 所示。

```
<!-- 支付信息 -->
<div class="take-delivery">
    <div class="status">
        <h2>您已成功付款</h2>
        <div class="successInfo">
            <div>
                <div class="pay-num">付款金额<em>¥9.90</em></div>
                <div class="user-info">
                    <bdi>收货人：艾迪</bdi>
                    <bdi>联系电话：158××××5629</bdi>
                    <bdi>收货地址：湖北省 武汉市 武昌区 东湖路 75 号众环大厦</bdi>
                </div>
                        <bdi>请认真核对您的收货信息，如有错误请联系客服</bdi>
            </div>
            <div class="option">
                <span class="info">您可以</span>
                    <a href="person/order.html"
class="J_MakePoint">查看<span>已买到的宝贝</span></a>
                    <a href="person/orderinfo.html"
class="J_MakePoint">查看<span>交易详情</span></a>
            </div>
        </div>
    </div>
</div>
```

图 11-1-2　支付成功网页结构布局

接着设置 CSS 代码。这里需要注意，用 background 设置背景图像时，scroll 表示窗口内容滚动时图片也会跟着滚动，即图片与其他内容相对静止，一般此处默认值为 scroll。如果想让图片不随窗口的滚动而跟着变化，此处需设置为 fixed。图 11-1-3 所示为用 CSS 设置支付成功网页样式的代码。

```
/*支付信息*/
.take-delivery{  /*外框，并设置背景图标*/
    width: 860px;
    margin: 10px auto;
    background: url(img/check-ok.png)
                no-repeat scroll 55px 30px transparent;
    padding: 27px 0 27px 100px;
    color: #333;
}
.take-delivery h2{  /*标题*/
```

```
    font-size: 14px;
    height: 40px;
    line-height: 40px;
    margin-top:0px;
}
.successInfo {  /*主信息框*/
    padding:5px 0px;
    font-size: 12px;
}
.successInfo em{
    color:#f00;
    font-weight:700;
    margin-left:5px;
}
.take-delivery .pay-num {
    line-height:28px;
    height:28px;
}

.status .option {
    margin: 13px 0 25px 0px;
}

.successInfo a span{
    font-size: 12px;
    margin: 0 10px;
    color: #f00;
}
.user-info{  /*收货信息*/
    width: 300px;
    padding: 5px 5px;
    border: 1px solid #F03726;
    margin: 10px 0px;
}
.user-info p{
    font-size:12px;
    padding:3px 0px;
    height:28px;
    line-height:28px;
}
```

图 11-1-3　用 CSS 设置支付成功网页样式的代码

运行代码，效果如图 11-1-1 所示。

相关知识

bdi 标签是 html5 中的新标签。bdi 标签指的是 bidi 隔离。bdi 标签允许设计者设置一段文本，使其脱离其父元素的文本方向设置。在发布用户评论或其他无法完全控制的内容时，建议使用该标签。

bdi 标签的常用属性及描述见表 11-1-1。

表 11-1-1　　bdi 标签的属性及描述

属性	描述
ltr	设置文本方向从左向右显示
rtl	设置文本方向从右向左显示
auto	默认值

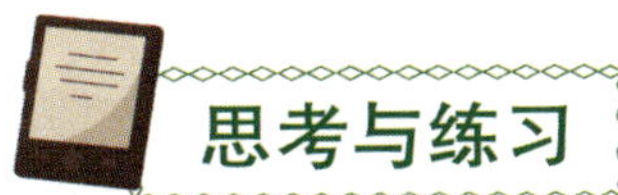

思考与练习

一、判断题

1. bdi 标签指的是 bidi 隔离。　（　　）
2. bdi 标签的默认值为 auto。　（　　）

二、操作题

1. 利用之前学习的 html 中的列表标签、图像标签、超链接标签和本项目所学的 html5 中的 bdi 标签，实现图 11-1-4 所示的页面。

图 11-1-4　凡客购物车页面

2. 利用之前学习的 html 中的表单控件、盒子模型等，结合本项目所学的 html5 中的 bdi 标签，实现图 11-1-5 所示的页面。

您好，欢迎光临！［登录｜免费注册］
购物车0件 去结算 我的订单 我的V+ 网站导航 帮助中心 手机V+ 收藏V+
首页 男装 女装 运动户外 箱包 鞋靴 家纺 美妆 明星＆潮牌 晒新货 限时抢
针织衫 半裙 卫衣 牛仔裤 童装 玩具 美包 春款单鞋 围巾 iphone壳 小家电 创意家居 手表 腰带
热门关键词：长袖T 休闲裤 衬衫 项链 食品 四件套 小熊
首页 -> 帮助中心 -> 联系我们
问题分类
新手入门
购物指南
配送方式
支付方式
售后服务
知识库
联系我们
客服电话：
4444-999-888（仅收市话费）
112-57711988
客服电话：
4444-001-888（仅收市话费）
客服电话：
4444-011-888（仅收市话费）
客服电话：
4444-111-888（仅收市话费）
邮件联系
投诉建议
查找帮助
请输入问题关键字
搜索
6665-221-888
未开通400地区请拨打
010-111222888
7x24
联系我们
如果您对VJIA的产品有任何疑问，或者对我们的服务有任何意见或建议，非常欢迎您直接与我们联络，我们将竭诚为您服务。
客户服务热线（免长途费）：111-222-888（未开通400地区请拨打010-1122334455）
订购热线（免长途费）：3333-444-888（未开通400地区请拨打010-6677889900）
服务时间：7X24小时
客服传真：010-789456123
客服邮箱：service:vjia.com
商务合作
联系人：鄂小姐
联系方式：ena@vancl.cn
线上推广合作
联系人：李小姐
联系方式：xstghz@vancl.cn
联盟合作
联系人：赵小姐
联系方式：lmhz@vancl.cn

图 11-1-5　晒新货页面

任务 2　制作查看订单网页

学习目标

- 掌握 html5 新增 header 标签、footer 标签的用法。

任务导入

html5 吸取了 xhtml2 的一些优点，为了使文档的结构更加清晰、明确，html5 又新增了一些改善文档结构的元素，如 header、footer、article、aside、section 等，从而使网页开发人员能够更加语义化地创建文档。而在之前的 html4 中，开发者都将 div 标签作为网页的主要容器。本任务使用 header、footer 语义化标签和其他传统标签共同制作了查看订单网页，效果如图 11-2-1 所示。

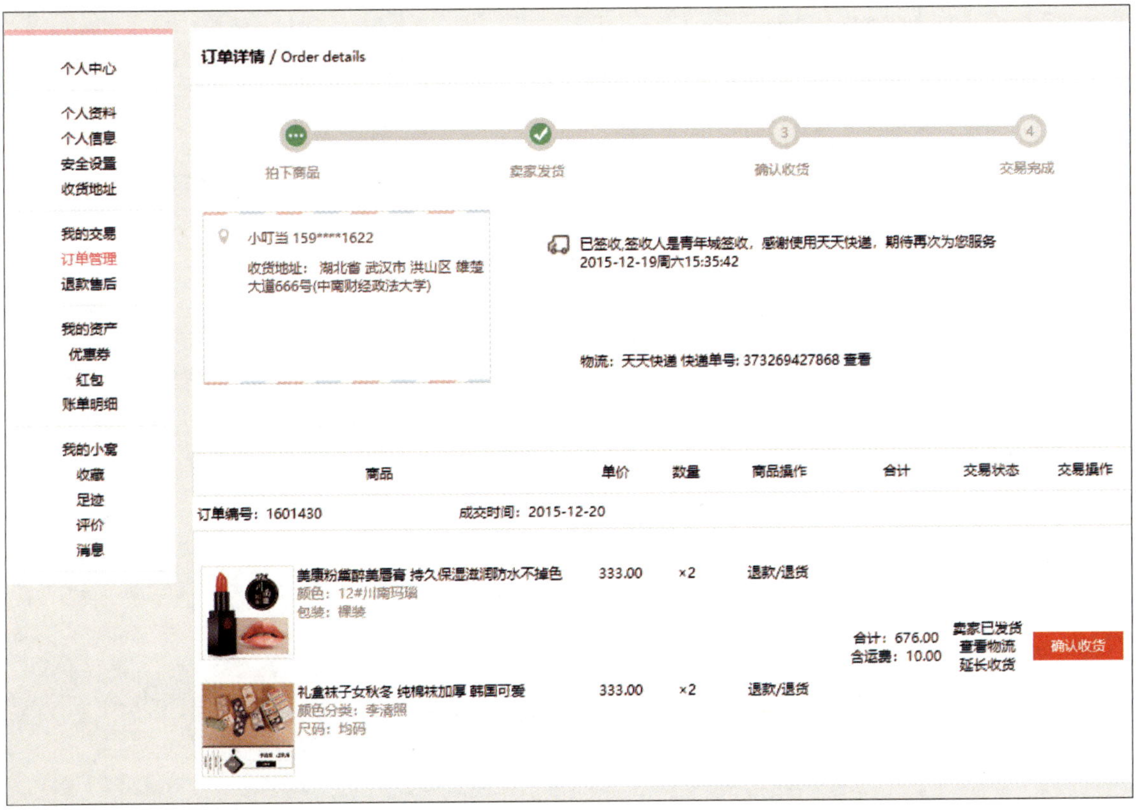

图 11-2-1　查看订单网页效果

任务实施

步骤一：

先制作左侧主菜单部分，它主要通过一个 ul 无序列表嵌套四个子 ul 无序列表来实现布局。具体 html 代码如图 11-2-2 所示。

```
<!-- 页面主体部分 -->
<div class="main">
    <ul class="menu">
        <li class="person">
            <a href="index.html"> 个人中心 </a>
        </li>
        <li class="person">
            <a href="#"> 个人资料 </a>
            <ul>
                <li> <a href="information.html"> 个人信息 </a></li>
                <li> <a href="safety.html"> 安全设置 </a></li>
                <li> <a href="address.html"> 收货地址 </a></li>
            </ul>
        </li>
        <li class="person">
            <a href="#"> 我的交易 </a>
            <ul>
                <li class="active"><a href="order.html"> 订单管理 </a></li>
                <li> <a href="change.html"> 退款售后 </a></li>
            </ul>
        </li>
        <li class="person">
            <a href="#"> 我的资产 </a>
            <ul>
                <li> <a href="coupon.html"> 优惠券  </a></li>
                <li> <a href="bonus.html"> 红包 </a></li>
                <li> <a href="bill.html"> 账单明细 </a></li>
            </ul>
        </li>
        <li class="person">
            <a href="#"> 我的小窝 </a>
            <ul>
                <li> <a href="collection.html"> 收藏 </a></li>
                <li> <a href="foot.html"> 足迹 </a></li>
                <li> <a href="comment.html"> 评价 </a></li>
                <li> <a href="news.html"> 消息 </a></li>
```

```
            </ul>
        </li>
    </ul>
</div>
```

图 11-2-2 左侧主菜单部分结构布局

接着设置 CSS 代码，这里应注意，当设置 color 颜色的值是用十六进制来表示时，如果每两位的值相同，则可缩写一半，例如，“ color：#FF6699” 可简写为 “ color：#F69”。用 CSS 设置左侧主菜单部分样式的代码如图 11-2-3 所示。

```
/* 网页主体部分，宽度为 1000 像素 */
.main{
    width: 1000px;
    margin: 20px auto;
    overflow: hidden;
}
/* 左侧菜单栏，宽度为 130 像素 */
.menu{
    width:130px;
    float:left;
    padding:10px 8px;
    font-size:12px;
    background: #fff;
    border-top: 5px solid #FEC4D7;
}
.menu a{
    display: block;
    overflow: hidden;
    text-decoration: none;
    line-height: 22px;
    height: 22px;
    color: #000;
}
.menu li{
    text-align: center;
}
.menu li.active a{  /* 订单管理栏设置颜色 */
    color: #F69
}
li.person{  /* 子部分设置边框线 */
    border-bottom:1px solid #F5F8FA;
    padding: 8px 0px;
}
```

图 11-2-3 用 CSS 设置左侧主菜单部分样式的代码

运行代码，效果如图 11-2-4 所示。

个人中心

个人资料
个人信息
安全设置
收货地址

我的交易
订单管理
退款售后

我的资产
优惠券
红包
账单明细

我的小窝
收藏
足迹
评价
消息

图 11-2-4　制作完左侧主菜单的网页效果

步骤二：

制作买家订单流程进度图。流程进度图使用 div 标签制作，每一个节点的圆圈使用 em 标签制作，圆圈中的图标使用 i 标签制作。具体 html 代码如图 11-2-5 所示。

```
<!-- 订单跟踪信息 -->
<div class="user-orderinfo">
    <!-- 标题 -->
    <div class="am-fl"><strong
class="am-text-danger">订单详情</strong> /
<small>Order details</small></div>
    <!-- 进度条 -->
    <div class="m-progress">
        <div class="m-progress-list">
            <span class="step-1 step">
                <em class="u-progress-stage-bg">
</em>
                <i class="u-stage-icon-inner">1
<em class="bg"></em></i>
                <p class="stage-name">拍下商品</p>
            </span>
            <span class="step-2 step">
                <em class="u-progress-stage-bg">
</em>
```

```
            <i class="u-stage-icon-inner">2
<em class="bg"></em></i>
            <p class="stage-name">卖家发货</p>
        </span>
        <span class="step-3 step">
            <em class="u-progress-stage-bg"></em>
            <i class="u-stage-icon-inner">3<em class="bg"></em></i>
            <p class="stage-name">确认收货</p>
        </span>
        <span class="step-4 step">
            <em class="u-progress-stage-bg"></em>
            <i class="u-stage-icon-inner">4<em class="bg"></em></i>
            <p class="stage-name">交易完成</p>
        </span>
        <span class="u-progress-placeholder"></span>
    </div>
    <div class="u-progress-bar total-steps-2">
        <div class="u-progress-bar-inner"></div>
    </div>
  </div>
</div>
```

图 11-2-5 买家订单流程进度图结构布局

设置 CSS 代码，这里注意“text-align:justify”的含义表示该元素包含的内容实行两端对齐，即其子元素均分水平方向的间隔。这里的“letter-spacing”和“word-spacing”分别表示字间距和词间距，都用来控制文字横向之间的间隔。用 CSS 设置买家订单流程进度图样式的代码如图 11-2-6 所示。

```
/* 订单进度部分 */
.user-orderinfo{
   width: 820px;
   margin-left: 15px;
   float: left;
   background-color: #FFFFFF;
}
/* 标题 */
.am-fl{
   padding: 15px 0px 15px 10px;
   border-bottom: 1px solid #F5F5F2;
}
/* 订单进度条外框 */
.m-progress {
```

```
    margin: 0px auto;
    height: 60px;
    width: 700px;
    margin-top:30px;
}
/* 订单进度条内框 */
.m-progress-list{
    height: 66px;
    font-size: 0;
    text-align: justify;  /* 两端对齐 */
}
/* 步骤背景 */
.m-progress-list .step {  /* 每一个步骤大小设置 */
    display: inline-block;
    width:60px;
    text-align: center;
    color: #999;
}
.m-progress-list .stage-name {  /* 下方文字设置 */
    padding-top: 10px;
    font-size: 12px;
    line-height: 14px;
    letter-spacing: normal;
    word-spacing: normal;
}
.u-progress-stage-bg {  /* 背景为两层圆圈 */
    position: relative;
    display: inline-block;
    background-image: url(img/sprite.png);
    background-position: -45px -135px;
    width: 29px;
    height: 29px;
}
/* 变换的背景 */
.u-stage-icon-inner .bg {
    position: absolute;
    left: 0px;
    top: 0px;
}
.step-1 .u-stage-icon-inner .bg {  /* "拍下商品" 图标设置 */
    background-image: url(img/sprite.png);
    background-position: -79px -135px;
```

```
    width: 19px;
    height: 19px;
}
.step-2 .u-stage-icon-inner .bg {  /* “卖家发货”图标设置 */
    background-image: url(img/sprite.png);
    background-position: -103px -135px;
    width: 19px;
    height: 19px;
}
.u-stage-icon-inner {  /* 圆圈中间内容定位 */
    position: relative;
    display: inline-block;
    width: 19px;
    height: 19px;
    line-height: 19px;
    vertical-align: top;
    margin-top: 5px;
    margin-left: -24px;
    color: #b5b5b5;
    font-size: 12px;
    letter-spacing: normal;
    word-spacing: normal;
}
.u-progress-placeholder {  /* 把盒子撑开 */
    display: inline-block;
    width: 100%;
    height: 0;
    font-size: 0;
    line-height: 0;
    overflow: hidden;
}
.u-progress-bar {  /* 步骤圆圈之间的连接线 */
    margin: -56px 40px 0;
    background-color: #dcdcdc;
    height: 5px;
    font-size: 0;
    padding: 2px 0;
}
```

图 11-2-6 用 CSS 设置买家订单流程进度图样式的代码

运行代码，效果如图 11-2-7 所示。

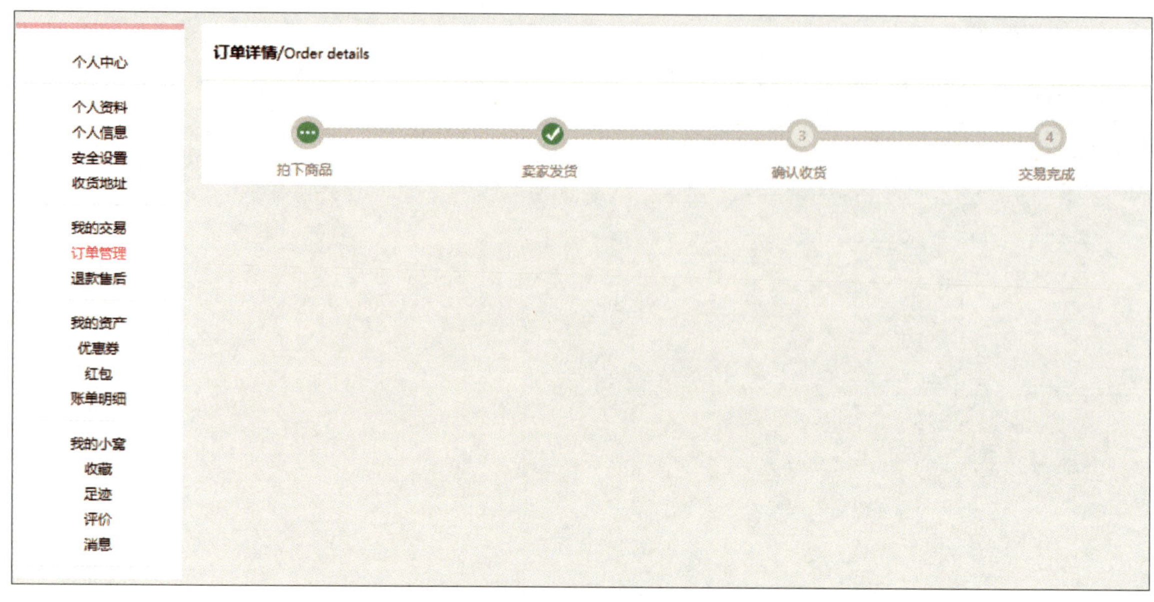

图 11-2-7　制作完成买家订单流程进度的网页效果

步骤三：

制作物流信息更新展示部分，其主要布局与之前项目十任务 1 中的布局类似，具体 html 代码如图 11-2-8 所示。

```
<!-- 地址及物流信息 -->
<div class="order-infoaside">
    <div class="order-addresslist">
        <div class="order-address">
            <div class="icon-add">
            </div>
            <p class="new-tit new-p-re">
                <span class="new-txt">小叮当</span>
                <span class="new-txt-rd2">159****1622</span>
            </p>
            <div class="new-mu_l2a new-p-re">
                <p class="new-mu_l2cw">
                    <span class="title">收货地址：</span>
                    <span class="province">湖北</span>省
                    <span class="city">武汉</span>市
                    <span class="dist">洪山</span>区
                    <span class="street">雄楚大道 666 号
                        (中南财经政法大学)</span></p>
            </div>
        </div>
```

```
    </div>
    <div class="order-logistics">
        <a href="logistics.html">
            <div class="icon-log">
                <i><img src="img/receive.png"></i>
            </div>
            <div class="latest-logistics">
                <p class="text">已签收，签收人是青年城签收，
感谢使用天天快递，期待再次为您服务</p>
                <div class="time-list">
                    <span class="date">2015-12-19</span>
<span class="week">周六</span><span class="time">15:35:42</span>
                </div>
                <div class="inquire">
                    <span class="package-detail">物流：天天快递</span>
                    <span class="package-detail">快递单号：</span>
                    <span class="package-number">373269427868</span>
                    <a href="logistics.html">查看</a>
                </div>
            </div>
            <span class="am-icon-angle-right icon"></span>
        </a>
    </div>
</div>
```

图 11-2-8 物流信息更新展示部分结构布局

用 CSS 设置物流信息更新展示部分样式的代码如图 11-2-9 所示。

```
/* 地址及物流信息 */
.order-infoaside{
    margin:20px 0px;
    overflow: hidden;
    width:820px;
}
.order-addresslist{  /* 收货地址 */
    float:left;
    font-size:12px;
    position:relative;
    border:none;
    width:280px;
    height:170px;
```

```
    padding:0px 10px;
}
.icon-add{  /*定位图标*/
    background: url(img/addicon.png) 4px 3px no-repeat;
    width: 20px;
    height:20px;
    position: absolute;
    top:50%;
    margin-top:-10px;
}
.new-p-re {  /*地址文字位置*/
    padding: 5px 5px 5px 30px;
    color: #555555;
}
/*物流信息*/
.order-logistics{
    float:left;
    width:55%;
    border: none;
    height:170px;
    position: relative;
    font-size:12px;
    color: #666666;
    padding:10px;
}
.order-logistics .icon-log img{  /*物流图标*/
    position: absolute;
    top:20px;
    left:10px;
    width:22px;
}
.latest-logistics{  /*物流文字位置*/
    margin-left:30px;
    margin-right:15px;
}
.order-address{  /*收货地址大小及背景设置*/
    width:252px;
    background: url(img/peraddbg.png)no-repeat scroll 0% 0%;
    height: 151px;
    padding: 10px;
}
```

```
.icon-add,.order-logistics .icon-log {  /* 图标位置设置 */
    top:0px;
    margin-top:12px;
}
.inquire{  /* 快递单号位置设置 */
    position: absolute;
    bottom:50px;
}
```

图 11-2-9 用 CSS 设置物流信息更新展示部分样式的代码

运行代码，效果如图 11-2-10 所示。

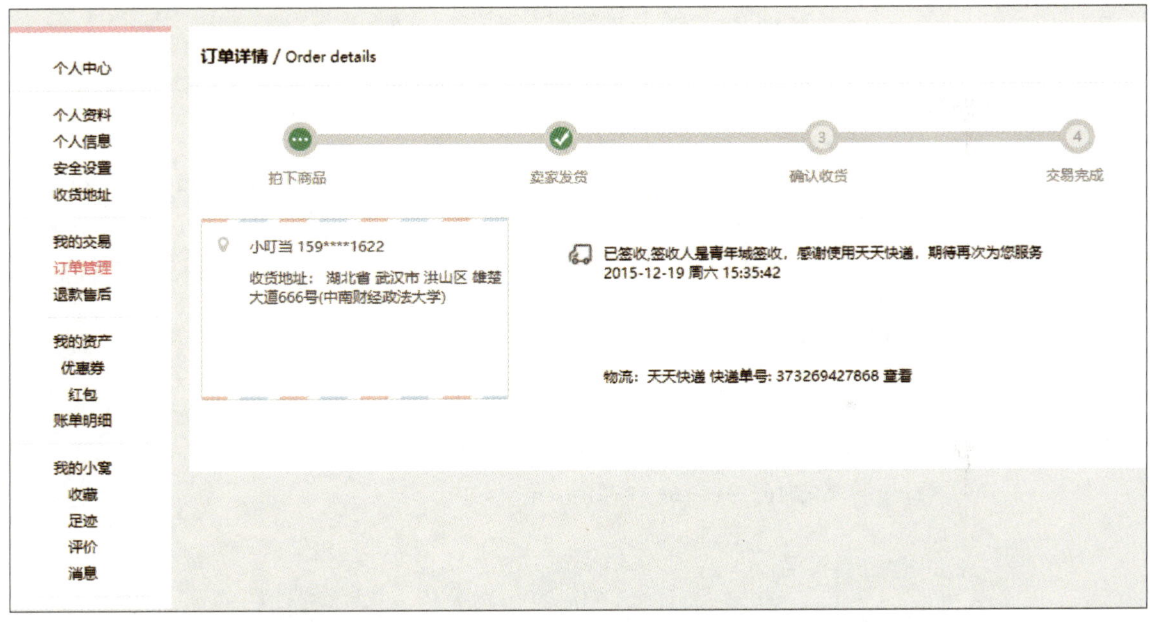

图 11-2-10 制作完物流信息更新展示部分的网页效果

步骤四：

制作订单信息显示部分。与之前项目十任务 2 中的订单布局类似，具体 html 代码如图 11-2-11 所示。

```
<!-- 订单商品信息表 -->
<div class="order-infomain">
    <div class="order-top">
        <div class="th th-item">
            <td class="td-inner">商品 </td>
        </div>
        <div class="th th-price">
```

```
        <td class="td-inner">单价 </td>
    </div>
    <div class="th th-number">
        <td class="td-inner">数量 </td>
    </div>
    <div class="th th-operation">
        <td class="td-inner">商品操作 </td>
    </div>
    <div class="th th-amount">
        <td class="td-inner">合计 </td>
    </div>
    <div class="th th-status">
        <td class="td-inner">交易状态 </td>
    </div>
    <div class="th th-change">
        <td class="td-inner">交易操作 </td>
    </div>
</div>
<!-- 主表格 -->
<div class="order-main">
    <div class="order-status3">
        <div class="order-title">
            <div class="dd-num">订单编号：
            <a href="javascript:;">1601430</a></div>
            <span>成交时间：2015-12-20</span>
            </div>
        <div class="order-content">
            <div class="order-left">
                <ul class="item-list">
                    <li class="td td-item">
                        <div class="item-pic">
                            <a href="#" class="J_MakePoint">
                                <img src="img/kouhong.jpg_80×80.jpg"
                                    class="itempic J_ItemImg">
                            </a>
                        </div>
                        <div class="item-info">
                            <div class="item-basic-info">
                                <a href="#">
                                    <p>美康粉黛醉美唇膏
                            持久保湿滋润防水不掉色 </p>
```

```
                        <p class="info-little">颜色:
                    12# 川南玛瑙
                            <br/>包装: 裸装</p>
                    </a>
                </div>
            </div>
        </li>
        <li class="td td-price">
            <div class="item-price">
                333.00
            </div>
        </li>
        <li class="td td-number">
            <div class="item-number">
                <span>×</span>2
            </div>
        </li>
        <li class="td td-operation">
            <div class="item-operation">
                退款/退货
            </div>
        </li>
    </ul>
    <ul class="item-list">
        <li class="td td-item">
            <div class="item-pic">
                <a href="#" class="J_MakePoint">
                    <img src="img/62988.jpg_80×80.jpg"
                    class="itempic J_ItemImg">
                </a>
            </div>
            <div class="item-info">
                <div class="item-basic-info">
                    <a href="#">
                        <p>礼盒袜子女秋冬 纯棉袜加厚
                            韩国可爱 </p>
                        <p class="info-little">颜色分类:
                            李清照
                            <br/>尺码: 均码</p>
                    </a>
                </div>
```

```
                </div>
            </li>
            <li class="td td-price">
                <div class="item-price">
                    333.00
                </div>
            </li>
            <li class="td td-number">
                <div class="item-number">
                    <span>×</span>2
                </div>
            </li>
            <li class="td td-operation">
                <div class="item-operation">
                    退款 / 退货
                </div>
            </li>
        </ul>
    </div>
    <div class="order-right">
        <li class="td td-amount">
            <div class="item-amount">
                合计：676.00
                <p> 含运费：<span>10.00</span></p>
            </div>
        </li>
        <div class="move-right">
            <li class="td td-status">
                <div class="item-status">
                    <p class="Mystatus"> 卖家已发货 </p>
                    <p class="order-info">
            <a href="logistics.html"> 查看物流 </a></p>
                    <p class="order-info">
            <a href="#"> 延长收货 </a></p>
                </div>
            </li>
            <li class="td td-change">
                <div class="am-btn am-btn-danger anniu">
                    确认收货 </div>
            </li>
        </div>
```

```
                </div>
            </div>
        </div>
    </div>
</div>
```

图 11-2-11 订单信息显示部分结构布局

用 CSS 设置订单信息显示部分的代码，如图 11-2-12 所示。

```
/* 订单标题布局 */
.order-top{
    width:100%;
    overflow: hidden;
    padding:10px 0px;
    border: 1px solid #EEE;
    font-size: 12px;
}
.th,.td
    float: left;
    text-align: center;
}
.th-item{
    width:40%;
    overflow: hidden;
}
.th-price{
    width:10%;
}
.th-number{
    width:5%;
}
.th-operation{
    width:15%;
}
.th-amount,.th-status,.th-change{
    width:10%;
}
/* 成交时间 */
.order-title{
    font-size: 12px;
    height: 30px;
    line-height: 30px;
```

```
    padding:0px 5px;
}
.order-title .dd-num{
    float:left;
    margin-right: 120px;
}
/*订单内容*/
.order-content{
    width:100%;
    overflow: hidden;
    padding:10px 0px;
    border: 1px solid #EEE;
    font-size: 12px;
}
/*表格左侧布局*/
.order-left{
    float: left;
    width: 70%;
}
.order-left .item-list{
    width: 100%;
    float: left;
}
.item-list li{
    text-align: center;
}
/*商品信息*/
.item-pic {
    width: 80px;
    height: 80px;
    border: 1px solid #EEE;
    float: left;
    overflow: hidden;
    margin-top: 20px;
    margin-left: 6px;
}
.td-item{
    width: 58%;
}
.td-price{
    width: 14%;
}
```

```
.td-number{
   width: 6%;
}
.td-operation{
   width: 22%;
}
.item-info {
   margin:0px 0px 0px 91px;
}
.item-basic-info {
   padding-top: 20px;
   text-align: left;
}
.td-price,.td-number,.td-operation{
   margin-top: 20px;
}
.user-order .am-btn{
   font-size:14px;
   color: #FFF;
}
.info-little{
   color: #9C9C9C;
}
/*表格右侧布局*/
.order-right{
   float: left;
   width: 29%;
   font-size: 12px;
   padding-top: 70px;
}
.order-right .td{
   width:33.33%;
   float: left;
   text-align: center;
}
.am-btn{
   height: 25px;
   line-height: 25px;
   color: #FFF;
   background-color: #F03726;
   margin-top: 12px;
}
```

```
.item-amount{
    margin-top: 8px;
}
```

图 11-2-12　用 CSS 设置订单信息显示部分的代码

运行代码，效果如图 11-2-1 所示。

相关知识

一、header 标签

header 标签用于定义文档或者文档一部分区域的页眉，可以作为介绍内容或者导航列表的容器。在一个文档中可以定义多个 header 标签。header 标签具体使用代码如图 11-2-13 所示。

```
<header>
    <h1>
        welcome to my homepage
    </h1>
    <p>
        my name is donald duck
    </p>
</header>
    <p>
        the rest of my home page...
    </p>
```

图 11-2-13　head 标签

二、footer 标签

footer 标签用于定义整个网页或网页中一个内容区块的页脚，可以作为一个区块的尾部内容，通常包括一些附加信息。footer 标签具体使用代码如图 11-2-14 所示。

```
<footer>
    <ul>
        <li> 版权信息 </li>
        <li> 站点地图 </li>
        <li> 联系方式 </li>
    </ul>
</footer>
```

图 11-2-14　footer 标签

思考与练习

一、选择题

1. 下列中关于 header 标签叙述正确的是（　　）。

A. 用来定义文档的页眉

B. 用来定义文档的导航

C. 用来定义文档的 logo

D. 用来定义文档的页脚

2. 下列中关于 footer 标签叙述正确的是（　　）。

A. 用来定义文档的页眉

B. 用来定义文档的导航

C. 用来定义文档的脚注

D. 用来定义文档的页脚

二、操作题

1. 通过新学的 header 标签、footer 标签与之前学习的 html 中的元素浮动 CSS 样式来完成图 11-2-15 所示的页面效果。

图 11-2-15　开心网下载网页

2. 通过新学的 header 标签、footer 标签与之前学习的 html 中的表单控件，用 CSS 样式来完成图 11-2-16 所示的页面效果。

图 11-2-16　开心网注册网页